백제의 무덤 이야기

이 남 석

도서
출판 주류성

백제의 무덤 이야기

저　　　　자 : 이 남 석
저 작 권 자 : (재) 백제문화개발연구원
발　　　　행 : 도서출판 주류성
발　행　인 : 최 병 식
편　집　인 : 서 동 인
인　쇄　일 : 2004년 7월 20일
발　행　일 : 2004년 7월 30일
등　록　일 : 1992년 3월 19일 제 21-325호
주　　　　소 : 서울특별시 서초구 서초동 1305-5 창람(蒼藍)빌딩

T　E　L : 02-3481-1024(대표전화)
F　A　X : 02-3482-0656
HOMEPAGE : www.juluesung.com / www.juluesung.co.kr
E - M A I L : juluesung@yahoo.co.kr

값 9,000원

잘못된 책은 교환해 드립니다.
ISBN 89-87096-36-X 93910

본 역사문고는 국사편찬위원회를 통한 국고보조금으로 진행되는
3개년 계획 출판사업입니다.

◀ 천안 용원리 1호 석곽묘　　　　▲ 천안 용원리 72호 토광묘

서울 방이동의 백제 고분군

서울 석촌동의 백제시대 초기 적석총

천안 용원리 1호 석곽묘 출토용봉문 환두대도

천안 용원리 72호 토광묘 출토 흑색마연토

용봉문 환두대도의
손잡이 및 환두부분 ▶

▼ 천안 용원리 유적에서 출토된
각종 이식

▲ 표정리 유물 출토 상황

▲ 모촌리 93-5호 석곽묘

표정리 16호분 ▶

천안 두정동 분구묘

천안 두정동 토광묘 유물 노출 상태

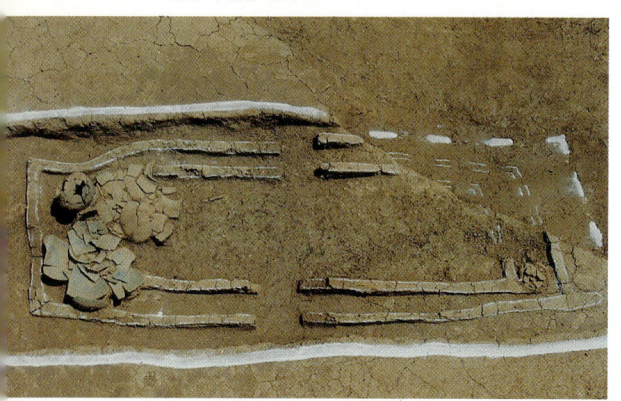

천안 두정동 토광묘

▲ 부여 염창리 고분군 전경

▼ 부여 염창리 횡혈식석실분

공주 산의리 석실분

부여 염창리 석실분

부여 염창리 석실분

공주 산의리 횡혈옹관묘

고분에서 출토된 백제 토기류

모촌리 석곽묘

연기군 웅암리 주구토광묘

백
제
의

무
덤

이
야
기

머리말

　고고학 연구에서 무덤이 중시되는 이유는 자료적 가치의 풍부함 때문이다. 건축물로 조영된 것으로 비단 무덤 자체만이 아니라 내부에 풍부한 유물을 남긴 경우가 많다는데 또 다른 이유가 있다. 이 외에 무덤은 지역차는 물론 시간차를 분명하게 드러내기에 시간의 흐름과 그에 따른 변화상이 적나라하게 드러난다는 이유도 있다.

　무덤은 사후세계의 인식을 바탕으로 죽은 자를 위해 만든 것이기에 보기에 따라서는 현실생활과는 거리가 있는 것으로 이해될 수도 있다. 그러나 고대인의 죽음에 대한 관념은 생의 종결이 아니라 또다른 생의 시작으로 보았기에 현실의 연속선상에 있던 것으로 생각하였을 것이다. 그렇기 때문에 무덤을 만들고, 부장품을 마련할 때 당대의 사회·문화의 총체적인 것이 반영되었다고 보는 것이다.

　사실 한국고대사의 연구에 가장 큰 애로점은 관련 문헌기록이 적다는 것이다. 『삼국사기』나 『삼국유사』 등의 국내 문헌이 있지만 내용의 소략함은 물론 집필 시기 등의 문제로 이들만으로 역사상을 정확하게 복원하기는 상당히 어렵다. 또한 이들 국내 문헌 외에 중국 문헌에도 한국고대사에 대한 단편적 사실이 전하지만, 역시 소략한 내용과 함께 찬자의 편향적 시각이 투영되어 있어 적지 않은 한계를 지니고 있다. 때문에 한국고대사의 연구는 이들 문헌기록 외에 보조학문에 의존함이 크고, 그 중에서도 고고학 분야가 널리 활용되고 있는 실정이다.

이러한 환경에 부응하여 필자는 오랜 동안 백제 무덤을 조사 관찰하면서 무덤의 본질을 이해하려고 노력하였고, 이를 바탕으로 백제문화 나아가 백제사회에 대한 구체적 실상을 밝히겠다는 의도를 지녀왔다. 필자는 그동안 백제무덤에 대한 조사 및 검토를 토대로 졸작이지만『백제석실분의 연구』·『백제묘제의 연구』·『백제의 고분문화』등의 책과 관련 논문 등을 발표하였다. 이는 백제 역사를 좀더 구체적으로 이해한다는 나름의 목적이 있었지만 아직까지 백제 무덤에 대한 자료 정리 차원을 결코 벗어나지 못하는 것이고, 본래 의도한 백제사회의 이해라는 목적에는 전혀 근접하지 못한 것임을 자인한다. 물론 그동안의 변명은 자료의 부족을 탓하였으나, 현실은 자료가 폭발적으로 증가하였기에 이제 이마저 더 이상의 피난처는 되지 못한다. 결국 모든 한계와 미진함의 원인은 필자의 낮은 학문수준과 게으름 탓으로 돌려야 할 것 같다.

이 글은 기왕에 발표한『백제의 고분문화』의 내용을 다시 백제라는 고대국가의 성장·발전과정을 단계화하여 시대별로 정리하여 본 것이다. 따라서 백제묘제에 대한 이해의 기초라든가 분류 및 개념, 나아가 개별 고분의 내용은 이미 정리되었던 것을 그대로 재활용하였다. 다만 이전에 묘제별로 정리하였던 것을 시기별로 나누고, 각 시기별 역사성에 대한 개략만을 첨가하였을 뿐이다. 이처럼 구태연하게 기왕의 논지에 약간의 수정만 가한 채 거창하게 『백제의 무덤 이야기』란 표제 하에 그것도 한국 고대사의 한축을 차지하였던 백제의 사회상을 엿보겠다는 의도는 지나친 의욕만 앞선 것이 아닌가 여겨진다. 다만 의도는 백제무덤에 대한 검토에서 백제 무덤에 대한 나름의 견해를 피력하고 백제 사람, 백제라는 고대국가의 해명을 의도한 섯이나 진실에는 결코 접근하지 못하였을 것이다.

사실 고고학의 연구가 물적 자료를 토대로 과거 사람들이 어떻게 살았는가를 밝히는데 목적이 있는 만큼 무덤의 연구도 여기에 묻힌 사람들, 나아가 무덤을 만든 사람들이 어떻게 살았는가를, 무덤은 물론 무덤 속에 남겨진 물질자료를 통해 구명해야 할 것이다. 즉 백제 무덤의 연구는 백제 사람들이 어떻게 살았는가, 백제라는 고대국가의 정황이 어떠하였는가를 살피는데 궁극의 목적을 두어야 할 것이기에 추후 이 분야에 정진해야 한다는 것을 새삼 깨닫는 계기로 삼고자 할 뿐이다.

이 글은 백제사의 시기를 도읍지별, 즉 한성도읍시기를 전·후로 2분하고, 여기에 웅진·사비 도읍 시기를 더하여 모두 네 시기로 구분하면서 각 시기별 개략적 역사를 더듬고, 여기에 해당 시기로 편년되는 무덤자료를 검토하여 이를 통해 역사상을 조명코자 한 것이다. 이를 위해서는 각 시기별 역사의 전개상이나 시기별 무덤내용에 대한 포괄적 이해는 물론 그 변천상에 대한 통시적 파악이 우선되어야 할 것이나 부족함이 적지 않다. 다만 여기에서는 각 시기별 역사를 간략하게 개술하여 그 흐름만 이해하고, 나아가 시기별 무덤의 존재양상과 묘제적 특성을 검토하여 각 시기별 무덤의 존재현황을 밝히고자 노력하였다. 더불어 무덤을 통해 검출된 특성을 토대로 각 시기별 역사 전개상을 정리하여 보았지만 단지 입론적 단계에 불과한 것임을 밝혀 둔다. 이는 본 글이 백제 무덤에 대한 개론을 백제역사의 시간성에 따라 정리한다는 목적이 있었기 때문이다. 보다 세부적 검토나 입론의 설정, 나아가 고고학적 역사상의 복원은 차후의 작업으로 미루어 볼 뿐이다.

늘상 작은 글을 마련하는데 주변의 많은 이들에게 노고를 끼치게 된다. 도면과 내용 정리에 공주대학교 박물관 연구원 여러분의 도움을 받았고, 없는 자료를 확보하는데 주변의 지인들에게 많은 도움을 받았기에 다시금 감사드린다. 그리고 본 글을 작성할 수 있게끔 배려하여 준 백제문화개발연구원의 원장님을 비롯한 사무국장님께도 감사드린다.

학문의 길은 순탄치 않다는 것을 지금에 이르러 깨달으면서 칠순 노모의 하해와 같은 모정을 가슴에 새기고, 멀리서 가장을 그리워하는 아내와 자식들에 대한 깊은 사랑을 이 작은 책자에 실어 본다.

2004년 초여름에

이남석 識

차 례

차 례

백제의 무덤 이야기

백제의 무덤 이야기

무덤과 역사 그리고 백제

1. 인간과 고분

인류가 다른 동물과는 구별되는 것은 생각하는 능력을 갖고 있기 때문이다. 인류만이 가진 이 생각하는 능력은 그들로 하여금 문화를 창조케 하였고, 문명을 형성하게 된 배경이기도 하다. 생각하는 능력은 사람으로 하여금 상상의 나래를 펼 수 있게 하고, 그에 따라 종교적 인식, 즉 죽은 후의 세계에 대한 인식이 형성되었다.

돌이켜 보면 원시상태에서의 인류는 물질문명과 과학수준이 아직은 크게 발전하지 않았기 때문에 자연현상을 체계적으로 이해하기가 어려웠을 것이다. 어쩌면 인류생존의 필수조건인 생노병사마저도 합리적으로 받아들이기조차 어려웠을 것이다. 오히려 사유가 가능하였기에 생노병사와 같은 자연의 섭리를 형이상학적 섭리에 의해 이루어진다고 볼 수밖에 없었고, 그러한 차원에서 원시상태의 인류는 영원한 삶에 대한 믿음도 가질 수밖에 없었을 것이다.

이러한 환경에서 인류에게 필연적인 죽음 자체를 삶의 종결이 아니라 새로운 시작으로 보았을 것이고, 따라서 죽음 후에 남겨지는 유체에 대한 관심은 자연스럽게 형성되었을 것이다. 그로써 죽은 시신을 중요시하는 관념이 생겨났고, 그러한 환경은 인류에게 일반적인 현상이었을 것이므로 인류 삶의 흔적 가운데 가장 보편적인 형태로서 이들 주검을 위한 시설이 남겨지게 된 것이다.

　주검을 위한 시설을 우리는 무덤이라고 부른다. 이는 한자로 '분묘(墳墓)'라 적을 수 있는데, 우리말로 무덤은 한자어로 분묘 혹은 묘지·고분 등의 여러 가지 이름으로 불리기도 한다. 그러나 우리말은 무덤 외에 별다른 용어를 갖지 못하고, 이 외의 용어는 한자어나 다름 없다. 즉 한자로는 우리의 무덤이란 용어를 다양한 형태로 표현하고 있는데, 이는 동일한 무덤이라도 시기와 지역 그리고 묻힌 자에 따라 다르게 사용하였다는 것을 암시하기도 한다. 특히 우리는 무덤 중에서 오래된 것을 '고분(古墳)'이라 부르는데, 이는 오히려 우리말로 옛 무덤을 말하는 것이지만, 한문에도 없는 새롭게 만든 단어이기도 하다. 다만 여기에서 옛날이란 개념이 다소 모호하지만 고분이란 용어는 '오래 전'이란 시간을 기점으로 역사성이 부여된 무덤을 말하는 것임을 밝혀 두어야 할 것 같다.

　오히려 고분이란 용어는 학술적 의미가 강하다. 옛날의 무덤 중에서 학술적 가치가 있는 것을 고분으로 부르자는 의견도 있었다. 이로 보면 고분 자체의 의미는 학술적 측면에서 시작된 것이고, 여기에 역사성이 부여되어 고분시대 혹은 고분문화란 용어가 널리 사용된 것으로 볼 수 있다. 때문에 지금은 옛 무덤을 고분으로 부르는 것이 거의 일반화되었지만 기실, 고분이란 단어의 사용은 신중하여야 한다.

무덤은 사람이 죽은 다음에 만드는 것으로 시신을 처리하는 시설에 다름 아니다. 그러나 무덤은 여기에 묻힌 자가 누구냐, 즉 신분 혹은 지위에 따라 형태나 내용을 달리하고 있다. 그리고 어떤 시기에 만든 것인가에 따라 존재 형태에도 차이가 있다. 나아가 일반적으로 무덤이라 부르지만 무덤 자체도 어떻게 생겼는가, 무엇으로 만들었는가에 따라 그 내용이 다양하게 구분된다.

무덤이라고 하면 땅을 파고 시신을 묻는 것을 말하지만, 인류 문화의 다양성과 더불어 무덤의 형태도 매우 다양하게 존재한다. 그런데 무덤을 만드는 방법은 문화권에 따라 혹은 시대와 지역에 따라 커다란 차이가 있다. 이는 무덤을 만든 사람들의 문화배경·민족성·생활환경 나아가 자연환경의 차이에 따라 각기 다른 형태의 무덤을 만들기 때문이다.

이집트의 피라미드는 수만의 인력을 동원하여 만든 장대한 구조물이고, 유럽의 돌멘도 대단한 규모를 지닌 무덤이다. 동아시아에도 중국의 진시황릉처럼 장대한 규모로 조성하고 수많은 부장품을 간직한 무덤이 있다. 반면에 아무런 시설도 마련하지 않고 들판에 사체를 그대로 내버리듯 방기(放棄)하는 방식으로 장사지내는 아메리카 인디언의 무덤도 있고, 우리에게도 들판에 시신을 방기하듯이 안치하는 초분(草墳)도 있다.

　장례 방법에서도 인도에서는 오래 전부터 화장이 진행되었고, 중앙아시아에서는 조장(鳥葬)이 성행하였는가 하면, 중국은 토장을 전제하는데, 이러한 장례 방법은 각 문화권의 담당자들이 누려왔던 관습적 문화에 갈음하는 것이다. 물론 이러한 차별화는 비단 큰 문화권만이 아니라 좁은 지역에서도 마찬가지다.

　무덤의 중요성은 규모의 크고 작음이나 화려함의 정도에 있는 것이 아니다. 무덤은 각각에 형성된 관습과 환경에 따라 서로 다른 형태로 만들어지며, 그 규모나 내용에 관계 없이 중요성이 적지 않다. 오히려 무덤은 그것을 만든 주체인 인간이 사유동물임을 적나라하게 나타내는 것이다. 죽음 자체도 예사롭게 넘기지 않는 인간 행위의 결과로서, 무덤은 인간이 여타의 동물과 다름을 보여주는 귀중한 물질자료이다.

　한편, 우리는 특정 시기 혹은 특정 지역의 무덤을 어떤 방식으로 만드는가를 살피고 이를 유형화하는데, 무덤을 만드는 방식을 우리는 묘제라 한다. 즉 묘제란 무덤을 구축하는 방식이라고 정의할 수 있다. 그런데 사후 세계에 대한 인식이 싹트면서 죽은 자를 위한 각종 의례가 따르며 인간의 삶에서 반드시 겪게 되는 통과의례 중에서도 상제가 강조되는 것은 인간에게 있어 사후 세계에 대한 인식이 남다르기 때문이다. 우리는 상제와 관련된 행위의 총체를 장제라고 부르기도 하는데, 묘제는 이 장제의 하위 개념이지만 물적 자료로 남겨지기에 고고학의 중요한 연구대상으로 다루어지고 있다.

사람이 사람답게 살 수 있는 것은 문화적 삶을 영위하기 때문이다. 그리고 문화는 사회 준칙의 형태로 관습화되어 자손만대에 걸쳐 계승된다. 특히 정주생활이 이루어지면서 관혼상제와 같은 문화 행위가 중시되었고, 이러한 통과의례는 시간과 공간 및 주체에 따라 차별적으로 존재하기에 해당 사회의 역사를 고찰하기 위한 자료로 활용되는 것이다. 이 중에서 묘·장제는 당대의 사회의식이나 관습이 폭넓게 반영되면서 사회 변화와 밀접한 관련을 지니고 있다. 때문에 인류의 과거 모습의 복원은 이 묘제를 통해서 진행함에 있어 그 유용성이 두드러진다.

그러한 유용성은 무덤이 지닌 시간과 지역 그리고 사용 주체에 따라 지니고 있는 다양성과 관련이 있다. 즉 특정 지역에서도 민족에 따라 혹은 시기에 따라 차별화된 형태로 무덤을 만든다. 이로써 우리는 무덤의 형태만 보아도 그것의 담당자가 누구인가 그들이 어떤 변천 과정을 겪는가를 알 수 있다. 이로써 무덤은 인류사의 단면을 아는데 매우 유용한 자료로 활용되는 것이다.

2. 백제사와 고분

우리나라도 무덤 조영의 오랜 역사를 지니고 있다. 동아시아 지역에 문명이 형성되면서 각각 독립된 단위 집단들이 등장하고, 그들은 서로 다른 문화를 향유하면서 무덤을 만들었다. 잘 알려져 있듯이 문헌사적으로 우리나라 역사는 고조선을 기점으로 이후 남방 계열과 북방 계열로 구분하여 다종다양한 정치집단이 등장한다. 그러나 이는 기실 기록에 근거한 것일 뿐이며, 오히려 고고학적인 역사는 이보다 훨씬 이전부터 전개되었다. 무덤도 그에 따라 오랜 역사를 지니고 있다.

구석기시대의 매장 관념에 대해서는 정확하지 않으나 신석기 시대에 이르면 패총 속에서 사람 뼈의 출토가 적지 않고, 이것이 청동기시대에 이르면 특유의 고인돌이라든가 돌널무덤으로 불리는 석관묘가 만들어지면서 무덤의 형태가 구체화된다. 물론 우리 역사에서 묘제가 구체화되는 것은 청동기시대지만, 인문의 발달 정도로 미루어 보다 이른 시기로 올라갈 수 있다.

아무튼 묘제가 구체화되었다는 것은 수렵·어로와 같은 채집경제가 점차 생산경제로 발전하였다든가, 계층화 진전 및 정치력 성장이 이룩되면서 무덤의 조영에 남다른 노력이 경주되었음을 반증하는 것으로 볼 수 있다. 이러한 현황은 사회발전이 가속화된 원삼국기 혹은 삼국시대에 이르면 보다 선명하게 나타난다. 즉 이 시기에 이르면 묘제는 보다 다양해지고 전개양상이 보다 복잡해 진다. 이는 사회 발전과 묘제의 발전이 병행한다는 것을 보여주는 것이다.

'백제 고분'은 백제란 고대국가의 등장과 더불어 백제를 구성한 주체였던 백제 사람들에 의해 만들어진 무덤을 일컫는다. 즉 백제 고분으로 취급될 수 있는 자료는 고대국가 백제와 관련된 것이어야 한다. 이를 위해서는 무엇보다도 먼저 백제라는 정치체의 존속시기와 그 강역에 대한 범위가 명확하게 설정되고, 그에 포함된 무덤을 검토 대상으로 선정하여야 할 것이다. 즉 백제 무덤의 검토를 위해서는 백제라는 고대국가의 시간·공간적 위치가 분명하게 설정되어야 할 것이다.

그러나 우리나라 고대사를 장식한 삼국이 고대국가로 성립된 시기를 정확하게 설정하기에는 아직도 적지 않은 혼란이 있다. 특히 한반도 남부지역에서 전개된 고대사회의 실상을 일목요연하게 설명하기는 역부족일 뿐만 아니라 각 정치체가 차지하였던 강역을 분명하게 획정하기도 매우 어렵다. 『삼국사기』 등의 문헌만이 아니라 고고학 자료를 통해서 이 문제를 검토함에 있어 적지 않은 이견이 제시되고 있는 것도 널리 알려진 사실이다.

고대국가 백제의 초기 현황에 대해서는 삼한시기 마한의 소국으로 백제(伯濟)가 존재하였고, 이것이 고대국가 백제(百濟)로 발전하였다든가, 무덤이나 성곽을 토대로 3세기 후반의 어느 시기에 백제라는 국가가 등장하였다는 등의 이해는 마련되어 있다. 그러나 고대국가 백제가 본격적으로 활동하기 이전의 시기를 백제라는 고대국가보다는 오히려 소국단계로 취급하여야 한다든가, 고고학에서는 원삼국기 혹은 철기시대로 구분하고 있는 것은 초기백제의 범주 설정 및 성격규정에 적지 않은 어려움이 있다는 것을 보여주는 것이다.

공간적 범위도 사정은 마찬가지이다. 잘 알려져 있듯이 백제가 한강유역에 정착한 직후인 초기 백제의 강역은 한강 하류지역 일부를 차지하고 있었던 데 불과하다. 오히려 국가성장과 더불어 북쪽 혹은 남쪽으로 영역의 확대가 이루어지는데, 이로 보면 영산강 유역까지의 남부지역을 완전하게 장악하는 것은 상당한 시간이 경과된 후에나 가능했다고 보는 것이 당연할 것이다.

이와 같은 초기 백제에 대한 연구현황에 근거하여 묘제를 검토할 경우 지역이나 시기 설정에 적지 않은 어려움이 있다. 즉 검토대상인 무덤은 물적 자료로서 부동적인데 반해서, 백제라는 정치체는 다분히 유동성을 띠고 있어 묘제의 공간이나 시간 범위 설정에 상당한 어려움이 있다는 것이다. 물론 단순하게 보면 백제묘제는 고대국가 백제의 건국과 더불어 백제 사람들이 사용한 묘제에 국한하면 그만이다. 다시 말하면 백제묘제는 건국주체들이 사용한 묘제에 국한되고, 나아가 국가성장과 더불어 백제 지배 하에 완전하게 편입된 지역에, 편입된 시점부터 조영된 묘제를 백제 묘제로 보면 될 것이다. 그러나 묘제라는 물질적 자료를 취급함에 있어 이처럼 협의적 범주에서 개념을 정리하는 것이 과연 타당한가도 의문이 있다.

백제를 건국한 세력은 누구인가 등의 성격을 단언하기는 어렵다. 다만 북쪽에서 이주해 온 주민이 중심이 되어 한강유역에 오랫동안 정주(定住)해 온 토착인과 더불어 생활하면서 점진적으로 백제를 발전시켰다고 보는 것이 일반적이다. 때문에 백제라는 고대국가의 초기 환경은 구성세력 자체가 다양하였다고 볼 수 있고, 그에 따른 물질문화도 복합성을 지닌 채 출발하였다고 볼 수 있다.

반면에, 백제가 한강유역에 자리하는 초기에 한강유역 이외의 지역, 즉 지방에는 백제의 도읍지역인 중앙과 무관한 채 나름의 독자적 문화를 영위하는 집단들이 자리하고 있었다고 보아야 한다. 물론 이들도 백제가 보다 발전된 정치체로 성장하면서 그와의 유기적 관련 속에서 존속했을 것이란 추정도 가능하다. 나아가 백제의 발전이 주변지역 특히 남쪽 마한지역을 잠식하는 과정으로 본다면, 아직 백제에 완전히 예속되지 않은 집단들이더라도 어떤 형태로든 백제의 영향 하에 있었다고 볼 수 있을 것이다. 물론 백제에 완전히 예속되지 않은 지방의 여러 집단사회들은 백제에 편입되기 전까지 독자성을 유지하였을 것이고, 따라서 그들이 사용한 묘제를 백제 묘제로 일괄 설명하기는 어려울 것이다. 나아가 본격적으로 백제 세력 하에 편제되었다 하더라도 기왕의 관습적 문화유산도 어느 정도 보유하였을 것이란 추정이 가능하다.

결국, 이러한 현황은 협의적 관점에서 백제묘제를 준별하고, 그 개념을 정의하기가 매우 어렵다는 것을 알게 한다. 기왕에 알려지거나 검토된 백제묘제에 대한 내용을 종합하여 살펴볼 경우 이러한 문제점이 그대로 드러난다. 즉 초기백제의 묘제와 원삼국의 묘제를 엄격하게 구분하기 어렵다든지, 혹은 영산강 유역의 옹관묘를 마한 묘제로 볼 것인가 아니면 백제 묘제로 다룰 것인가의 논의가 그것이다. 물론 이러한 논란의 배경은 고대국가인 백제의 성장이 점진적으로 이루어졌고, 영역의 확대 또한 점진적으로 진행되면서 확대된 영역을 자기 세력화하는 방식도 다양하였을텐데 이에 대한 분명한 설명이 어려운 현실에서 기인한다고 볼 수 있다.

따라서 백제무덤 혹은 묘제의 정의는 보다 광의(廣意)의 범주에서 이

루어질 수밖에 없다. 백제가 건국되어 멸망하기까지의 기간에, 백제가
차지하고 있던 영역에 존재한 무덤을 일단 백제묘제로 다루는 것이 어
떨까 한다. 그리고 정치적 역학관계를 토대로, 건국 주체세력과 관련하
여 창출되었을 것으로 볼 수 있는 무덤을 중앙묘제, 반면에 그와는 무
관하게 이전부터 존재하던 무덤을 지방묘제 혹은 토착묘제로 구분하여
본다면 일단 계통에 따른 구분은 가능하지 않을까 생각한다.

　이러한 기준에 의거하여 그동안 백제의 고지에서 확인된 무덤 자료를
정리하면 다음의 표와 같다.

	발굴시기	유적명	소 재 지	유구성격	시기
1	1917~1956	능산리 고분군	충남 부여군 부여읍 능산리	횡혈식석실분	사비
2	1917	쌍릉	전북 익산 석왕동	횡혈식석실분	사비
3	1926	가락동 고분군	서울시 송파구 가락동	횡혈식석실분	한성2기
4	1917~1940	흥덕리 석실분	전남 나주 흥덕리	횡혈식석실분	
5	1917~1940	덕산리 고분군	전남 나주 반남면 덕산리	옹관묘,성격미상의 유구	한성1기
6	1917~1940	신촌리 고분군	전남 나주 반남면 신촌리	옹관묘	한성1기
7	1931	교촌리 고분군	충남 공주시 교동	횡혈식수혈식 석실분,전축분	웅진
8	1931	교촌리 고분군	공주 교촌리	횡혈식 석실분 전축분	웅진
9	1932	우금리 고분		횡혈식 석실분	웅진

	발굴시기	유적명	소 재 지	유구성격	시기
10	1936	능산리 동고분	충남 부여군 부여읍 능산리	횡혈식 석실분	사비
11	1938	제월리 고분	전남 담양 명산면 제월리	위석묘	웅진
12	1959	삼리 유적	경기도 화성군 삼리	화장묘	
13	1959	신흥리 고분	논산군 양평면 신흥리	수혈식 석실분	한성2기
14	1960	금학동 고분	충남 공주시 금학동	횡혈식석실분	웅진
15	1960 · 1967	내동리 고분	전남 영암군 시종면 내동리	옹관묘	웅진
16	1963	신창동 옹관묘	광주시 광신구 신창동	옹관묘	한성1기
17	1963	신월리 고분군	전북 고창 신월리 고분군	옹관묘	한성2기
18	1966	시목동 고분	충남 공주시 신관동	횡혈식 석실분	웅진
19	1967	각화리 고분군	광주시 북구 각화동	횡혈식석실분	
20	1968	신기동 고분	충남 공주시 신기동 산45-1	횡혈식석실분	웅진 · 사비
21	1968	소학리 고분	공주 소학리	횡혈식석실분	"
22	1969	명지리 고분	충남 서산시 대산읍 명지리	토광묘	"
23	1969	가락동1,2호분	서울시 송파구 가락동	토광묘	한성1기
24	1969	표정리 고분	충남 논산시 연산면 표정리	횡혈식석실분	사비
25	1971	무령왕릉	충남 공주시 송산리	전축분	웅진
26	1971	남산리 고분	충남 공주시 탄천면 남산리	호관묘	웅진
27	1971	소사리 고분군	부여군 초촌면 소사리	토광묘	사비
28	1971	중정리 고분군	부여 부여읍 중정리	화장묘	"
29	1972	둔덕리 유적	서천군 서천읍 둔덕리	화장묘	"
30	1973	육곡리 고분	충남 논산시 가야곡면 육곡리	횡혈식석실분	사비
31	1973	은선리 고분군	고분 은선리	횡혈식석실분	사비
32	1974	운학리 고분군	정읍 운학리	수혈식석곽분	한성2기

	발굴시기	유적명	소 재 지	유구성격	시기
33	1974	둔산리 고분군	전남 완주군 봉동읍 둔산리	횡혈식석실분	사비
34	1974	석촌동	서울시 송파구 석촌동	적석총 즙석토광묘	한성
35	1975	가락동 고분군	서울시 송파구 가락동	횡혈식석실분	한성2기
36	1975	득윤리 고분	충남 논산시 광석면 득윤리	횡혈식 석실분	
37	1975	문호리 유적	양평 서종면 문호리	적석총	한성1기
38	1975	방이동 고분군	서울 방이동	횡혈식 석실분	한성2기
39	1975	중장리 고분	공주시 계룡면 중장리	횡구식 석실분	사비
40	1975	상금리 고분군	부여군 부여읍	상금리화장묘	사비
41	1975	쌍북리 고분군	부여군 부여읍 쌍북리	화장묘	사비
42	1975	송국리 고분군	부여군 초촌면 송국리	옹관묘, 토광묘	〃
43	1975	신리 고분	부여군 규암면 신리	토광묘	웅진
44	1975	송용리 옹관묘	전북 신림면 송용리	옹관묘	한성1기
45	1977	창암리 고분군	보령 주산면 창암리	토광묘	
46	1977	신송리 고분	충남 서천군 신송리	수혈식 석곽분	한성2기
47	1977	대안리	전남 나주시 반남면 대안리	옹관묘	〃
48	1978	장현리 고분	보령 청라면 장현리	수혈식 석실분	〃
49	1979	두곡리 고분	충남 부여군 임천면 두곡리	횡혈식 석실 토광묘, 석곽묘	사비
50	1979	표정리 (도구머리)	충남 논산시 연산면 표정리	횡혈식석실분 횡구식석실분	한성
51	1980	내동리 옹관묘	전남 영암군 시종면 내동리	옹관묘	한성1기

	발굴시기	유적명	소 재 지	유구성격	시기
52	1980	정암리 고분	충남 부여군 장암면 정암리	횡혈식, 횡구식 석실분	사비
53	1981	중도 적석총	강원도 춘천시	적석총	한성1기
54	1981	당골 고분군	충남 논산시 연산면 표정리	횡혈식, 횡구식 석실분, 옹관묘	한성
55	1982	월산리 고분	남원시 아영면 월산리, 청계리	옹관묘	한성1기
56		만수리 고분군	전남 영암군 시종면 만수리	분구-토광묘, 옹관묘	한성2기
57	1982	중월리 고분	전북 고창군 아산면 중월리	옹관묘, 파옹개장묘	한성2기
58	1982	신봉동 고분	충북 청주시 흥덕구 신봉동	토광묘, 횡혈식 석실분	한성2기
59	1982	월송리 조산고분	전남 해남군 현산면 월송리	횡혈식석실분	웅진
60	1982	신금 옹관묘	전남 해남군	옹관묘	한성2기
61	1983	도화리 적석총	충북 제천시 청풍면 도화리		
62	1983	태양리 고분	충남 부여군 구룡면 태양리	횡혈식석실분	사비
63	1984	사창리 옹관묘	전남 무안군 몽탄면 사창리	옹관묘, 토광묘	한성2기
64	1984	보령리 고분	충남 보령시 주표면 보령리	횡혈식, 횡구식 석실분	한성2기
65	1984	신연리9호분	전남 영암 시종면 신연리	옹관묘, 토광묘	
66	1985	3호동쪽고분군	서울시 송파구 석촌동	토광묘, 옹관묘, 토광적석묘	한성
67	1985	표정리(하표정)	충남 논산시 연산면 표정리	수혈식석곽	한성2기

	발굴시기	유적명	소 재 지	유구성격	시기
68	1986	초분골 고분군	전남 영암군 시종면 내동리	토광묘, 옹관묘	한성1기
69	1986	와우리 옹관묘	전남 영암군 시종면 와우리	옹관묘	한성1기
70	1986	육곡리고분	충남 논산시 가야곡면 육곡리	횡혈식, 횡구식 석실분	사비
71	1986	영천리 고분	전남 장성군 장성읍 영천리	횡혈식석실분	사비
72	1986~1993	웅포리 고분	전북 익산시 웅포면 웅포리	석실분, 석곽묘	웅진
73	1986~1998	입점리 고분	전북 익산시 웅포면 입점리	석실분, 석곽묘	한성2기
74	1987	남산리	충남 공주시 탄천면 남산리	석실분, 토광묘 석곽묘	한성 ~사비
75	1987	송학리	충남 공주시 탄천면 송학리	횡혈식, 횡구식 석실분	사비
76	1987	평화동 고분	전북 전주시 완산구 평화동	횡혈식, 횡구식 석실분	사비
77	1987	삼성리 옹관묘	전북 정읍군 옹동면 삼성리	옹관묘	한성1기
78	1987	부당리 옹관묘	전남 해남군 화산면 부당리	옹관묘	한성2기
79	1987	원진리고분군	전남 해남군 삼산면 원진리	옹관묘	한성2기
80	1987	석촌동 고분	서울시 송파구 석촌동	석곽묘, 옹관묘, 토광적석묘	한성
81	1988	칠지리 고분	충남 서천군 비인면 칠지리	횡혈식석실분	사비
82	1988	건지리고분군	전북 남원군 동면 건지리	석곽묘, 토광묘	웅진
83	1988	여의동 유적	전북 전주시 여의동	횡혈식석실분	사비
84	1988	만수리 4호분	전남 영암군 시종면 만수리	토광묘, 옹관묘	한성1기
85	1989	성호리 고분	충남 홍성군 결성면 성호리	횡구식석실분	사비

	발굴시기	유적명	소 재 지	유구성격	시기
86	1989	금학동 고분	충남 공주시 금학동	횡혈식석실분	웅진
87	1989	덕진리 고분군	전북 전주시 덕진동	횡혈식석실분	사비
88	1990	보통골 고분	충남 공주시 소학동	석실분, 석곽, 옹관묘	웅진 · 사비
89	1990	신봉동 고분	충북 청주시 흥덕구 신봉동	토광묘	한성2기
90	1990	송두리 고분군	충북 진천군	송두리토광묘	한성1기
91	1990	자라봉 고분	전남 영암 시종면	전방후원분	한성1기
92	1990	길산 고분	전남 해남군	횡혈식석실분	웅진
93	1990 · 1991	월계리 고분	전남 함평군 월야면 월계리	횡구식,횡혈식 석실분	웅진
94		오곡리 고분	충남 공주시 오곡동	횡혈식석실분	사비
95		양평리 적석총	충북 제원 양평리	적석총	
96	1991	신덕 고분	전남 함평군 월야면 신덕리	전방후원분	한성1기
97	1991	장상리 고분	전북 군산시 나포면 장상리	횡혈식석실분	사비
98	1991	지선리 고분	충남 부여군 외산면 지선리	석실분, 석곽묘, 옹관, 토광묘	사비
99	1991	화성리 고분	충남 천안시 성남면 화성리	토광묘	한성2기
100	1991	저석리고분군	충남 부여군 부여읍 저석리	전곽분, 석곽묘, 옹관, 석실분비	웅진(?)
102	1991	신기동 고분	충남 공주시 신기동 산45-1	횡혈식석실분사비	
103	1991	백곡리 고분	경기도 화성군 마도면 백곡리	수혈식 석곽	한성2기
104	1991	대야리 고분군	전남 영암 시종면 신연리	분구옹관묘	
105	1991	봉학리 고분	전남 해남 삼산면 봉학리	옹관묘	한성1기

	발굴시기	유적명	소 재 지	유구성격	시기
106	1992	모촌리 고분	충남 논산시 양촌면 모촌리	석곽묘, 석실분, 옹관묘	웅진
107	1992 · 1993	삼곶리 적석총	경기도 연천군 중면 삼곶리	적석총	한성1기
108	1992 · 1993	송절동 고분군	충북 청주 송절동	주구토광묘, 토광묘	한성1기
109	1992	하봉리 유적	충남 공주시 장기면 하봉리	토광묘	한성1기
110	1992	둔내고분군전	북 군산시 나포면 장상리	횡혈식 석실분	사비
111	1992	서지고분	전북 군산시 나포면 장상리	횡혈식 석실분	사비
112	1993	모촌리 고분	충남 논산시 양촌면 모촌리	수혈식석곽분	웅진
113	1993	봉선리 고분	서천군 시초면 봉선리	횡구식 석실분	
114	1993	운림동 고분군	광주시 북구 운림동	횡혈식석실분	
115	1993	청풍동고분군	광주 북구 청풍동	수혈식 석곽	사비
116	1993	명천동 고분군	충남 보령시 명천동	횡혈식석실분웅진	
117	1993	조촌동 고분군	전북 군산시 조촌동	토광묘, 석곽묘, 석실분	한성2기 ~사비
118	1994	하봉리 유적	충남 공주시 장기면 하봉리	토광묘, 옹관묘	한성1기
119	1994	청당동 유적	충남 천안시 청당동	토광묘	한성1기
120	1994	옥정리 유적	전북 군산시 옥만읍 옥정리	석곽묘, 석실분	사비
121	1994	성흥산성 고분군	충남 부여군 임천면 구교리	횡혈식석실분	사비
122	1994	성남리 고분	전북 익산시 낭산면 성남리	석실분, 석곽묘	웅진
123	1994	민가촌고분군	전남 함평군 월야면 예덕리	토광묘	한성1기
124	1994	학성리고분군	전남 장성군 삼면 학성리	횡혈식, 횡구식 석실분	사비

	발굴시기	유적명	소 재 지	유구성격	시기
125	1994	명화동고분	광주 명화동	분구, 석실분	웅진
126	1994	무형리 옹관묘	익산군 망성면 무형리	옹관묘	사비
127	1994	중화산동 고분군	전북 전주 완산구 중화산동	화장묘	사비
128	1994	오석리	충남 서천군 서천읍 오석리	토광묘	한성1기
129	1994~1995	관창리 고분군	충남 보령시 관창리	주구묘	한성1기
130	1995	웅진동 고분	충남 공주시 웅진동	석실분, 옹관묘	웅진
131	1995	여방리 고분	군산시 성신면 여방리	석곽묘, 석실분, 옹관묘	웅진~사비
132	1995	마하리 고분군	화성군 봉담면 마하리	석곽묘, 석실분	한성2기
133	1997~1998	복암리 고분	전남 나주군 다시면 복암리	옹관묘,분구 횡혈식 석실분	웅진
134	1999	대동리 유적	전북 부안군 대동리	주구묘	
135	1999	하립석유적	전북 부안군 주산면 하립석리	옹관묘	
136	1999	신덕리 유적	전북 고창군 흥덕면 신덕	옹관묘	
137	1999	성남리 유적	전남 고창군성남리	주구묘	
138	1999	안영리	충남 공주시 이인면 안영리	토광묘, 석곽묘, 횡혈옹관	한성1기
139	1999	법천리 고분군	원주시 부론면 법천리	토광묘2기 석곽묘,석실분	한성기
140	2000	금학동 고분	충남 공주시 금학동	토광, 옹관, 석실분, 석곽묘	웅진
141	2000	성암고분	전남 순천시 황전면 죽내리	수혈식석곽묘	웅진
142	2000	염창리 유적	충남 부여군 부여읍 염창리	석실분, 옹관묘	사비

	발굴시기	유적명	소 재 지	유구성격	시기
143	2000	산의리유적	공주시 이인면 산의리	횡혈식, 횡구식 석실분	웅진
144	2000	월야 순촌유적	전남 함평군 월야면	주구토광묘, 옹관묘	한성1기
145	2000	영등동 유적	익산시 영등동	주구묘	한성1기
146	2000	구룡리 고분	충남 보령시 구룡리	석실분	사비
147	2002	용산동 유적	대전시 유성구 용산동	토광묘	한성2기
148	2002	화산고분	화성시 태안읍 기인리	수혈식석곽묘	한성1기
149	2002	화산리 고분군	서천군 종천면 화산리	석곽묘, 석실분, 옹관묘	사비
150	2002	고절리 고분군	전남 무안군 무안읍 교촌리	옹관묘	웅진
151	2002	운전리 유적	천안 성남면 운전리	주구토광묘, 토광묘	한성1기
152	2003	도삼리 유적	서천군 마도면 도삼리	토광묘	한성1기
153	2003	가증리 유적	부여군 은산면 가증리	주구토광묘, 석실분	사비
154	2003	장승리	충남 청양군 청양읍 장승리	석실분, 석곽묘, 토광묘	사비

3. 백제무덤의 묘제특징

백제 무덤에 대한 연구는 비교적 폭넓게 진행되어 왔다. 특히 발굴조사의 증가로 자료의 축적이 괄목할 정도로 이루어지면서 이에 대한 연구는 한결 다양해졌다. 발굴결과의 보고를 비롯하여 지역별 잔존 유적의 정리 · 개별 유형에 대한 분석 및 검토 등 다양한 방면에서 진행되고 있다. 필자도 처음에는 백제 석실분을 다루면서 이에 대한 개괄적 이해를 시도하여 본 바 있다. 그러나 이후 새로운 자료가 급속하게 늘어나면서, 기존에는 없었거나 소홀하게 다루었던 자료도 적지 않게 나타났다. 예컨대 주구묘나 와관묘는 신출자료의 사례이고, 분구묘 자료의 증가는 후자의 사례에 속하는 것이다. 물론 이처럼 증가한 자료를 토대로 무덤의 유형을 추가하거나 그 연원이나 의미에 대한 검토를 지속적으로 진행하여 왔지만 아직도 부족한 점이 적지 않다. 이로써 백제묘제에 대한 보다 심층적인 고찰도 필요하고 유형분류 등의 새로운 검토도 지속적으로 요구되고 있다. 우선 여기에서는 그동안 검토된 백제 무덤의 묘제별 유형화에 대한 내용을 요약하여 제시하여 보기로 한다.

무덤과 같은 물질자료는 그 검토기준을 어떻게 마련하는가에 따라 다양한 결과를 가져온다. 여기에다 무덤은 전통성이 강해서 대대로 전해 내려오는 속성이 무덤에 그대로 반영됨으로써 시간의 중복과 더불어 구조 자체에 상당한 복합성을 드러낼 수밖에 없다. 때문에 어떤 단일기준을 적용하여 형식화한다거나 해석을 가할 경우 적지 않은 무리가 따르는 측면도 있다. 그러나 무덤도 물질자료인 이상, 일목요연한 이해를 위해 유형화는 필요하며, 이를 위해서는 가장 합리적인 분류기준을 마련할 필요가 있다.

백제묘제의 기본은 토장(土葬)을 원칙으로 한다. 다만 장제적으로 시신을 직접 묻는가, 이차장적 방식인 골장(骨葬)을 하는가 아니면 화장 후 유골을 수습하여 묻는가 하는 등의 차이가 있을 뿐이다. 유골을 안치한 시설, 즉 묘제는 시기와 지역에 따라 천차만별하다. 이는 유골을 안치하는 방식과 더불어 이들 유골의 매납 시설이 매우 다양하게 존재하였던 것에 기인한다. 예컨대 유골의 안치방법에는 지하로 토광을 파고 직접 묻는 방식 외에 목재로 관(棺) 혹은 곽(槨)을 시설하거나 항아리·옹(甕) 등을 사용하는 경우가 있다. 그리고 매장시설로 석재나 벽돌 등을 사용하여 빈 공간의 묘실을 조성한 다음, 여기에 시신을 안치하는 방식도 있다. 특히 시신을 매납하는 시설인 매장부를 지하에 마련하는가 아니면 지상에 마련하는가, 보호시설로 흙을 사용하든가 또는 돌을 사용하는가와 더불어 주구묘처럼 매장부 외곽에 구(溝)를 조성하는 방식도 있어 대단히 복잡한 양상이다.

이러한 구조적 속성은 묘제 자체를 분류함에 있어 묘에 쓰인 사용재료나 매장부의 구성 요소를 기준으로 삼기에 적절하다는 것을 알게 해준다. 그러나 다른 한편으로는 이들만으로 무덤의 외형적 형상을 완전하게 반영할 수 없는 한계를 드러내므로 그의 분류기준으로써 외형적 형상을 반영할 수 있는 요소의 추가도 필요하다. 다만 무덤의 외형적 속성은 무덤 자체가 지상 혹은 지하에 조성되었다 하더라도 오랫동안 방치되어 있었기 때문에 처음에 만든 표식시설이라든가 보호시설이 심하게 파괴된 경우가 많아서, 본래의 속성을 파악하기가 어렵다. 이러한 환경은 묘제의 분류에서 잔존유구의 외형만을 토대로 분류기준을 마련할 경우 상당한 문제를 일으킬 수 있음을 암시하기도 한다.

다만 묘실의 위치가 지상에 있는가, 아니면 지하에 있는가 하는 점과 함께 시신을 안치하는 주시설인 매장부를 지상에 조성할 경우 분구를 만든 다음에 분구상에 이를 시설한 분구묘인가, 아니면 지표면에 매상부를 구축한 다음에 흙을 덮거나(봉토) 돌로 덮는(封石) 봉토분의 형식인가의 구분은 가능하다. 그러나 봉토분의 경우 매장부를 지하에 조성하고 봉토한 경우와 지상에 조성한 후 봉토한 경우, 이것은 묘제의 차이보다는 오히려 지역적 차이에 기인한 것이 많고, 지상과 반지하 · 지하의 구분도 모호하기에 일단 대상에서 제외할 수밖에 없다. 반면 분구묘의 형태는 현재의 자료로 보면 기왕에 유형화된 묘제와는 차별화될 수 있는 요소가 많기에 일단 분류기준으로 삼을 수 있다고 생각한다.

따라서 필자는 기왕에 축조재료와 매장부의 특성을 기준으로 삼아 백제묘제를 12가지로 분류한 적이 있으나, 여기에 분구의 존재여부를 분류기준에 추가하여 재분류한 결과 백제의 묘제를 모두 16가지로 나누었다.

그에 따르면 백제묘제는 돌을 재료로 사용한 석축묘로 적석총 · 횡혈식 석실분 · 수혈식 석곽묘 · 횡구식 석실분과 석곽묘로 세분할 수 있

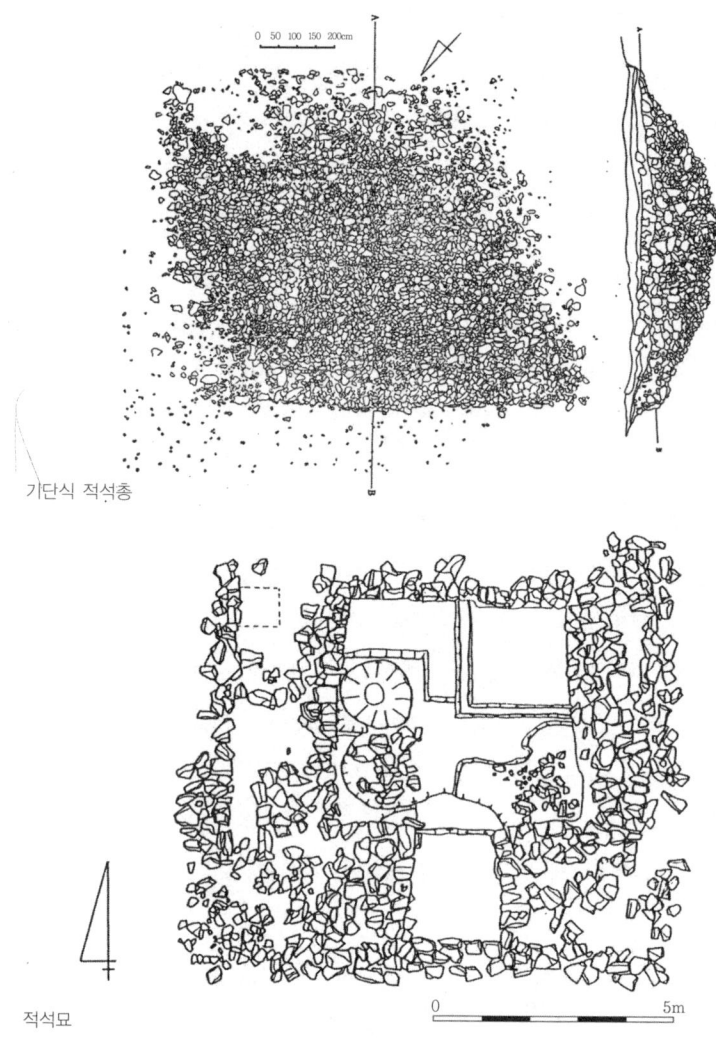

0 50 100 150 200cm

기단식 적석총

적석묘

0   5m

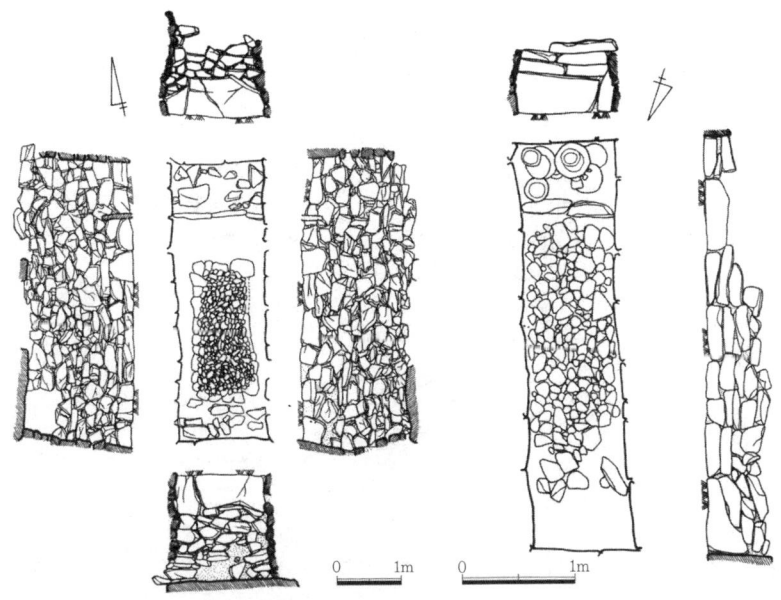

수혈식 석곽묘[모촌리 93-5호분(좌), 표정리 16호분(우)]

고, 흙을 파서 만든 토광묘는 순수토광묘·목관 토광묘·목곽 토광묘·주구묘·분구묘로 구분하였다. 그리고 항아리를 매장 주체부로 사용한 옹관묘는 석실 옹관·토광 옹관·분구 옹관·횡혈 옹관으로 나누었고, 여기에 특수형식인 화장묘와 전축분 외에 와관묘도 또다른 유형으로 추가하였다. 이러한 구분은 백제묘제의 경우 크게 석축묘 계열과 토광묘 계열 그리고 옹관묘 계열·전축분 및 화장묘 등의 특수계열로 구분할 수 있음을 알 수 있는 것이기도 하다.

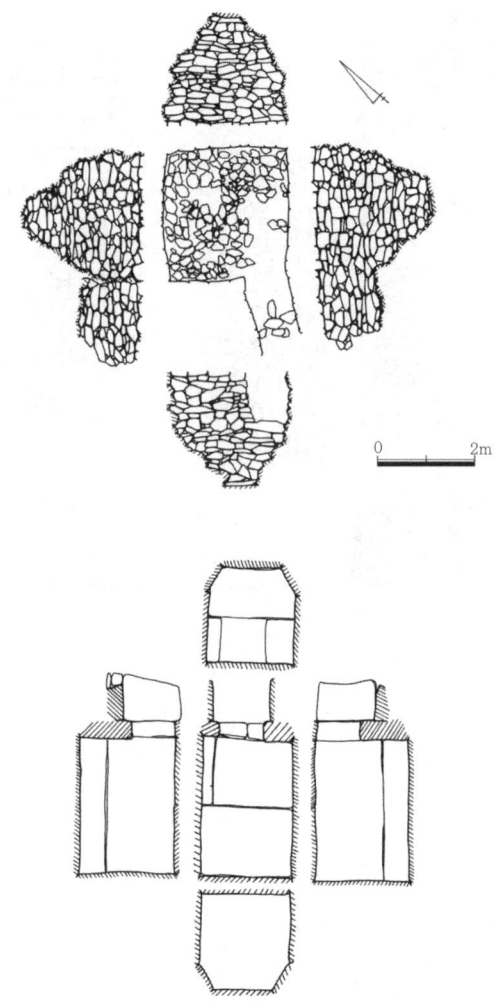

횡혈식 석실분[입점리 1호분(위), 육곡리 7호분(아래)]

돌을 재료로 사용한 석축묘는 재료의 사용범위와 매장부의 형태에 따라 적석총과 석실분·석곽묘로 구분된다. 그리고 다시 매장부의 구조 속성에 따라 석실분과 석곽묘는 횡혈식과 수혈식·횡구식으로 구분할 수 있다. 그러나 적석총은 석축의 유구를 지상에 조성한다는 특징은 파악되지만, 매장시설이 확인된 것이 거의 없어 더 이상 구체적 구분은 어렵다. 다만 석실분이나 석곽묘가 토광을 파고 지하 혹은 반지하로 매장부를 조성하고 표면을 봉토하는데 반해, 적석총은 지상에 돌을 쌓아 무덤의 형태를 만들고 그 속에 매장부를 조성한다는 섬에서 식실분이나 석곽묘와는 뚜렷한 차이가 있다.

석실분과 석곽묘는 모두 묘실을 돌로 쌓아서 빈 공간을 조성한다는 공통점이 있지만 각기 목관을 사용하는 경우와 그렇지 않은 경우가 있으며, 또는 옹관이 안치된 경우도 있다. 또한 무덤 내부에 시신을 안치하는 방식에서도 여러 사람을 하나의 무덤 내에 묻는 다장(多葬)이 있는가 하면, 한 사람만을 매장하는 단장(單葬)의 구분도 가능하다. 여기에 묘실의 위치가 거의 지상으로 올라와 있는 지상식이 있고, 땅속 깊이 만든 지하식도 있다. 그러나 가장 큰 차이는 매장부인 묘실에 입구가 설치되었는가의 여부에 따른 차이이다. 입구가 설치된 것은 횡혈식 석실분으로 불리는데, 여기에는 목관의 사용이 보편적이며 두 사람 이상을 함께 묻는 다장이란 특징이 있다. 반면에 입구가 없는 석곽묘는 수혈식 석곽묘로 불리면 관의 사용이 보편적이지 않으면서 한 사람만 매장하는 단장으로 운영되는 묘제 특징이 있다.

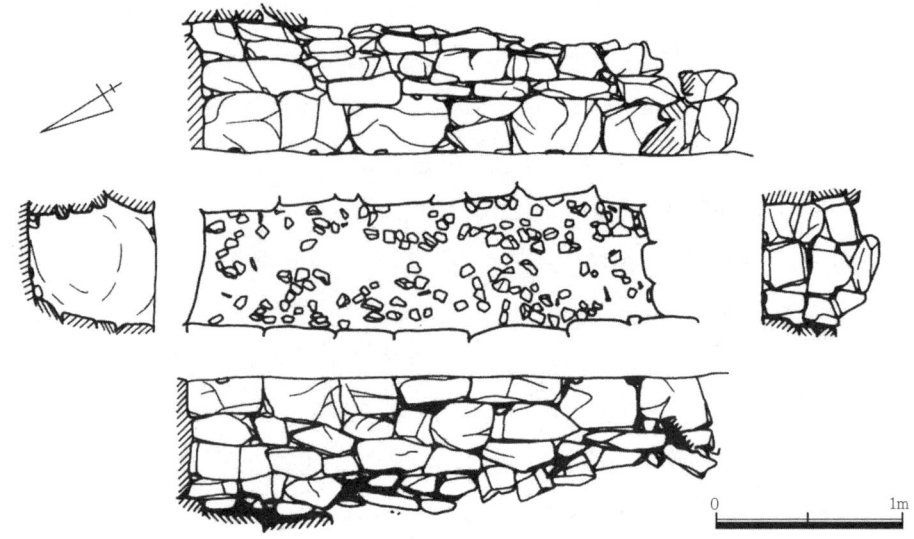

횡구식 석실분(염창리 고분)

　반면에 횡구식은 횡혈식과 수혈식의 중간단계의 것이다. 즉 수혈식 석곽묘가 횡혈식의 영향으로 만들어진 것이 있는가 하면, 횡혈식 석실분의 퇴화단계에서 나타나는 것도 있다. 이 경우 전자는 횡구식 석곽묘로 구분하고, 후자는 횡구식 석실분으로 구분한다. 이 외에 수혈식 석곽묘 내에 옹관을 안치한 경우가 있는가 하면, 묘제는 정확하게 횡혈식 석실분의 내용을 갖고 있는데 묘실 내의 시신 안치는 항아리 즉, 옹관을 사용한 경우도 있다. 이러한 유형의 것들은 석실분 혹은 석곽묘로 볼 것인가 아니면 옹관묘로 볼 것인가 하는 문제가 남아있기는 하다.

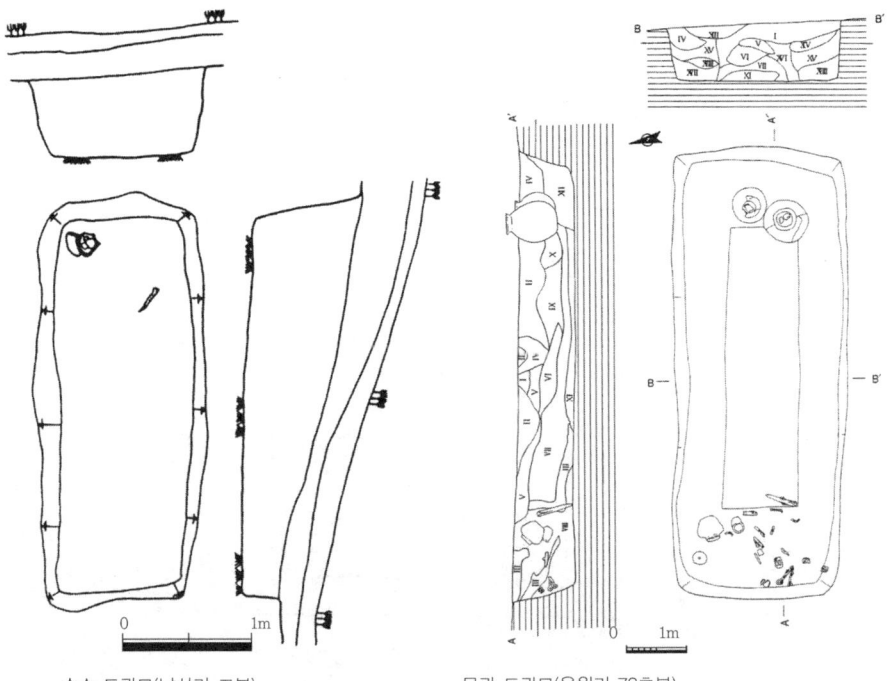

순수 토광묘(남산리 고분)   목관 토광묘(용원리 72호분)

필자는 공주 봉정리 고분처럼 석곽 혹은 석실 내에 옹관만 안치되어 매
장부의 주체가 옹관이 중심이 된 것은 옹관묘로, 공주 보통골 17호분처
럼 석실 혹은 석곽 내에 목관이 있는데도 옹관이 부수적으로 더 있는
경우를 석실분으로 분류하였다.

　한편 앞서 언급되었듯이 석실분 및 석곽묘 내에 안치된 시신의 숫자
에 따라 구분되는 다장과 단장의 문제는 횡혈식과 수혈식으로 구분되

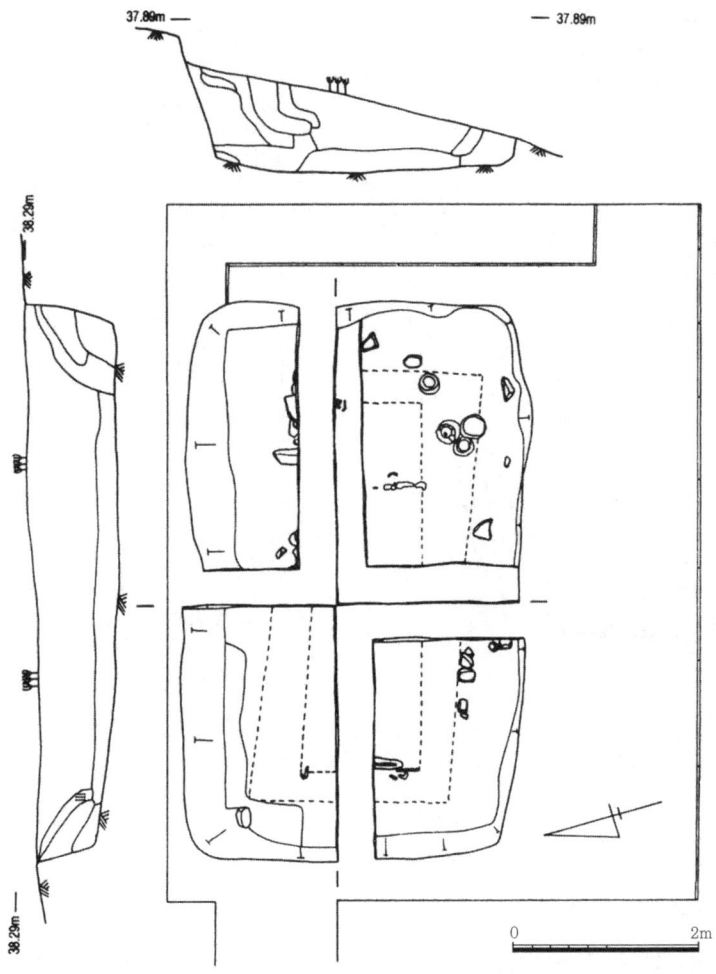

목관·목곽 토광묘(취리산 토광묘)

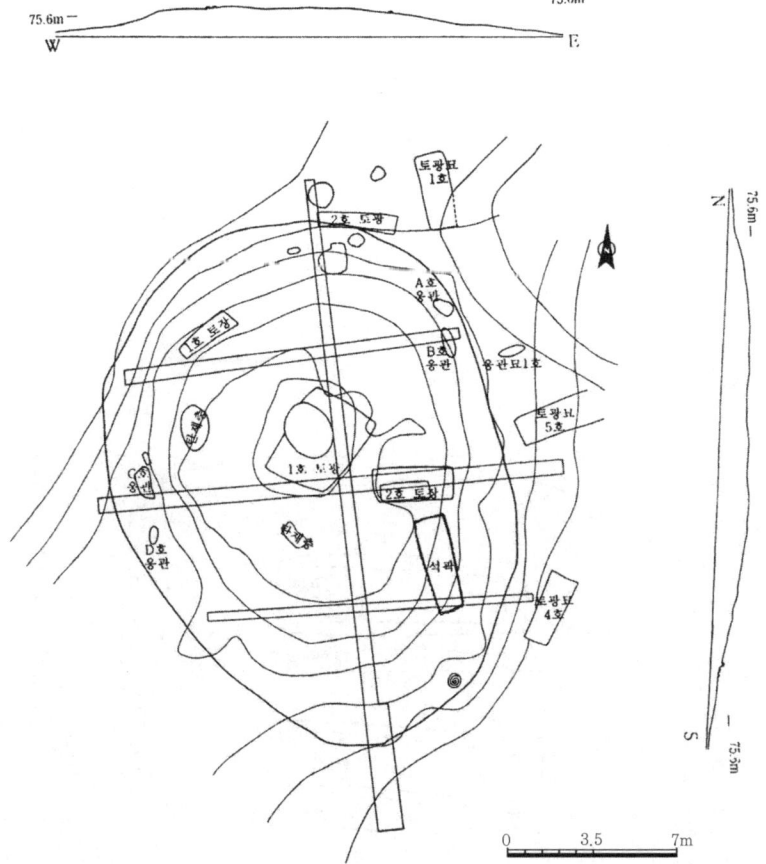

분구묘(두정동 분구묘)

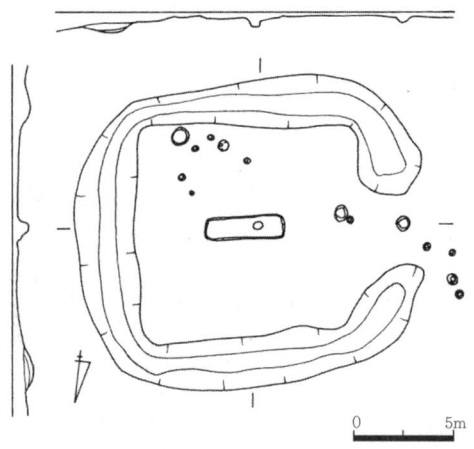

0   5m

방형 주구묘

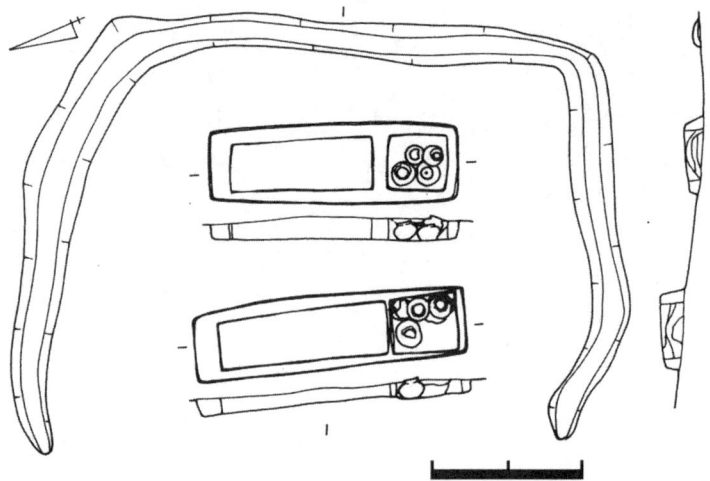

주구 토광묘(하봉리 토광묘)

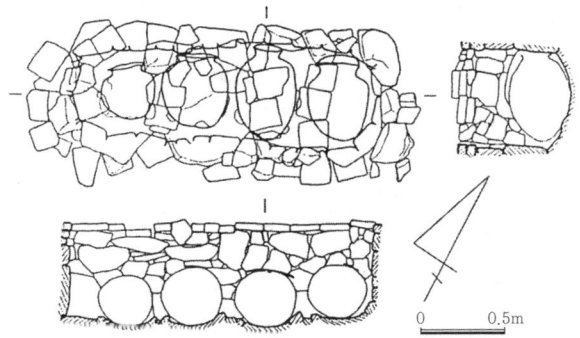

석실 옹관(봉정리 옹관묘)

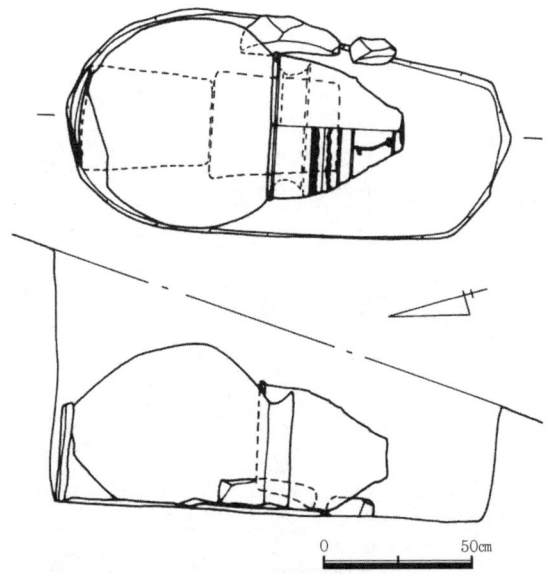

토광옹관(염창리 옹관묘)

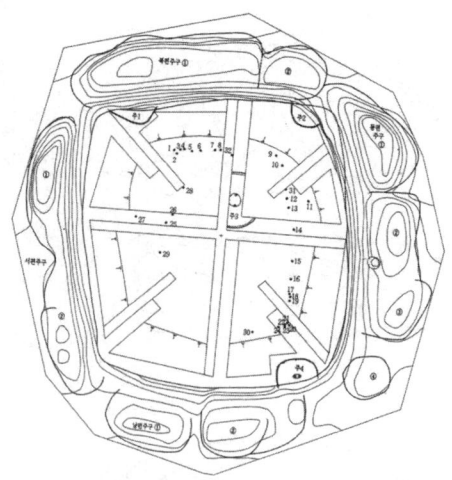

분구옹관(신촌리 9호분)

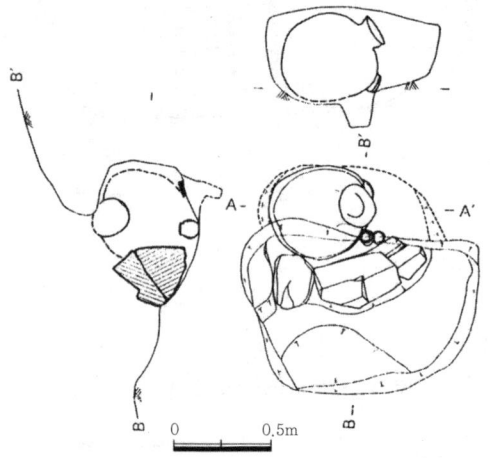

0   0,5m

횡혈옹관(산의리 횡혈옹관묘)

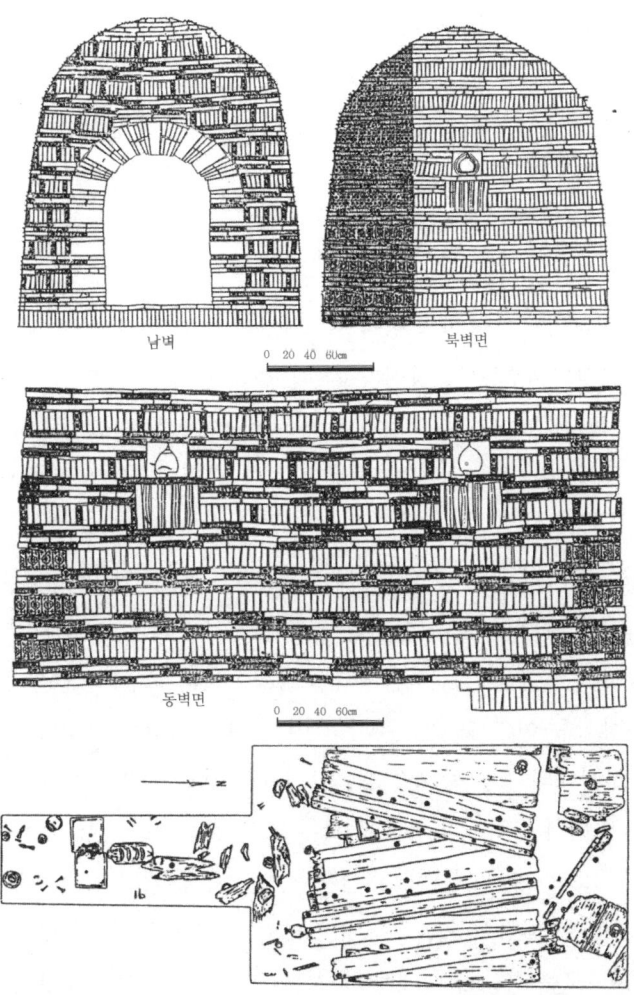

남벽 　　북벽면

0 20 40 60cm

동벽면

0 20 40 60cm

전축분(무령왕릉)

는, 다시 말해서 입구설치의 유무에 따라 엄격하게 구분되는 것과 동일한 문제이다. 즉 입구가 정형으로 설치된 횡혈식 석실분은 단장보다는 오히려 다장적 성격으로 보아야 하고, 반면에 입구가 없는 수혈식 석곽묘는 원칙적으로 단장으로 이루어진다. 그러나 횡구식 석곽묘는 묘제의 본래적 연원이 수혈식 석곽묘에 있기에 비록 입구가 있다 하더라도 단장으로 판단될 수 있다. 다만 입구설치와 목관 사용 등의 횡혈식 장제도 많이 포함되어 복합적 성격을 드러내기도 한다.

한편, 묘실의 위치가 지상인가 지하인가의 문제는 지역과 시기의 차이를 반영하는 것이지만 모두가 토광을 파서 조성한다는 공통점이 있다. 따라서 묘실 위치에 대한 차이는 보다 하위개념으로 다루어도 될 것이다.

토광묘는 조성방식과 구조내용에 따라 그 유형을 구분할 수 있다. 관(棺) 혹은 곽(槨)을 구성하기 위하여 목재를 사용하였는가의 여부에 따라 유형이 구분될 수 있는데, 순수 토광묘 · 목관 토광묘 · 목곽 토광묘의 구분방식은 이미 고찰한 바와 같이 여전히 타당성이 있다고 본다. 그런데 토광묘의 경우 축조방식을 고려하면 기왕에 검토대상에서 예외로 다루어 왔던 토축묘와 즙석 봉토분 혹은 분구묘로 분류되었던 것들에 대한 검토는 더 필요하다. 이들은 지상에 흙을 쌓아 올려 분구를 조성하고 여기에 매장시설을 갖춘 점에서 일단 분구묘로 통일할 수 있겠다. 그 사례로는 서울의 가락동 2호분이나 천안 두정동 분구묘를 들 수 있다. 이들은 지상에 흙을 쌓아 올려 분구를 조성한 다음, 여기에 다장의 형태로 여러 개의 매장시설을 갖추었지만, 토광과 옹관의 매장시설이 함께 있어 토광묘의 범주에서 이해하기보다는 별도의 분구묘라는 특수유형으로 분류되어야 할 것이다.

그런데 최근에 많이 발견되는 주구묘 혹은 주구토광묘도 묘제의 큰 범위에서 보면 토광묘 계열로 구분하여야 할 것이다. 다만 광의적 분류에 의해 토광묘 계열에 넣고 있지만, 앞서 본 순수 토광묘라든가 목관 토광묘 등과는 조성방식에서 큰 차이가 있어 묘제상 서로 구분되는 것은 당연하다. 방형 주구묘의 경우 매장부를 지상에 시설하다가 점차 지하로 내려가는 특성이 있지만, 매장부 주변에 큰 구(溝)를 돌린다는 특징이 있다. 반면에 주구토광묘는 무덤의 한쪽에 눈썹 형태의 구를 돌릴 뿐인데, 이로 보면 방형 주구묘와 주구토광묘의 구분에 애매한 점이 없지 않다. 하지만 분포권이나 시기 등에서 보면 일단 서로 차별화해야 할 것이다.

옹관묘는 재료의 형상과 매장부의 구조를 근거로 기존에 이미 석실 옹관묘 · 전용 옹관 · 일상용기 옹관으로 구분했었다. 그리고 전체적으로 사용재료가 옹(瓮)이라는 점에 근거를 두고 옹관묘라고 정의했지만, 매장부의 형태는 서로 간에 커다란 차이는 없었으므로 분류 자체에 문제가 없지 않았다. 특히 전용 옹관과 일상용기 옹관은 토기의 기술적 속성의 차이에 근거한 것일 뿐, 묘제 차이를 나타내는 것으로 보기는 어렵다. 여기에 석실 옹관도 안치시설을 특징으로 삼았기에 관을 근거로 한 전용 옹관이라든가 일상용기 옹관과는 차이가 있다.

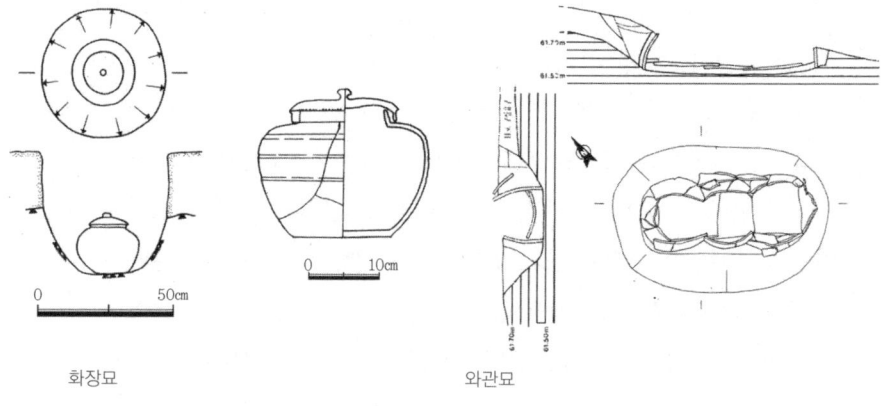

화장묘   와관묘

   이로 보면 옹관묘는 일단 옹을 관으로 사용하였다는 공통성을 갖고 있으므로, 이를 기초로 관을 안치하는 시설의 차이에 따라 석실 옹관과 토광 옹관으로 구분해야 할 것이다. 더불어 분구 상에 옹관을 안치한 소위 분구 옹관도 별도 구분하고, 여기에 공주 산의리 옹관과 같은 횡혈 토광을 추가하여 석실 옹관 · 토광 옹관 · 분구 옹관 · 횡혈 옹관으로 구분하였다.

   이 외에 특수형으로 본 화장묘나 전축분은 앞으로도 여전히 특수형으로 분류해야 할 것 같다. 화장묘는 재료와 매장방식만을 근거로 하면 토광 옹관과 유사한 점이 많지만, 옹관묘와 달리 작은 용기를 사용하면서 장법(葬法)도 화장과 관계된다는 절대적 차이가 있다. 그리고 전축분은 구조속성상 여러 가지 양상이 횡혈식 석실분과 동일하지만, 다만 재료가 석재가 아닌 벽돌이란 점, 중국의 전축분과 관련되면서 백제묘제의 전개에 새로운 기법 혹은 형식 출현의 배경이 된다는 점에서 여전히 중요한 묘제 유형의 하나이다.

한편 와관묘는 서산 여미리 고분군에서 처음으로 확인되었는데 토광을 파고 기와로 관 혹은 곽 모양의 시설을 마련한 것이다. 묘제적으로는 수혈식 석곽묘이지만 옹관묘와도 상통하는 것이므로 재료적 특성에 따라 일단 기타 특수 유형으로 보고자 한다.

요컨대 이상의 내용을 고려하면, 백제 묘제는 일단 백제의 존속시기에 백제의 영역에 남아있는 무덤의 구축방식을 의미한다는 보다 광의적 개념규정을 토대로 하여 묘제를 축조재료 · 매장부의 구조 형상 · 축조방식에 따라 모두 16가지 유형으로 나눌 수 있음을 알 수 있다.

4. 백제묘제의 시간과 공간적 위치

이상과 같이 백제묘제의 유형을 16가지로 나누어 정리하고 그에 대한 내용을 개관하여 보았다. 그런데 이들 다양한 백제의 묘제들은 백제가 존속하던 시기에 그 강역 내에 잔존하는 것이고, 나아가 백제 존속기의 묘제라 하더라도 이들은 지역과 시기에 따라 서로 양상을 달리하여 존재한다. 즉 지역에 따라 사용된 묘제가 다른가 하면, 특정의 묘제가 잔존하는 지역에 새로운 묘제가 유입되면 기존의 것이 소멸 · 변화를 거치는 일련의 전개과정이 진행되는 것이다. 물론 이러한 변화는 백제사회 특히 백제의 정치력 성장과 밀접한 관련을 갖고 진행된다는 특징이 있다. 이를 살피기 위해 우선 묘제별 존속시기와 분포위치에 대한 대략적 현황을 살펴보기로 하자.

적석총이 백제사회에 등장하게 된 것은 건국집단의 출현과 관련된 것으로 이해하고 있지만 아직 분명하게 설명할 수 있는 근거는 많지 않다. 다만 백제 적석총은 지금까지 조사된 자료에 한정할 경우 시기적으로 3세기 말 혹은 4세기 초반의 것들이 가장 이른 시기에 속하는 것으로 밝혀졌다. 그리고 적석총이 마지막으로 사용된 시기는 대체로 5세기 중반대를 벗어나지는 않는 것으로 본다. 나아가 이 적석총의 분포범위는 대체로 백제의 초기 도읍지였던 한강유역에 국한된 특징이 있다. 일부는 한강 상류에 산포된 양상도 확인되고는 있으나 이들 역시 초기적 성격의 것으로 평가된다.

백제묘제로서 가장 널리 유행하였던 횡혈식 석실분이 백제사회에 출현한 것은 경기도 화성의 마하리나 강원도 법천리 그리고 서울의 가락동·방이동 석실분으로 미루어 4세기 후반대 즈음으로 볼 수 있다. 횡혈식 석실분이 백제사회에 등장하게 된 것은 4세기 중반 이후 백제가 서북지역에 진출한 것과 관련 있을 것으로 추정된다. 아무튼 이 횡혈식 석실분은 4세기 중반대에 등장하였고, 이후 백제의 전사회로 확대되면서 보편적 묘제로 발전한다. 이 횡혈식 석실분은 초기에는 도읍지를 비롯한 일부 구역에 나타나다가, 점차 시간이 경과하면서 분포범위가 점진적으로 확대되는 특징이 있다.

수혈식 석곽묘는 횡혈식 석실분보다 조금 이른 시기에 등장한 것으로 추정된다. 수혈식 석곽묘는 이전 시기의 석관묘와 관련 있을 것으로 추정하였으나 지금까지 확인된 자료로 보면 4세기보다 이른 것은 아직 발견되지 않아 외부에서 유입된 것이 아닌가 추정하였다. 이 수혈식 석곽묘는 대체로 5세기 말경까지 사용된 것으로 추정되며, 그 분포범위는 금강유역을 중심으로 한 중서부 지역에 집중현상을 보이면서 그보다 북쪽지역에는 산발적으로 남아 있다.

그리고 횡구식 석곽묘는 횡혈식 석실분의 등장과 함께 수혈식 석곽묘의 변화로 말미암아 발생된 것으로 판단되는데, 이의 출현 시기는 횡혈식 석실분과 비슷한 때로 볼 수 있다. 그러나 횡혈식 석실분의 퇴화형도 횡구식으로 분류될 수 있어 백제의 후기에도 이 유형이 널리 사용되었다. 이의 분포범위는 횡혈식 석실분과 거의 일치한다.

한편 토광묘는 지금까지 알려진 자료의 범위에서 보면 청주 송절동 유적이나 천안 청당동 유적으로 미루어 등장시기가 적어도 2세기 이전까지 거슬러 올라가는 것으로 볼 수 있다. 이후 천안 두정동 · 용원리 · 그리고 청주 신봉동 등지의 유적은 이들이 5세기 초 · 중반까지 지속적으로 조영되었음을 알게 한다. 분포범위는 대체로 중서부 지역에 밀집된 양상을 띠고 있으나 영산강 유역에도 적지 않게 남아 있어 백제지역 전체를 망라하는 분포양상을 띠고 있다. 다만 토광묘 자체를 묘제별로 구분하여 지역 혹은 시기별 분포상을 차별화하기는 아직 어렵다.

그런데 분구묘는 서울의 가락동과 천안의 두정동에서 발견되었을 뿐, 그 분포범위나 존속시기를 구체적으로 언급하기가 어렵다. 다만 분구묘가 남아 있는 지역의 묘제현황을 고려하면 이들은 3세기 혹은 4세기 초반 이후에는 더 이상 조영되지 않은 것으로 추정할 수 있다. 분포범 위도 일단 한강유역과 그 이남지역으로 국한시킬 수 있을 것이다.

　주구묘는 토광묘에 원형의 주구가 돌려진 것과 방형의 주구가 시설된 것을 구분하여 이해할 필요가 있다. 이와 함께 방형 주구를 갖춘 것들이 대체로 3세기대에 집중되면서 호서 및 호남의 서해안 지역에 밀집 분 포된 점에 주목해야 할 것이다.

　옹관묘는 영산강 유역의 경우 신창리 옹관묘를 통해 매우 이른 시기 부터 사용되었음을 알 수 있고, 이 외의 지역에서도 백제의 존속시기 전 기간에 두루 사용되었음을 알 수 있다. 그러나 잔존상황으로 볼 때 영산강 유역 이외의 지역에서는 토광묘나 석실분과 병존하는 것도 하 나의 특징이다. 그러면서 영산강 유역의 옹관묘는 분구 옹관묘로 독자 성을 보이면서 발전을 거듭하다가 대체로 6세기 초반경에는 소멸되고, 이 외의 지역에서는 석실분의 배장묘 즉, 석실분에 부수적으로 옹관이 함께 있는 무덤으로 그 명맥이 유지된다.

　이 외에 특수형으로 분류된 화장묘는 사비도읍기에 도읍지 일원에 국 한하여 잔존하는 것이고, 전축분은 6세기 초반에 두 번째 도읍지인 웅 진에만 있어서 이들은 와관묘와 더불어 각각 특수성이 있는 것이다.

　결국 백제 묘제의 시공적(時空的) 존재 현황을 종합하면, 묘제별로 존 속 시기나 잔존지역에 차이가 있음을 알 수 있다. 나아가 특정 묘제를 중심으로 상호 영향 하에 변화가 나타나는 것도 알 수 있으며, 지역별로 다양하게 존재하던 묘제가 점차 횡혈식 석실분으로 통일된다는 특징을 발견할 수 있다. 즉, 중앙묘제는 적석총에서 횡혈식 석실분으로 교체되어 가며, 이 시대 중앙 이외의 지역에 존재하던 토광묘나 옹관묘·석곽묘 등, 토착묘제는 중기 이후 서서히 그 모습을 감추고 횡혈식 석실분으로 교체되어 간다. 이러한 묘제의 전개양상을 모두 5단계 즉 조기·전기·중기·후기·말기로 나누어 설명할 수 있다.

그 1단계인 조기는 백제의 건국에서 3세기 말경까지의 기간에 해당한다. 도읍지에 건국세력 혹은 백제 건국 주체세력의 것으로 볼 수 있는 묘제가 보이지 않는 시기이다. 그리고 전기는 건국 주체세력의 무덤인 적석총이 도읍지에 중앙묘제로 등장한 시점에 또 다른 지배세력의 묘제인 횡혈식 석실분이 등장하는 시점까지를, 이후 적석총이 횡혈식 석실분으로 대체되는 기간을 중기로 보았다. 그러나 이 시기에는 전기로부터 중기까지 존재하던 적석총이나 횡혈식 석실분은 도읍지 일원에 국한되었을 뿐이고, 지방사회에서는 오히려 토착적 전통묘제인 토광묘나 옹관묘 그리고 석곽묘 등이 사용되었다.

그런데 후기에 이르면 횡혈식 석실분이 지배세력이 자리하는 도읍지 일원에 집중 사용되다가, 점차 지방사회로 확대된다. 이 횡혈식 석실분이 지방사회의 전통적 토착묘제를 완전히 배제하면서 백제사회의 보편적 묘제로 자리하는 시기를 말기로 본 것이다.

한성도읍 전기의 무덤환경과 백제

1. 한성도읍 전기의 백제와 묘제환경

『삼국사기』에 따르면 백제는 기원전 18년 고구려 지역에서 남하한 온조가 한강유역에 건국한 것으로 전한다. 이로써 백제는 이후 약 700년에 걸친 파란만장한 역사의 대장정이 비롯되는 것이다. 그러나 좀더 세부적으로 살펴보면 기원전 18년에 건국하였다는 백제 초기의 사실에는 적지 않은 의문이 있다. 이는 비단 건국기년만이 아니라 건국시조의 구체성, 그 출자 및 백제라는 정치집단을 형성하였던 실제의 주체세력은 누구인가, 그리고 그 건국지가 정확하게 어딘가에 대한 분명한 해답을 얻기가 아직은 어렵다. 특히 『삼국사기』 등의 문헌에 전하는 것처럼 건국 기년을 기점으로 고대국가의 갑작스런 등장을 예단하기가 어렵기에 이후 기록 자체의 불신만이 아니라 다른 시각에서 백제의 국가 건국 및 형성에 대한 다각적인 검토가 이루어졌던 것도 사실이다.

그러나 백제의 건국 즈음에 대한 사정에 의문이 적지 않다 하더라도,

백제가 한강유역에 자리 잡았던 것은 분명하며, 나아가 이른 시기에 한강 유역에 정착한 후 다시 웅진으로 천도하는 서기 475년까지는 큰 변동 없이 지금의 서울인 한성지역에 자리하고 있었다는 것 또한 불변의 사실이다. 더불어 기록상으로 보면 적어도 500여 년이란 오랜 세월 동안 한 지역에 도읍하면서 국가의 흥망성쇠를 경험하였다는 것도 널리 알려져 있다.

특히 백제가 한강유역의 한성에 도읍하던 시기는 국가의 건국으로부터 체제 구축 그리고 대내외적 발전을 이룩하는가 하면, 웅진 천도라는 다소 불행한 사건을 겪게 되는 역사 경험을 가졌던 기간이기도 하다. 이러한 역사 경험은 백제가 한성에 도읍하던 시기를 전·후기로 구분할 수 있는 요소로 볼 수 있지 않을까 한다. 즉 건국에서 국가체제의 구축까지의 기간을 전기로, 그리고 대내외적 발전을 이룩하면서 이후 웅진으로 천도하기 전, 다소간 혼란을 겪는 시기를 후기로 보는 것이 그것이다.

이처럼 백제가 한성에 도읍하던 시기를 전·후기로 나누면서, 전기를 건국 후 국가의 체제가 확립되는 기간으로 잡는다면 그 하한은 3세기 혹은 4세기 초반까지, 즉 고이왕대까지로 한정할 수 있기에 전체 기간은 대체로 기원 전후의 기간에서 3세기 말 혹은 4세기 초반까지를 그 범위로 잡을 수 있겠다.

백제의 건국 주체세력이 한강 유역에 정착한데 대한 정황은 『삼국사기』 등의 문헌기록에서 그 편린을 찾을 수 있다. 『삼국사기』에 따르면 백제의 국가 건국은 부여족으로서 고구려 건국주체인 주몽과 같은 계통으로 인식되는 온조와 비류가 남하하여 한강 유역에 자리하면서 비롯된다. 특히 건국 시조였던 온조왕대에 위례성에 도읍한 이후 북으로는 말갈, 남으로는 마한과 경쟁하면서 국가의 기틀을 다져갔고, 당대에 남으로 웅천, 동으로 주양(走陽), 그리고 서쪽으로 서해까지 일정한 강역이 획정된 것으로 전한다. 이후 백제는 온조의 후예에 의한 왕위 계승과 더불어 주변의 여러 세력과 끊임없는 투쟁을 진행하면서 국가의 기틀을 공고하게 확립하였던 것으로 기록은 전한다.

그런데 문헌이 제시하는 건국 기년을 시작으로 국가적 성격이 보다 분명하게 드러나는 것은 3세기 말경이다. 이는 문헌상에서 제시되는 건국기년에서 보면 적어도 300여년의 기간이 경과한 후의 일이다. 즉 백제는 8대 고이왕대에 이르러 국가적 면모를 갖추어 가는데, 그러한 정황은 『삼국사기』 등의 각종 기록에서 그대로 확인된다. 북쪽의 한(漢) 군현과의 경쟁이 엿보이는 것도 이 고이왕대의 사실이고, 나아가 관등제의 마련이나 복색의 제정과 같은 국가 통치에 필요한 조치가 이루어지는 것으로 미루어, 백제는 한강 유역에 정착한 이후 꾸준한 성장을 이룩하였고, 그 결과 고이왕 시기에 이르러 국가적 면모를 갖춘 것으로 볼 수 있다.

따라서 이러한 정황에 근거하면 백제가 건국되었다고 하는 온조왕대에 실제로 고대국가체제를 갖추었는가, 기록에 전하는 강역(彊域)을 실제로 그들의 영토로 장악하였는가 등의 문제가 남는다. 다시 말해서

『삼국사기』에 전하는 백제의 역사적 사실을 그대로 이해할 수 있는가 하는 문제가 여전히 의문으로 남게 된다. 물론 이러한 의문은 건국시조 인 온조대부터 고이왕대까지의 역사상황을 구체화할 수 있는 보다 적 극적 증거가 없다는 데 원인이 있기는 하다.

한편 기원을 전후한 시기로부터 기원후 300년까지의 한반도, 그것도 남부지역의 역사는 문헌사학에서는 삼한, 고고학에서는 원삼국기라는 말로 설명하는 것이 일반적이다. 배경은 이 기간 삼국의 형성이 구체적 이지 않고, 오히려 삼한을 구성하고 있던 소국사회가 중심이 되었으므 로 이들 소국사회에서 백제 혹은 신라가 성장한 것으로 보기 때문이다. 백제의 경우 마한지역의 54개 소국 중에 하나로 자리했으며, 점차 주 변으로 세력을 확대하면서 고대국가로 성장했다고 추정한다. 따라서 삼한시대 혹은 원삼국 시대로 구분된 기원 전후로부터 기원후 300년까 지의 기간에 백제국의 실상은 삼한 소국의 범주에서 이해될 수 있을 것 이다.

앞의 백제무덤에서 간략하게 살펴본 것처럼 이 시기 백제적 성격을 분명하게 드러내는 무덤자료는 분명하지 않다. 오히려 원삼국기 혹은 삼한사회의 문화적 속성으로 분류될 수 있는 자료들, 즉 백제란 국가를 특징지을 수 있는 것보다는 오히려 삼한 혹은 원삼국기 사회에서 보편 적으로 사용된 것으로 볼 수밖에 없는 것들만 있을 뿐이다.

기원 전후의 기간 중에서 3세기 말 혹은 4세기 초반까지 백제의 강역 을 구체화하기 어렵다는 점을 전제로, 그 범위를 일단 후대의 영역으로 넓힐 경우 무덤자료는 대체로 적석묘와 토광묘 · 옹관묘 그리고 방형 주구묘 혹은 주구 토광묘 등이 있을 뿐이다. 하지만 이들은 종류 뿐만 아니라 양적인 면에서도 그리 충분한 것은 아니다. 특히 문헌기록에서 확인되는 백제가 한강유역에 자리한 기원 전후의 시기부터 대략 3세기 말 혹은 4세기 초반까지는 도읍지역 즉, 건국주체세력의 거주지역인 한강 하류지역에 남아 있는 무덤자료가 소략하기에, 나름의 특성을 지 닌 묘제는 아직 확인되지 않고 있다.

2. 한성도읍 전기의 백제무덤과 출토유물

1) 도읍지역

한성도읍 전기의 백제 도읍지역은 지금의 서울에 해당된다. 기원전 18년 백제의 최초 도읍지였던 하북 위례성이 어디인가 정확하지 않지 만, 온조대에 다시 하남의 위례성으로 천도하였고, 하남 위례성은 지금 의 강남 혹은 그 일원으로 보고 있다. 따라서 한성 도읍 전기의 도읍지 역은 지금의 서울 강남 지역 일원을 그 대상으로 삼을 수 있다. 이 도읍 지역에서 발견된 백제 무덤으로 한성 도읍 전기 즉 기원 전후한 시기에 서 기원후 300년대까지의 기간으로 편년되는 자료로는 토광묘 · 분구 묘가 있을 뿐이다.

(1) 토광묘

　토광묘는 지반(地盤)에 구덩이를 파고, 그 안에 시신을 안치하는 묘제이다. 따라서 외형적으로는 지상에 흙을 쌓고 그 위에 매장부를 만드는 분구묘와 달리, 지하에 설치한 매장 시설을 보호하기 위해 봉토를 덧씌웠다고 판단되므로 봉토분에 속하는 것이다. 그러나 지금까지 상부시설 즉 봉분의 형상을 정확하게 남긴 것이 없다. 다만 여기에 포함되는 토광묘는 모두 지반을 파서 지하로 매장시설을 갖추었다는 공통점이 있는 것이다. 이는 토광 내의 시설에 따라 순수토광묘 · 목관 토광묘 · 목곽 목관 토광묘로 구분할 수 있는데 한성시대 전기의 토광묘는 목관이나 목곽이 사용되지 않는 순수 토광묘가 대부분이다. 그러나 자료를 검토할 경우 조사의 미비로, 혹은 잔존 유적의 특성상 목관과 목곽의 흔적이 확인되지 않은 것도 있을 수 있다. 물론 이러한 예의 엄선은 사실상 불가능하다. 따라서 여기에서 다루는 순수 토광묘는 기왕에 조사된 토광묘 자료 중에서 목관이 없는 것을 정리한 것에 불과할 수도 있다.

　서울 석촌동에는 백제시대의 유적이 적지 않게 남아 있고, 기단식 적석총으로 불리는 장대한 분묘가 있다. 여기에는 이들 적석총 외에 그보다 먼저 만들어진 것으로 추정되는 토광묘도 조사되었는데, 그 중에는 대형 토광묘를 비롯한 순수 토광묘 · 목관 토광묘 등이 함께 섞여 있다. 이 중에서 순수 토광묘는 적석총 3호분 동쪽에서 확인된 11기의 토광묘 속에 포함된 것으로 2호분 · 3호분 · 6호분 · 8호분 · 9호분 · 10호분 등이 있다. 이들은 형상이 어느 정도 양호하게 남아 있는 것들이지만, 무덤의 내부에 남아 있는 시설 중에 목관의 흔적이 전혀 확인되지 않아서 순수 토광묘로 분류하는 것이다. 이들 순수 토광묘는 모두 생토면을 파서 무덤구덩이를 만들었다. 그리고 내부 시설로 사용하던 나무판재의 흔적이 있다. 하지만 이 나무판재는 목관이 아닌 시상대 등의 다른 용도로 판단되었기에 순수 토광묘로 분류한 것이다.

석촌동 순수 토광묘의 세부적 내용을 2호 토광묘를 통해서 살펴보자. 이 토광묘의 토광 규모는 길이 223cm에 너비 76cm이고, 깊이는 21cm만 남았다. 토광의 장축은 동남에서 서북방향으로 두고 있는데 지표면의 변화로 지형과의 관계는 확인하기 어렵다. 석촌동 순수 토광묘 중에서 7호 토광묘는 무덤구덩이 안에 나무판재가 있으나 이를 목관으로 보기 어렵다는 점에 비추어 목재를 시상대로 사용한 것이 아닌가 추정되기도 한다.

순수 토광묘에서 출토된 유물은 토기와 철기 그리고 귀금속류인 구슬이나 금동제품이 있지만, 이 중에서 금동제품은 오히려 사례가 많지 않다. 토기와 철기는 각 유적에서 망라되고 있으며, 금동제품보다는 구슬제품이 보편적으로 많이 출토된다. 무덤 내에 유물이 남아 있는 위치도 일정하지 않지만, 대체로 시신의 머리 쪽 혹은 발쪽에 몰려 있는 것이 대부분이다. 이 외에 유물의 위치는 부분적으로 무덤의 중앙부에도 있어 매장과정에서 안치된 것도 있음을 알 수 있다. 토기는 둥근 바닥에 목이 짧은 항아리를 비롯하여 이중으로 목 부분을 장식한 항아리 기종

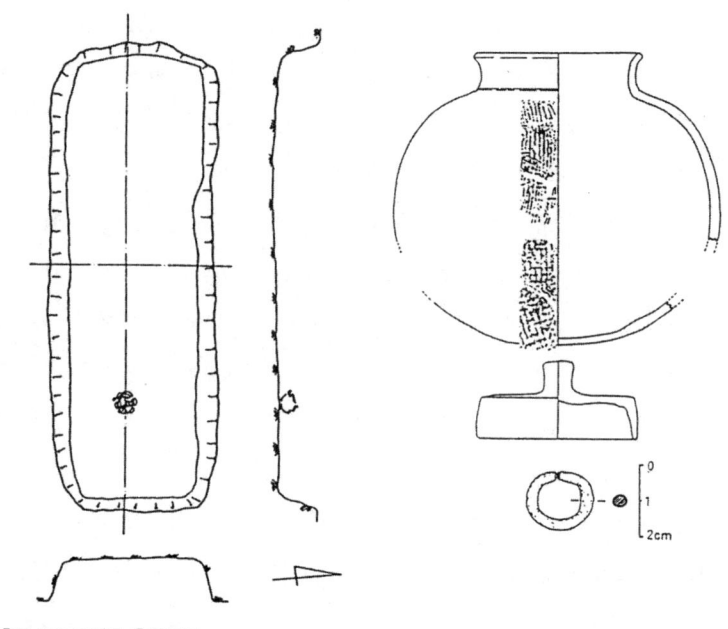

석촌동 2호 토광묘 출토유물

이 있다. 이 외에도 평저에 직구 단경호 및 개물 등이 있다. 재질은 경질토기가 포함되지만 소성도가 그리 높지 않은 연질 혹은 와질이 많으며, 기형에서 평저보다는 원저 그리고 광구의 형상이 많다. 나아가 토기 표면에 대부분 삿자리문 혹은 사격자의 문양이 베풀어져 있다. 순수 토광묘의 유물 조합의 내용과 배치형상은 석촌동 2호분의 현황을 대표적 사례로 들 수 있다.

(2) 분구묘

분구묘는 지상에 흙을 쌓아 분롱(墳籠)을 조성하면서 이 봉분 내에 매장부를 위치시키는 묘제이다. 다만 분구묘는 매장 주체부의 형상과 관계 없이 무덤의 외형에 따라 분류한 것이다. 무덤을 조성하면서 시신을 안치하는 매장주체 시설을 만들기 위해 지반을 판 것이 아니라 지반상에 흙을 모아서 분롱을 만들고 이 분롱 내에 매장부를 안치하는 것이 분구묘이다. 따라서 이 묘제는 매장부의 형상에 따른 유형을 토광묘와 옹관묘의 범주에서 다루어야 할 것들이다. 특히 분구묘에는 토광 및 옹관이 함께 조성된 것이 적지 않으며, 지역적으로 영산강 유역에서는 대형 옹관묘로 알려진 분구묘가 독특한 형태로 오랫동안 지속되기도 한다. 여기에서는 일단 영산강 유역의 옹관묘, 즉 분구에 전용옹관을 사용한 묘제는 그 특성에 의거하여 그냥 옹관묘로 분류하고, 이 외에 외형적으로 봉분을 가졌다 하더라도 그 안에 옹관 이외에 토광 등이 매장시설로서 함께 있으면 분구묘로 분류하는 것이다. 이러한 분류기준에 따르면 백제의 도읍지역인 한강유역의 대표적 자료는 가락동 1호 및 2호분을 예로 들 수 있다.

1969년도에 조사된 가락동 2호분은 분구묘의 대표적인 사례로서, 이 가락동 2호분은 하나의 봉토 안에 4개의 토광묘로 구성되었다. 이 외에 가락동 1호분도 상황은 정확하지 않지만 분구묘로 볼 수 있다. 그리고 분구묘의 묘제적 개념을 고려하면 석촌동에서 적석총으로 알려진 것 중에 적석이 아닌 분구로 남겨진 것도 일단 분구묘로 보아야 할 것

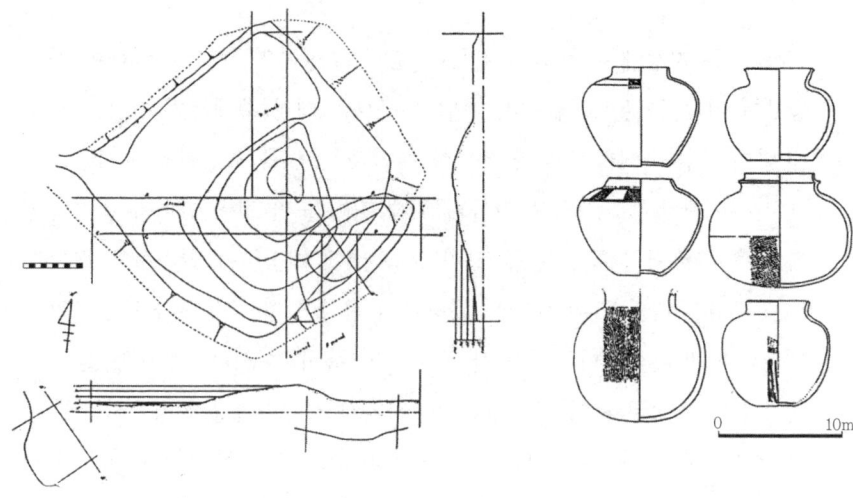

가락동 2호 분구묘와 그 출토 유물

이다.

　가락동 2호분은 기본적으로 봉토분의 유형이나 옹관묘를 중심으로 다른 세 개의 무덤 구덩이가 하나의 봉분 안에 있는 특이한 유형으로 판단된 것이다. 여러 개의 매장부를 축조하고 각 매장부의 작은 분구를 만든 다음에 이들을 하나로 아우른 큰 분구를 덮은 것이다. 큰 분구의 기초 하단부의 규모는 12×15m에 높이는 2.20m로 계측되는 것이었다.

　옹관은 분구의 정상에서 아래로 1m 아래에 단식으로 있고, 이 옹관의 남쪽으로 흑색 마연토기 1점과 교구 및 도자가 함께 부장된 토광묘가 있다. 그리고 이에서 다시 동쪽으로 1m의 거리에 철제의 작은 칼만 부장된 토광묘 1기, 이 외 나머지 토광묘 1기는 단식 옹관의 동남쪽에 있는데, 목관의 흔적이 뚜렷하게 남은 것이다. 그러나 전자 2기는 목관의 흔적이 분명하지 않다.

단식 옹관의 동·서쪽에 위치해 있던 흑색 마연토기는 2점이 수습되었는데, 1점은 완전 파괴된 상태였고, 정확하게 어떤 유구에 소속되는가는 판단이 어려운 상태이다. 가락동 2호 토광묘 출토유물은 토기와 철기로 구분할 수 있지만, 편년에 유용한 자료는 아무래도 토기로 보아야 한다.

가락동 출토 흑색 마연토기는 직구 단경호로서 바닥은 평저형태로 만들어진 것이며, 모두 2점이 수습되었으나 1점만 형상 복원된 것이다. 전형적 백제 흑색마연토기로 어깨 부분에 음각선에 의한 특유의 문양이 있다.

2) 도읍지 이외 지역

현재로서는 백제시대 전기로 구분되는 시기, 즉 기원전후로부터 3세기 말 혹은 4세기 초반까지의 백제 강역에 대한 구체적 정황은 알기가 어렵다. 물론 온조를 중심으로 한 백제의 건국 주체세력이 한강유역에 자리한 직후 그들의 강역이 남으로 웅천, 북으로는 임진강, 동으로는 주양까지 획정되었다는 삼국사기의 기록이 있지만 절대시기의 신빙성 문제와 위치 비정에 대한 논란이 있다. 나아가 비록 그러한 범위가 백제의 강역이라 하더라도 지방과 중앙은 어떤 형태로 연계되었는가도 단언하기 어렵다. 따라서 여기에서는 백제의 한성도읍 전기의 기간 동안 그 강역을 일단 금강유역까지로만 한정하면서 여기에 남아 있는 무덤자료를 살펴 보기로 하는데 이에 속하는 묘제는, 대체로 분구묘와 토광묘로서 순수 토광묘 및 주구 토광묘·방형 주구묘·옹관묘 등이 있다.

(1) 분구묘

분구묘는 천안 두정동 유적 내의 자료를 들 수 있다. 두정동 유적에서는 집자리를 비롯하여 목관 토광묘가 나왔는데, 여기에 점토로 다진 분구 안에 매장 주체시설을 마련했다. 다시 말해 매장시설 위에 작은 봉토를 올려 완성한 분구묘 1기가 있다.

두정동 분구묘는 비록 분구묘로 분류하지만 축조환경에 대한 정확한 이해는 아직 어렵다. 다만 길이 18m, 너비 14m, 높이 110㎝의 규모로 분구가 조성되어 있고, 표면에 즙석을 실시하였다. 분구 내에 토광 혹은 토장 그리고 옹관이 다수 포함된 다장묘라고 정리할 수는 있다. 각 유구의 위치를 중앙부에 있는 1호 토광을 중심으로 보면 다음과 같다. 1호 토광의 북쪽으로 300㎝의 간격을 두고 1호 토장이 있고, 2호 토장은 서쪽으로 150㎝의 간격을 두고 있다. 이들은 지반토에서 40㎝ 정도 위에 있는데, 인위적으로 성토된 흙 속에 유구가 있다. 그리고 또 다른 2호 토광은 이 2호 토장의 아래에 생토면을 약간 파서 만든 것이다. 한

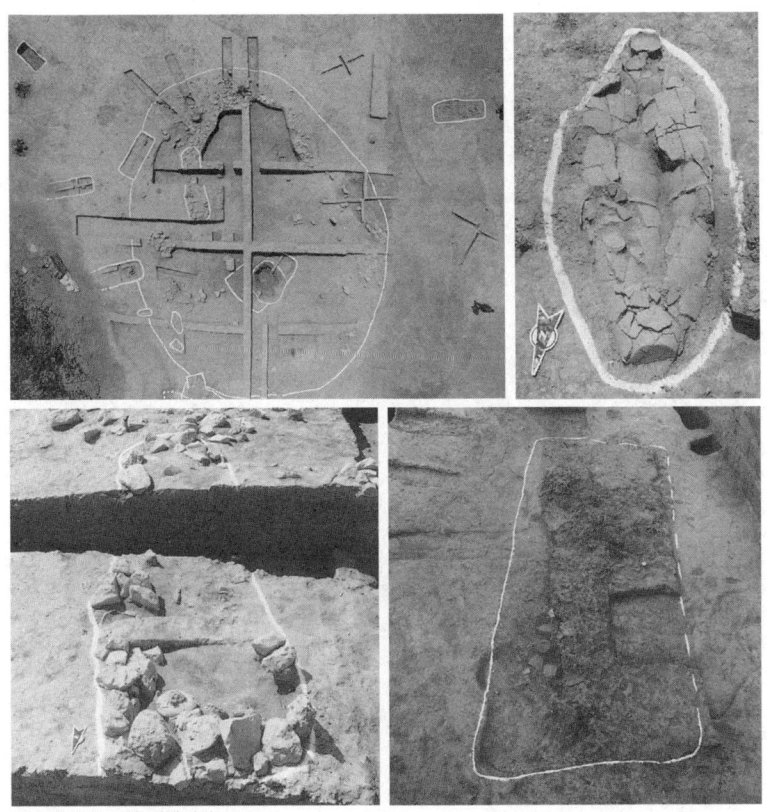

두정동 분구묘와 매장시설

편 석곽묘는 표면의 즙석층의 바로 아래에 있던 것으로 중앙의 토광에 서 동쪽으로 300㎝의 거리이고, 지반토에서는 40㎝ 정도 높은 구역이 다.

두정동 분구묘 출토유물

　두정동 분구묘에서는 4기의 옹관묘가 확인되었다. 서북쪽에 2기, 동쪽에 1기 그리고 서남쪽에 1기가 있었다. 서남쪽의 1기는 즙석층을 거두어낸 결과 드러난 것이고, 서북쪽의 2기는 분구 자락의 가장자리에 있는데 모두 성토된 흙 위에 만들었다.

　분구묘는 하나의 분구 내에 혹은 옹관 등 여러 개의 매장시설이 토광마련된 묘제이기에 부장품은 이들 토광 혹은 옹관에 있다. 따라서 부장품의 안치방식은 토광묘 혹은 옹관묘의 부장품 안치와 비슷한 양상이다. 다만 분구 내에는 토광이나 옹관에 소속시킬 수 없는 형태로 토기나 철기 등이 남아 있어 분구의 조성과 관련하여 장례 의식이 이루어지고 그에 따라 부장품이 남겨진 것으로 추정할 수도 있다. 분구묘 출토 유물은 토기와 철기가 중심을 이룬다.

(2) 토광묘

도읍지 이외 지역의 토광묘 자료는 금강 유역의 순수 토광묘 사례로써 부여 소사리 고분군과 남산리 고분군을 꼽을 수 있다. 이 유적은 부여의 마지막 도읍지였던 부여와 가깝게 자리하고 있을 뿐만 아니라 청동기시대의 유적인 송국리 유적과도 가깝다. 주변에 청동기시대부터 원삼국시대 및 삼국시대까지 다양한 유적이 폭넓게 남아 있는 지역이다.

소사리 고분군의 순수토광묘는 모두 4기가 알려져 있다. 낮은 야산에 자리하고 있으며, 봉분 등의 외형 시설은 전혀 남아 있지 않지만 지반토를 굴착하여 만든 토광이 비교적 선명하게 남아 있다. 경사면에 조성된 토광묘는 표면이 훼손되었지만 유물이나 토광의 기본적 구조와 형상은 원상태를 유지한다. 4기의 토광묘는 구조형상이 서로 비슷하다. 따라서 1호 토광묘를 사례로 검토하여 전체 유적의 현황을 추정하도록 한다.

1호 토광묘는 서쪽으로 약하게 경사가 이루어진 지역에 만들어져 있다. 경사면을 길이 320㎝에 너비 120㎝의 규모로 파서 토광을 조성하였고, 토광 벽면은 거의 수직에 가깝지만 약간의 경사를 이루고 있다.

소사리 토광묘와 출토유물

그러나 토광의 바닥은 거의 수평을 이룬다. 토기 2점이 부장품으로 남아 있는데, 소사리 고분군을 구성한 4기의 토광묘에 각각 2점씩의 토기가 공통적으로 부장되어 있다. 다만 4호 토광묘는 토기 외에 구슬이 추가로 남아 있다.

그리고 소사리 고분군과 가깝게 있는 남산리 유적은 청동기시대에 만든 무덤을 비롯하여 백제시대의 석실분 및 토광묘가 함께 있는 유적이다. 이 중에서 순수 토광묘로 분류되는 것은 7호분이다. 이 토광묘는 남쪽으로 경사진 구릉에 있다. 평면을 장방형으로 굴광하여 무덤 구덩이를 조성했는데, 동서 방향을 긴축으로 장축을 두고 있다. 규모는 길

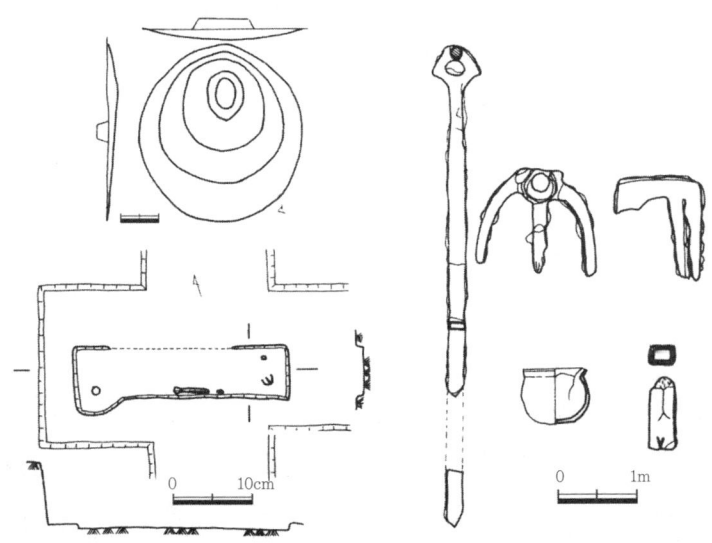

명지부락 토광묘와 출토유물

이 208cm에 너비 60cm이고, 깊이는 경사의 위쪽인 북쪽에서 50cm 정도가 남아 있을 뿐이다. 토광의 벽면은 약간의 경사가 있지만 거의 수직으로 굴착하였고, 바닥은 생토면을 그대로 이용하였다. 토광 내의 북쪽 귀퉁이 50cm 정도 범위에 토기 2점이 안치되어 있어 실제 시신의 안치범위는 너비 60cm에 길이 160cm로 추정된다.

이 외에 순수토광묘로 볼 수 있는 유적으로 서산 명지 부락의 고분군도 있다. 이 유적은 지표면에서 18기의 토광묘가 확인되었으나 발굴된 것은 3기에 불과하다. 나아가 그 중에서도 구조가 분명하게 확인된 것은 1호분 1기에 불과하다. 이 1호 토광묘는 토광의 길이 270cm에 너비 60cm의 규모로 만들어진 것이다. 이 외에 부여 송국리 71지구 토광묘도 목관의 흔적이 확인되지 않았으므로 순수 토광묘로 볼 수 있는 것이다.

(3) 방형 주구묘

방형 주구묘로 분류된 무덤은 주구의 형상이 앞의 주구 토광묘와 달리 방형으로 매장부 전체를 감싸는 형상으로 만들어진 것이다. 특히 이 주구묘는 매장부의 형상을 분명하게 남긴 것이 많지 않다. 이는 매장부가 주구 내의 어떤 지점에 설치되면서 보다 위쪽, 즉 지상에 시설된 것과 관련 있는 것으로 추정된다. 방형 주구묘에 관한 고고학적 자료는 최근 서해안 일대에서 비약적으로 늘어나고 있다. 대표적인 유적으로 서천의 당정리·오석리·보령의 관창리·익산의 영등동·고창의 율촌리 유적을 들 수 있다.

영등동 방형 주구묘는 1-1호를 그 대표적 사례로 들 수 있다. 구릉의 정상부 쯤에 위치한 것으로, 청동기시대의 주거지를 파괴하고 마련되었다. 풍화암반이 석비래층을 파고 조성한 것으로, 주구의 평면 형태는 방형에 가깝다. 네 모서리는 각을 죽였으며, 주구의 단면은 U자형으로 바닥이 둥글게 이루어져 있다. 주구 내부의 규모는 남북의 너비 10.5m 동서간의 너비 12m이다. 그러나 남서쪽에 위치한 변의 중간부분 주구가 끊겨 있다. 이것은 출입시설이 있는 것처럼 개방부가 마련된 것

당정리 방형 주구묘

인데 이 개방된 부분의 너비는 350cm이다. 주구의 위쪽 너비는 150~300cm이며, 깊이가 10~50cm로 얕다. 주구는 흑갈색 부식토로 채워져 매몰된 상태였다. 매장 주체부는 주구의 중앙부분에 위치한 토광묘이다. 토광은 길이 400cm에 너비 110cm, 그리고 깊이 9~15cm 정도로 얕게 남았다. 평면 형태는 세장방형, 장축은 거의 동서축에 가깝게 위치하는데 개방부 쪽을 향해 장축이 위치한다.

당정리 유적에서는 청동기시대의 주거지와 더불어 23기의 주구묘가 조사되었다. 이 중에서 내부에 매장부인 토광시설이 남아 있는 것은 17호 1기에 불과하고 나머지는 매장부가 전혀 남아 있지 않다. 주구의 형

오석리 방형 주구묘 옹관

상이 선명하고 규모가 큰 것은 3호 주구묘이다. 3호 주구묘는 길이 19.3m, 너비 18.7m 규모의 방형주구를 시설한 것으로, 장축은 남북간에서 약간 동쪽으로 치우쳐 있다. 주구의 너비는 대체로 230~240㎝ 정도이지만, 모퉁이는 125㎝ 정도로 좁게 굴착되어 있다. 깊이는 53~70㎝ 정도를 유지하는데 북변의 중앙 한쪽만이 통로처럼 입구가 열린(開口) 형상으로 남아 있다. 한편 매장부가 남아 있는 17호 주구묘는 규모가 작은데, 매장부로 추정되는 토광이 길이 200㎝에 너비 70㎝의 규모로 남아 있었다.

　이 외에 오석리 유적에서도 2구의 방형 주구묘가 확인되었다. 그 중에 1구는 중앙의 매장시설이 옹관으로 남아 있었다. 주구는 두변인 남쪽과 서쪽에만 시설되고 나머지 2구역에서는 확인되지 않았는데, 가운데에 매장주체로 옹관을 설치했다.

(4) 주구토광묘

주구 토광묘는 매장시설이 목관 토광묘 혹은 목곽 토광묘와 동일하지만, 매장부의 외곽에 주구를 돌린 것을 특징으로 하는 묘제이다. 쉽게 말해서 구덩이 형태의 매장주체부 주위에 일정한 모양의 도랑, 즉 수구(周溝)를 돌아가며 파 놓은 무덤이 주구 토광묘이다. 특히 주구 토광묘는 주구자체가 매장부의 한쪽에 눈썹 형태로 돌려진 것으로 이 주구의 기능이 정확하게 무엇인지 아직 확인되지 않고 있다. 이 주구토광묘 자료는 최근에 이르러 집중적으로 증가되었다. 관련 자료로 대표적인 것은 천안 청당동 유적이다. 이 외에도 오창 주성리 유적 그리고 공주 하봉리 고분군 · 장원리 고분군 · 오석리 고분군 등이 있다.

천안 청당동 유적은 청동기시대의 주거지 외에 3세기대로 추정되는 토광묘가 집중적으로 확인된 유적이다. 토광묘는 25기가 있으며, 경사면에 조성되었는데, 남향사면 외에 북향사면에도 존재한다. 주구토광묘의 대표적 자료는 14호묘로 경사면 위쪽에 'ㄷ'자 형태의 주구를 갖추고 있다.

이 14호 무덤의 주구는 구릉의 위쪽 대지에 있고, 양쪽이 남쪽으로 경사를 이루어 흘러내리도록 마련되었다. 무덤 구덩이는 북서에서 남동

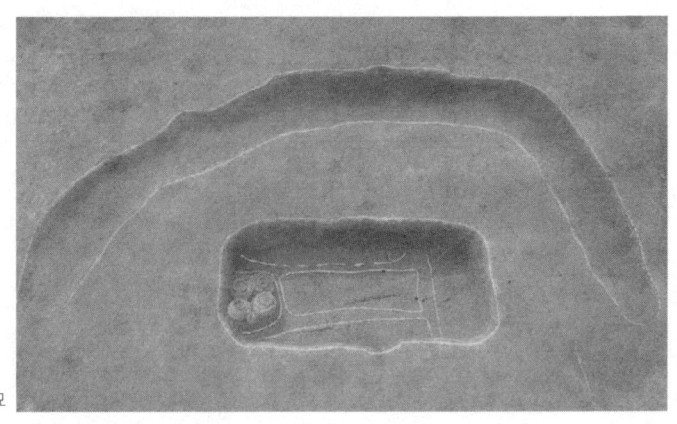

청당동 주구묘

쪽의 등고선 방향으로 장축을 두고 있다. 평면은 말각 방형인데 길이 403cm에 너비 84cm의 규모이다. 깊이는 46cm만 확인되며, 내부에서는 길이 310cm에 너비 69cm의 목관 흔적이 확인되었다. 주구는 무덤구덩이 벽에서 200cm 정도의 간격을 두고 양방향으로 비스듬히 흐르도록 조성되어 있다. 주구의 너비는 가운데가 가장 크게 나타나 최대 115cm의 규모로 계측된다. 이 주구는 무덤구덩이 바닥보다 38cm 정도 높은 지점에 위치한다. 주구에는 제사 등의 의식을 치르고 난 뒤에 남겨진 토기들도 있었다. 출토품은 토광 내에서 마노 및 유리제 구슬·원저 단경호 저부편 환두대도·환두도자·소도자·철모·철촉·철부 등이 수습되었고 청동제 마형대구의 출토도 있었다.

한편 토광묘가 밀집된 하봉리 고분군은 주구를 갖춘 것 8기와 주구가 없는 것 5기로 이루어진 유적이다. 매장시설은 모두 목관토광묘의 형

성닝통 주구묘 출토유물

식인데, 주구가 갖추어진 8기 중에 2기는 주구 내에 목관토광묘가 2구
씩 배치된 것이다.

  이중에 9호분은 하나의 주구 내에 목관 토광묘 2기를 갖춘 것이다.
주구는 토광 2기를 감싼 형상으로 경사의 위쪽에 "ㄷ"자의 형태로 돌
려져 있다. 이 주구는 토광에서 100㎝ 정도 위에, 좌우로는 약
150~200㎝ 정도의 간격을 두고 너비 40~80㎝, 깊이 11~20㎝ 정도
의 흔적으로 남았다. 위쪽에서 길이 650㎝ 정도이고 북쪽은 600㎝, 남
쪽은 500㎝ 정도로 총길이는 17m 정도이다. 주구 내부의 매장시설인
토광은 2기인데 모두 목관을 설치한 것이다. 토광은 길이 330㎝ 정도
에 너비 100㎝ 정도이다. 안에 180~190㎝의 길이에 60~70㎝ 너비의
목관을 설치한 것이다. 목관은 측벽에 칸막이 형상으로 두어 별도의 부
장 칸을 만든 것이다. 부장품은 단경호 4점과 더불어 철부 1점과 마노
옥 3점이 있고, 다른 하나의 토광묘에서 직구호를 비롯한 토기 5점과

하봉리 주구 토광묘와 출토유물

옥류가 출토되었다.

주구토광묘 출토유물은 토기와 철기 그리고 옥류가 있다. 예외적이지만 마형대구가 출토되는 것도 이 주구토광묘라는 점이 주목된다. 토기는 원저의 광구호가 중심을 이루고 있다. 표면에 타날문을 찍은 것이 대부분이고, 낮은 온도에서 토기를 구워 와질이 많다. 그러나 비록 경질토기라 하더라도 굽는 과정에서 일그러진 것이 많다. 이 외에 특수기종도 있다. 대체로 주구토광묘에서 출토된 토기는 원저 광구호 기종이 대부분이지만, 일부 유구에서 심발형 토기라든가 단경호 기종도 보인다. 철기는 무기류가 중심을 이룬다. 하봉리 출토의 환두대도나 청당동 출토의 철모 및 철촉 등이 대표적 사례이다.

이 외에 구슬류의 출토도 적지 않다. 예컨대 청당동 유적의 경우 유리제와 금박유리제 그리고 마노제 구슬이 출토되었다. 그리고 마형대구도 출토되었는데, 이는 청당동만이 아니라 오창 유적 그리고 청주의 봉명동 유적에서도 출토되었다.

(5)적석묘(총)

적석묘는 돌무지무덤으로 불리는 것이다. 지상에 돌을 쌓아 분룡을 조성했으며, 쌓은 돌 속에 불규칙한 형상으로 매장부가 설치된 것이 일반적이다. 본래 적석묘는 돌을 쌓아 외형을 만드는데, 축조방식에 따라 일단 두 종류로 구분할 수 있다. 하나는 강돌 등의 석재를 불규칙하게 쌓아 만든 소위 적석묘 계통의 것이고, 다른 하나는 석재를 정교하게 다듬어 단을 두어 쌓는 소위 기단식 적석총이다. 하지만 초기에는 적석묘 계통의 묘제가 중심을 이루다가 점차 기단식 적석총으로 변화한 것으로 정리되는데, 다만 사용 주체가 누구인가에 따라서 차이가 나타나기도 한다.

백제 묘제 가운데 하나인 적석묘는 한정된 시기와 특정 지역 제한된 범위에만 존재하므로, 특정 집단이 사용한 것으로 보이는 묘제이다. 백제의 적석묘는 한강 중상류 지역인 제천 양평리·도화리(청풍) 등지에서 발견되며, 이 외에 양평 문호리라든가 연천 삼곶리 등 경기도 북부 지역에서 그 흔적이 확인 된다. 또한 북한강 상류인 춘천 중도 적석묘 역시 백제의 묘제로 파악되고 있다.

문호리의 적석묘는 북한강변의 약간 둔덕진 곳에 자리한다. 무덤은 한 변의 길이가 11m 정도로 불규칙한 사각의 평면으로 돌을 쌓아 만들었으며, 높이는 2.7m 정도만 남아 있다. 대체로 3단 정도의 계단식으로 조성된 것으로 판단되나 정확하지 않다. 강변의 대지에 약 1m 정도의 높이로 흙을 돋우고, 그 위에 다시 강돌을 쌓은 것이다. 시신을 안치하는 매장부는 돌을 쌓은 중앙부의 바닥에 조성하였다. 6~7m 정도 규모로, 조사 당시에 석곽의 형태가 남아 있었지만 이것이 매장부인지 아닌지는 아직 정확히 밝혀지지는 않았다.

문호리 적석묘의 석곽 내에서는 관옥 4점과 도자·꺽쇠·승석문토기 외에 3개체 분의 인골·청동방울·승석문 토기편이 주변에서 수습되었다.

경기도 연천군 중면 삼곶리의 적석묘

　한편 중도 적석묘는 춘천의 소양강과 북한강의 합류지점에 형성된 삼
각주인 중도(中島)에 있다. 한쪽 얕은 모래언덕에 위치하고 있으며, 무
덤은 한쪽의 길이가 15m 정도의 규모이고, 쌓은 높이는 2m 정도만 남
아 있었다. 무덤을 만들기 위해 사용한 돌은 강돌이었으며, 쌓은 높이
가 약 5.5m 정도를 유지하고 있었다. 하지만 본래는 그보다 훨씬 높았
을 것으로 조사 당시에는 이미 상당부분이 유실된 것으로 판단되었다.
때문에 평면의 형상이나 정확한 높이는 확인할 수 없었다. 시신을 안치
하기 위한 매장부는 석곽으로 조성하였으며, 돌을 쌓은 맨 아랫부분에
5.5m의 규모로 있다. 이곳 중도 적석묘 주변에서는 철기류와 청동제

환·직구 호·승석문 토기편 등이 수습되었다.

　이 외에 연천 삼곶리 적석총은 임진강변의 충적대지 위에 조성되었다. 자연적으로 형성된 모래 언덕에 강돌을 덮어 만든 것인데, 돌로 쌓아 만든 무덤의 외형은 평면이 타원형이다. 길이 28m에 너비 11m, 높이는 7.5m의 규모이다. 매장부로 사용된 석곽 2개가 남아 있다. 그 중하나는 길이 250cm, 너비 140cm의 규모이다.

　적석묘 출토유물은 매우 빈약하다. 조사된 유구의 숫자도 많지 않지만 출토된 유물은 토기편과 철기류 약간 외에 청동제품이 있을 뿐이다. 연천 삼곶리 적석묘에서의 출토유물은 철촉·옥·청동 환·인골 편이 있다.

　이 외에 도화리 적석묘에서는 매장부내에서 인골 편과 더불어 철도자·옥류·청동 팔찌 외에 구형의 단경호 등도 수습되었다.

3. 무덤으로 본 한성도읍 전기의 백제

1) 한성시대 전기 무덤의 묘제와 그 전개양상

　백제의 건국으로부터 서기 300년까지의 기간, 즉 백제가 한강유역에 정착하여 국가적 기틀을 마련하던 시기를 한성기 전기로 구분하고, 이시기에 사용된 무덤을 도읍지역과 도읍지 이외의 지역으로 구분하여 그 존재현황을 살펴보기로 한다. 이러한 무덤 자료들은 피상적으로 보면 도읍지역의 것은 백제의 건국 주체세력과 관련된 것이며 도읍 이외 지역의 것은 당시 백제의 지방사회를 구성하던 집단들이 남긴 유산으로 볼 수 있을 것이다.

한성도읍 전기의 무덤자료를 종합하면 두 가지로 요약된다. 우선 묘제적으로 보면 토광묘의 범주에서 볼 수 있는 순수 토광묘가 있고, 구조적으로 순수토광묘와 약간 차이가 있는 주구 토광묘가 있다. 그리고 분구묘와 방형 주구묘, 및 적석묘라는 다소 이질적인 모습의 묘제도 있다. 뿐만 아니라 옹관묘도 부분적으로 발견되고 있어 묘제상으로 보면 의외로 다양함을 보여준다. 그런데 이들을 도읍지와 그 이외의 지역으로 구분할 경우 도읍지 한성에는 토광묘와 분구묘만 있으며 도읍지 이외의 지역에는 토광묘와 분구묘 그리고 적석묘·방형 주구묘·주구 토광묘 등이 있어 도읍지역보다 훨씬 다양함을 알 수 있게 한다.

그런데 이들 묘제를 지역적으로 살펴보면 나름의 분포 특성이 나타난다. 우선 앞서 밝힌대로, 도읍지역에는 토광묘와 분구묘만 확인되어 있는 반면, 도읍지 이외의 지역에서는 토광묘와 분구묘 외에도 방형 주구묘 및 적석묘가 있어 묘제의 종류에서는 도읍지보다 훨씬 다양하다. 토광묘와 분구묘는 도읍지와 도읍지 이외지역에 모두 존재하며, 토광묘·분구묘 이외의 묘제는 도읍지 이외의 지역에만 남아 있다.

먼저 순수 토광묘는 토광묘이면서 목관이나 목곽 등의 매장부에 별도의 시설을 갖추지 않은 것을 특징으로 하는 묘제이다. 따라서 이 묘제는 토광묘의 초기 발전과정에서 나타난 것으로 볼 수도 있다. 하지만 이 순수 토광묘가 목관이나 목곽토광묘 사용의 전단계에 보편적인 묘제였다고 보기는 어렵다. 그보다는 오히려 지역적 특색 혹은 사례에 따라 목관과 목곽의 사용을 지양한 결과, 남겨진 묘제였을 수 있다고 본다. 현재까지의 백제 토광묘 자료를 종합할 경우 시간순에 따른 배열이 어려운 것도 이와 같은 추정의 근거가 된다. 예컨대 석촌동 토광묘의 경우 4세기 중반으로 추정되며, 소사리 토광묘도 그 즈음의 시기로 본다. 그보다 이른 시기로 보이는 청당동 혹은 하봉리의 토광묘는 목관 혹은 목곽이 갖추어져 있는 점으로 보아도 이같은 판단이 가능하다. 다만 이들 순수 토광묘 중에서 남산리 토광묘의 경우 3세기대로 볼 수 있으므로 순수 토광묘라는 묘제가 백제 한성 도읍기 전기에 도읍지는 물론 도읍지인 한성 이외의 지역에서도 널리 사용된 묘제라고 보는 데는 큰 문제가 없을 것이다.

한편 분구묘는 지상에 흙을 쌓아 분구를 만들고, 여기에 매장부를 조성한 형태의 무덤을 말한다. 따라서 분구묘는 지하에 토광을 파서 매장부를 만드는 무덤과는 축조환경에서 상당한 이질성이 있다. 분구묘는 앞서 설명한 가락동이나 두정동 외에 서울 석촌동 일원에 적석총과 함께 있는 즙석묘들이 대체로 이 유형에 포함될 수 있는 정도이다. 이 외에 영산강 유역의 옹관묘도 묘제나 축조방식으로 보면 분구묘의 범주에서 이해될 수 있으나 다만 매장 주체부의 시설에 차이가 있다. 따라서 자료의 한계로 말미암아 묘제의 일반성을 구하기는 어려운 현실이다.

분구묘의 입지환경은 가락동이나 두정동이 모두 평지 중에서도 약간 돌출되듯 융기된 구릉상에 조성되는 공통성이 있다. 즉 이 분구묘는 백제의 여타 무덤이 산지에 있는 것과는 달리 평지에 있다는 특징이 있다. 이 경우 평지라 하더라도 구릉성 지형을 선택한 경우가 많다. 다만 조성 방식에 대해서는 검토가 어렵다. 두정동이나 가락동 자료에 의하면 여러 개의 무덤이 커다란 봉분 속에 함께 있다는 것은 공통적이다. 그러나 이들의 조영방식을 살필 수 있는 자료가 매우 적다. 예컨대 소규모의 무덤을 순차적으로 또는 동시에 만들고 나서 그 이후에 이들 전부를 덮는 봉분을 별도로 만든 것인지를 판단할 수 있는 자료를 찾기가 어렵다. 다만 현존의 자료로 보면 지상에 흙을 쌓아 분구를 만들었고, 이 분구 속에 매장부가 있다는 것이 공통점이다. 매장주체시설로서는 토광 혹은 옹관이 확인되고, 두정동 분구묘의 경우 석곽시설 1기가 있다. 두정동 분구묘의 분구 내에서는 생토면을 얕게 파고 마련한 토광 2기, 분구 안에 매장주체시설을 마련한 토장 2기·석곽 1기·옹관 4기 등 모두 9기의 매장주체시설이 확인되었다. 토광은 목관을 설치한 흔적은 확인되지 않았으며, 옹관은 합구 혹은 단옹식으로서 모두 옆으로 두는 횡치(橫置)이다. 이로 보면 분구묘는 다장묘적 성격을 지닌 것으로 볼 수 있다. 가락동의 것은 이견이 있지만 이들 분구묘의 조성 시기는 대체로 3세기 말에서 4세기 초반의 연대가 제시되고 있다. 두정동 분구묘의 연대가 4세기 초반인 것으로 미루어 대체로 그 즈음을 중심 연대로 제시하기도 한다.

한편 도읍지 한성 이외의 지역에 남겨진 또다른 묘제로서 적석묘는 모두 한강의 상류지역에 자리한다는 지역적 공통성이 있다. 또한 대체로 하천변에 위치하면서 평야지에 자리한다는 점도 공통적이다. 다만 자료가 극히 일부에 불과하기에 이 묘제가 백제의 묘제로서 보편성을 갖고 있는가는 확인하기 어렵다. 더불어 외형을 기단으로 만든 기단적 석총과 비교할 때 이 묘제는 기단을 만들지 않는다는 차이점 뿐, 기타 매장부에 나타난 묘장제의 차이가 무엇인지도 확인하기 어렵다.

이 적석묘는 하천에 돌출된 모래 둔덕 혹은 구릉상의 돌출지형에 돌을 모으듯이 쌓아서 분구를 만든 것이다. 평면 또는 입면으로 특징을 확인할 수 있을 정도의 정형성을 갖춘 것은 아직 발견되지 않았으나 대체로 부정형의 방형을 띠고 있는 게 아닌가 여겨진다. 적석에 사용된 석재는 하천석이 중심을 이루고 있으며 대체로 부정형의 불규칙한 것을 사용하였다. 매장부는 석곽으로 조성되었을 것으로 추정되나 정형을 갖춘 것이 아직 발견되지 않았다. 그러나 춘천 중도 등의 유구로 미루어 볼 때 하나의 적석 내에 여러 개의 매장시설이 마련된 것도 있어 다장적 성격의 묘제였던 것으로 추정된다. 1·2차장의 문제 또는 일차장일 경우 굴장인가 신전장인가를 판단할 수 있는 자료도 없지만 일단 고구려의 적석총을 고려하면 1차의 신전장이 아닌가 추정된다.

방형 주구묘는 대체로 중서부 지방을 중심으로 하여 그 이남의 서해안 지역에 밀집되어 있다. 가장 북쪽으로는 보령의 관창리 유적이 있고, 그 남쪽으로는 서해안 고속도를 중심으로 고창지역까지 그 흔적이 확인되는데 그 범위는 보다 확대될 것이다. 이 방형 주구묘는 낮은 구릉상의 대지 중앙부와 그 경사면에 조성되는 것이 일반적이다. 흔히 10~20m의 구릉지를 선택하되, 주변에는 농경에 적합한 저지대 혹은 저습지가 있으며, 특히 바다 등의 수로와 연결되는 통로상에 위치한다. 다만 입지와 관련하여 대체로 이 주구묘는 청동기시대 후기의 주거지와 중복된 것이 많다. 청동기시대의 주거지를 파괴하고 주구묘가 조성되는데, 이와 같이 청동기시대의 주거지와 주구묘의 입지조건이 같다는 점에서 상호 비교·검토될 수 있다.

방형 주구묘는 집단적으로 있는 경우가 많지만, 이들은 각기 서로 중복되지 않으며, 각기 독립된 묘역이 설정되었던 것으로 본다. 독립구역은 큰 구역과 더불어 대집단 내에서 소집단의 구분도 이루어진다. 이러한 양상은 주구묘의 조성이 집단 즉, 혈연이나 지연에 따라 구분되어 형성되었으리라고 이해할 수 있는 점이다.

유구의 기본은 매장부의 외곽에 방형으로 구(溝 ; 도랑)를 조성하는 것이다. 도랑(溝)은 지반토를 파서 조성했으나 매장부는 오히려 구(溝 ; 도랑)보다 높게 설치되어 주구묘 자료는 대체로 이들 주구만 남아 있는 것이 보통이다. 그 형상은 주구의 설치 형태에 따라 구분한다. 원칙적으로 주구묘는 각(角)을 죽인 정방형이나 길지 않은 직사각형을 나타내는데 주구의 깊이나 너비는 전체 크기에 비례하여 변화된다. 주구의 장축방향도 대체적으로 통일적 양상을 보이며 변과 귀퉁이의 형태에 따라 형식구분이 이루어지기도 한다.

주구묘의 상부시설 즉 봉분과 같은 시설의 존재 여부에 대해서는 현재의 자료로는 정확한 판단이 어렵다. 그런데 이 주구묘의 상부시설은 오히려 매장부의 존재와 관련하여 설명되어야 한다. 현재까지 확인된 주구묘 가운데 매장부의 형태가 정확하게 남은 것은 거의 없다. 이로 보면 주구묘는 매장시설이 지상식 즉, 주구의 가운데에 분구형의 흙을 쌓고 거기에 마련된 것이 아닌가 추정된다. 주구묘의 묘제적 특징도 분구묘의 그것과 비슷할 것으로 추정되는데, 다만 분구의 높이는 상징적인 정도일 것으로 추정될 뿐이다.

매장부는 대체로 토광이나 옹관이 사용되었을 것으로 추정하고 있지만, 발견 예가 적어 일률적인 설명이 어렵다. 영등동 유적에서는 토광이 사용되었으며 오석리에서는 옹관이 있을 뿐이다. 다만 주구묘의 주묘 외에 구(溝) 안이나 외곽에 배장의 형태로 옹관이 다수 매장되어 있는 점은 주목할 만하다. 결국 주구묘의 매장시설로서 주 매장부는 주구의 중앙에 설치되었을 것으로 볼 수 있고, 이 외에 주구 안이나 외곽에 배장적 혹은 추가장적 매장시설을 마련한 것으로 볼 수 있다. 다만 주매장시설은 주구의 가운데에 설치되었을 것이라고 보지만, 지반을 파서 지하로 만든 것인지, 아니면 분구상에 조성된 것인지 또는 시간의 진행에 따라 변화된 것인지의 판단은 어렵다.

방형 주구묘는 그 자체만을 보면 단인장(單人葬), 즉 한 사람을 매장한 시설로 보이지만, 주변에 적지 않은 옹관 등이 함께 존재한다. 따라서 이들의 장제는 일단 다장제의 속성이 강한 것으로 판단된다. 다만 묘제적으로 보아 단인장을 복합적으로 조성하였기에 석실분 등의 다장적 성격과는 다른 것이다. 유물은 매우 적다. 단지 토기 일부만 있을 뿐이며, 매장과 관련된 공헌 혹은 부장품의 형상을 추정하기는 어렵다.

마지막으로 주구 토광묘는 구조형상이 기본적으로 목관 토광묘와 거의 대동소이한데, 다만 주구만이 설치되었다는 차이가 있을 뿐이다. 주구가 돌려진 토광묘 유적은 청당동이나 하봉리 외에 오창 산업단지·청주 봉명동·장원리·오석리 등도 있어 분포범위나 숫자가 결코 적지 않음을 알 수 있다. 입지도 토광묘의 그것과 크게 다르지 않다. 구릉의 경사면에 입지하는 것이 일반적이며, 큰 산지보다는 대체로 진면에 평야지가 있는 구릉성 야산에 있다. 주구 토광묘의 방위에는 큰 제약이 없다.그러나 대략 경사면에 직교한 형태 즉, 등고선 방향으로 묘실의 장축이 위치하는 것이 대부분이다.

구조는 경사면의 상단에 눈썹 모양의 주구(周溝)를 돌리고, 그 아래에 매장부로 토광을 설치하는 것이 기본이다. 주구의 크기는 상대적으로 차이가 있는데 적어도 매장부의 한쪽, 다시 말해 경사의 위쪽을 완전히 감싸는 규모로 마련된다. 주구의 너비나 깊이는 차이가 있다.

매장부는 목관토광묘의 구조를 갖추고 있다. 부장품을 위한 곽을 별도로 두는가의 차이가 있지만, 이 역시 목관토광묘의 형상과 같은 내용이다. 예컨대 하봉리의 목관은 시신을 안치하는 부분과 격벽을 두어 분리한 경우도 있다.

주구는 매장부의 규모와 숫자에 따라 차이가 있지만, 경사면에 위치한 매장부의 위쪽에 설치하는 것이 일반적이다. 주구 토광묘의 매장부는 장축을 등고선 방향으로 두었고, 여기에 설치된 주구는 경사의 위쪽에 있기에 매장부를 길이로 감싸는 형상이다. 다만 이러한 형상으로 보아 주구는 배수를 위한 시설처럼 보이나 단정하기는 어렵고, 일부 주구에서 의식과 관련된 것으로 보이는 토기도 출토되어 있다.

따라서 이 주구토광묘의 장법도 목관토광묘의 장법과 동일한 것으로 볼 수 있다. 즉 직접장이며, 단장이면서 신전장으로 시신을 안치한다. 유물은 사례에 따라 차이가 있지만 별도의 부곽을 설치한다거나 혹은 목관의 한쪽 귀퉁이에 안치하는 것이 일반적이다. 이 주구 토광묘와 목관토광묘 즉 주구가 설치되지 않는 토광묘와의 관련문제를 검토하기는 어렵다, 다만 현재의 자료로 보면 지역성보다는 시간성과 관련 있는 것이 아닌가 추정될 뿐이다.

요컨대 한성 도읍전기로 분류된 백제묘제는 종류는 물론 양적으로 많은 편은 아니다. 도읍지역에서는 토광묘 중에서도 순수토광묘로 불리는 것이 석촌동 일원에서 확인되고, 분구묘가 석촌동과 이웃한 가락동에서 발견되었을 뿐이다. 반면에 도읍 이외의 지역은 순수 토광묘 외에 주구묘 · 주구 토광묘 · 적석묘 · 분구묘 · 옹관묘 등이 있다. 이들은 지역적 구분과 함께 일부는 도읍지역의 것들과 동일한 성격을 지닌 것이 있는가 하면 독자성을 갖고 있는 것도 적지 않다.

2) 무덤으로 본 한성도읍 전기의 백제사회

한성도읍 전기에 사용된 것으로 짐작되는 백제의 분묘는 토광묘 · 분구묘 · 방형 주구묘 · 주구 토광묘 · 적석묘 외에 소수의 옹관묘가 확인된다. 이 기간에 백제묘제의 중요한 위치를 차지하는 기단식 적석총이나 횡혈식 석실분은 발견되지 않으며, 지방사회에서도 이들은 물론 목관토광묘라든가 수혈식 석곽묘와 같은 것들도 확인되지 않는다. 이로보면 이 시기의 백제묘제의 전개는 가락동 등지의 토광묘 예로 보아 적석총보다는 오히려 분구묘라든가 토광묘가 먼저 부각되었음을 알 수 있다 더불어 도읍지 이외 지역에서는 도읍지와 같은 분구묘나 토광묘가 있을 뿐만 아니라 적석묘 · 방형 주구묘 · 주구 토광묘 등과 같은 보다 다양한 묘제가 있었음을 알 수 있다.

우선 이러한 묘제의 잔존현황은 백제가 한강 유역에 정착하였던 초기, 즉 한성 도읍기 전기의 정황을 이해하는데 다소 혼란을 가져올 수밖에 없다. 『삼국사기』와 같은 문헌기록에는 백제의 건국이 기원전 18년의 사실로 남아 있다. 그것이 정확한 역사적 사실을 반영한 것인가의여부 확인은 어렵지만, 백제를 잉태한 집단이 한강유역에 자리하였다는 정도의 추론은 무리가 없을 것이다. 나아가 이들 백제를 잉태한 집단이 문헌 기록대로 북쪽에서 남하한 집단으로서 기왕의 토착집단과구분되는 정치력을 갖춘 집단이었다면 무덤 역시 그에 걸맞는 모습으로 남아 있어야 하지 않은가 여겨지기 때문이다.

한성도읍 전기의 백제분묘 잔존현황을 종합할 경우 도읍지와 도읍 이외지역의 묘제는 서로 차별화되지 않다는 점에 우선 주목할 필요가 있다. 도읍지역에 남아있는 무덤자료로서 토광묘와 분구묘는 도읍 이외 지역에도 남아 있을 뿐만 아니라 규모나 내용에서 큰 차이를 발견하기가 어렵다. 오히려 초기의 무덤자료로 보면, 백제의 건국 시기에 건국 주체에 의해 사용되었다고 볼 수 있는 자료가 확인되지 않는다는 문제가 제기된다. 즉 건국 주체세력을 대변할 수 있는 무덤자료가 아직은 확인되지 않는다는 것이다. 물론 백제의 성장지역인 한강 유역을 중심으로 철기시대 초기의 문화 흔적은 간헐적으로 나타난다. 그러나 이것이 과연 고대국가 백제와 관련되는 것인가도 논급하기 어렵다. 더군다나 일반적으로 백제건국 주체의 묘제인 적석총과 동일시기로 추정되는 무덤자료가 아직 확인되지 않고 있다.

지금까지 알려진 바로는 백제의 건국세력은 북에서 남하한 세력이고 그와 관련된 고고학 자료 특히 무덤자료는 한강하류에 남아 있는 적석총을 근거로 삼아 왔다. 물론 백제 초기의 중심지역인 한강유역에서 비교적 이른 시기의 적석총 자료가 있기는 하다. 문호리·중도 등지의 한강 상류와 한탄강 유역의 적석묘가 그것인데, 그 내용이나 거리상으로 백제의 건국집단과 직접적으로 연결하여 생각하기는 어렵다. 오히려 초기의 백제 도읍지역인 한성에는 적석총보다 훨씬 이른 시기부터 봉토분 유형의 토광묘가 사용된 것으로 확인된다. 물론 토광묘는 기원 후 2~3세기 이후에 만들어진 것이 대부분이지만, 아무튼 적석총보다 선행 묘제임이 분명하다. 그런데 이들 토광묘는 가락동 등지의 자료에서 알 수 있듯이 3세기 어간에 이르기까지 적석총보다 먼저 부각되며 적석총은 빨라야 3세기 중반 경에 이르러 등장하는 것으로 확인된다.

한편 도읍 이외 지역에서 확인되는 무덤 내용을 종합하면 도읍지와 크게 차별화될 수 있는 것들이 없는 점이다. 오히려 도읍지의 무덤보다 종류에서 다양성이 보이고, 주구묘나 혹은 주구 토광묘와 같은 정형성을 갖춘 것들이 특정 지역에 조성되는 특징도 발견된다. 물론 이들은 묘제적 다양성이 두드러지지만 삼한 혹은 원삼국기의 묘제와 밀접한 관련이 있는 것으로 보아야 할 것이다.

결국 한성 도읍 전기의 묘제를 보면 도읍지와 도읍지 이외 지역을 차별화할 수 있는 요소가 발견되지 않는다. 이는 당시 도읍지와 도읍지 이외 지역이 사회적으로 차별화될 수 있는 요소가 크지 않았음을 보여주는 것으로 판단할 수 있다. 이러한 내용은 비록 백제가 한강 유역에서 국가의 둥지를 틀고 있었지만, 초기에는 지방사회를 압도할 수 있는 위세를 갖추지 못한 것으로 볼 수 있지 않을까 여겨진다.

다만 도읍지역의 묘제현황을 살필 때 유념해야 할 부분이 없지 않다. 알려져 있듯이 백제가 한강 유역에 도읍하던 시기의 중심권역은 오늘날의 서울 지역이었고, 이 지역은 조선시대 이후 끊임없는 개발이 이어졌을 뿐만 아니라 최근에 이르러 한강 이남의 강남지역 즉 백제의 중심권역도 완벽하게 개발되면서 유적은 훼손돼 거의 미궁에 빠지게 되었다. 더욱이 개발과정에서 매장유적에 대한 주의를 기울이지 않았고, 그 결과 백제가 이 지역에 도읍하던 시기의 정황을 알 수 있는 대다수의 정보가 사라지고 만 것이다. 백제는 이 지역에 500여년이란 오랜 기간 자리잡고 있으면서 다양한 역사경험을 했다. 그럼에도 남겨진 유적은 소수의 성곽과 석촌동·방이동·가락동 일대의 고분군이 전부이다. 따라서 현재 남은 유적만으로 당시의 상황을 가늠하는 데는 많은 어려움과 한계가 있다.

이와 관련하여 주목할 수 있는 것이 일제시기 조사된 석촌동 일대의 고분군에 대한 언급이다. 당시 조사결과에 따르면 이 지역에는 갑총과 을총으로 구분된, 즉 분구묘와 적석총으로 구분되는 자료로 66기가 제시되어 비교적 많은 분묘가 남아 있었음을 알 수 있다. 최근 조사된 기단식 적석총이나 분구묘도 여기에 포함되는 것들이다. 그런데 분구묘가 시기적으로 적석총보다 앞서는 것으로 보면 조사된 자료의 상당수가 한성도읍 전기의 자료일 것이며, 이들이 한강 하류 지역에 자리잡았던 백제의 건국 주체세력과 결코 무관하지 않으리라 간주할만 하다.

요컨대 한성 도읍 전기는 백제가 등장한 초반부터 고이왕 때까지의 기간, 다시 말해서 기원전후의 시기로부터 3세기 말 혹은 4세기 초반까지의 기간이다. 이 기간의 묘제로는 대체로 아직은 적석총이 나타나지 않았고, 원삼국기의 환경 즉, 토광묘 계열과 옹관묘 계열 그리고 분구묘나 주구묘 등만 확인될 뿐이다. 특히 백제의 건국지역인 한강하류 지역과 그 이외의 지방사회 묘제 사이에 차별성이 보이지 않는다는 특징도 지적할 수 있다. 백제 초기의 국가성격이 어떠한가를 단언하기 어렵다. 하지만 이 시기는 묘제 상으로 볼 때 건국주체의 것이라고 인정할 수 있는 독창적 묘제는 발견되지 않는 특징이 있는 기간이다. 따라서 이 시기에 백제의 국가성격이 어떠한가를 단언하기가 어렵지만, 묘

제로만 본다면 아직은 발전된 정형적 고대국가 단계였다고 추정하기는
어려운 상황이다.

한성도읍 후기의 무덤환경과 백제

1. 한성도읍 후기의 백제와 묘제환경

　한성 도읍 후기는 백제가 고대국가 체제를 확립한 3세기 말 혹은 4세기 초반을 기점으로 발전과 도약을 거듭하다가 고구려의 남진에 따른 한성함락으로 부득이 웅진으로 천도한 475년까지의 기간이다.

　백제가 국가로의 도약을 위한 맹아기를 거쳐 국가적 기틀이 잡히는 것은 3세기 말 혹은 4세기 초반, 고이왕의 등장으로부터 그의 재위 기간에 비롯된다는 것은 주지된 사실이다. 즉 백제는 3세기 말 동아시아의 역동적 정세변화와 더불어 북으로는 쇠락하는 한 군현과 대응하면서 남쪽으로 마한세력을 압박하여 국가적 역량을 축적하였다. 그리하여 고이왕에 이르면 국가 기강의 기틀인 관등제의 마련·좌평제의 시행·의관제의 제정과 같은 일련의 조치가 이루어진다. 이후 4세기에 이르면 백제는 발전속도가 빨라지며 근초고왕대에 이르기까지 비교적 순탄한 길을 걷는다.

특히 백제는 근초고왕이란 영웅을 맞이하면서 북으로 고구려를 압박하여 낙랑문화 유산을 받아 융합하며, 남쪽으로 마한을 밀어 내어 그 영향권을 확대하는 한편, 바다 건너 왜와의 관계를 돈독히 하는가 하면 중국 동진과의 외교를 개시하여 선진문물을 섭렵할 수 있는 기틀을 마련한다. 이러한 연속된 조치는 결국 백제란 고대국가가 한반도에 그 기반을 확고히 하면서 삼국시대의 주인공으로서 굳건한 위치를 차지하는 계기를 만들었다.

따라서 한성도읍 후기의 백제는 고대국가의 기틀을 확고하게 마련하고 대외적 팽창을 하는 비약적 발전을 이룩한다. 때문에 근초고왕 때 고흥에 의한 역사 서술과 같은 진일보된 행위로 미루어 율령이 실시되었을 것으로 보며, 그 뒤로 침류왕 때의 불교 공인은 이제 백제가 고대국가체제를 갖추었음을 시사하는 것이기도 하다.

그러나 백제는 침류왕 시대를 지나면서 다소 침체기에 접어든다. 그 주된 이유는 북쪽에 웅거하고 있는 고구려의 적극적 남진정책으로 말미암은 것이다. 즉 고구려 광개토왕의 등장으로 근초고왕대에 확보한 황해도 등지의 영토 상실은 물론 국세가 극도로 위축된다. 특히 고구려의 남진정책은 장수왕대 평양천도와 더불어 최성기를 맞는다. 이에 백제는 신라와 제라동맹을 체결하여 고구려의 남진에 대항하지만 그 한계는 극명하게 드러난다. 475년 장수왕의 침입으로 한성 함락과 개로왕의 패사와 같은 일련의 사건은 백제를 크게 위축시킨 대표적 사건이기도 하다.

한성 도읍 후기의 백제는 이처럼 고구려의 남진으로 치명적인 타격을 받았다. 하지만 이 당시 백제는 적어도 고대국가 체제의 완비와 함께 국가의 영향력을 이전의 마한 전역에 끼칠 정도로 괄목할만한 성장을 했다고 보는 데는 이론이 없다. 따라서 이 시기의 백제강역이나 그 구체적인 통치형태를 단언하기는 어렵지만, 적어도 이전의 마한 영역을 장악하였다고 보는데는 문제가 없을 것이다. 따라서 한성 도읍기 후반의 백제식 묘제가 나타나는 범위는 이전의 마한이 갖고 있던 영향권 범위로 확대하여도 될 것이다.

한성 도읍 후기에 백제지역에서 발견되는 묘제는 매우 풍부하다. 물론 전기에 사용되던 묘제가 그대로 존재하기도 하지만, 일부는 소멸 또는 변천을 겪기도 한다. 예컨대 도읍지의 경우 초기에는 분구묘의 흔적이 남아있으나 결국에는 사라지며, 순수토광묘보다는 한층 발전된 형태인 목관토광묘가 사용된다. 그리고 도읍지 이외 지역에서는 방형 주구묘는 자취를 감추기 시작하고, 주구 토광묘도 점차 감소하면서 그 대신 목관토광묘가 집중적으로 사용되고 있다. 그런데 이 시기의 묘제 전개에서 주목되는 것은 새로운 묘제의 등장이다.

이 시기에 새롭게 등장한 묘가 도읍지역의 경우 적석총이다. 그런데 이 적석총은 시간이 지나면서 도읍지 내에 국한되어 확대·보급되며, 이후 4세기 후반에 이르면 횡혈식 석실분도 등장한다. 이로써 한성 도읍 후반기에 이르면 도읍지역의 묘제는 처음에는 적석총이 중심묘제로 사용되지만 4세기 후반 경에 횡혈식 석실분의 초기형이 등장하여 이들이 함께 사용된다. 반면에 이전시기부터 지속적으로 사용되던 토광묘는 점차 사라지면서 더 이상 사용되지 않는다. 이로 보면 이 시기 한성도읍권 묘제의 주류는 적석총으로 운영되었다고 보는데 문제가 없다. 즉 적석총은 횡혈식 석실분이 등장하는 4세기 후반까지 지배층의 유일한 묘제로 존재한다. 다만 중앙 지배층 묘제로 정착된 적석총은 오직 도읍지에만 국한되어 조영될 뿐이다.

한성도읍 후기의 후반에 이르면 도읍지역에 등장하였던 적석총은 점차 횡혈식 석실분으로 전환된다. 즉 횡혈식 석실분이 본격적으로 등장하여 점차 백제묘제의 주류를 이루는 것이다. 4세기 후반을 시작으로 이 횡혈식 석실분은 적석총을 점차 몰아내면서 백제묘제의 주류를 차지하게 되고, 이것이 5세기 중반에 이르면 독보적 존재로 남게 된다.

하지만 4세기 말~5세기 초에도 적석총은 아직은 백제의 묘제로서 존재한다. 이는 석촌동 4호 적석총이나 5호 적석총이 5세기 초반부로 분류되는 것으로 보더라도 그렇다. 그렇지만 횡혈식 석실분의 등장으로 적석총의 사용은 점차 지양되는 것이 분명하다. 여기에 횡혈식 석실분도 초기의 유입단계나 정착과정을 고려해야 할 것이다. 횡혈식 석실분은 4세기 후반에 등장하지만 이것이 곧바로 백제 지배층의 묘제로 수용되지 않는다. 그보다는 한동안 적석총과 병행 사용되었다고 보아야 할 것이다.

도읍지 이외의 지역에서 널리 사용되는 토광묘는 천안 화성리·용원리를 비롯하여 청주 신봉동에서 집중적으로 확인되었다. 옹관묘는 영산강 유역을 비롯한 남부지역에서 대체로 5세기 대에까지 토광묘와 함께 보편적인 묘제로 활용되었다. 이 외에 새롭게 나타난 수혈식 석곽묘는 원성군 법천리나 천안 용원리·공주지역 그리고 논산의 표정리·모촌리 및 익산의 웅포리 등지에 그 흔적을 남기고 있다.

수혈식 석곽묘는 금강유역, 특히 그 이남지역에 밀집되어 있는 반면, 토광묘와 옹관묘는 백제 전역에 비교적 골고루 남아 있다. 그러나 금강 이북지역은 상대적으로 토광묘의 분포 밀도가 높고 금강 이남지역은 소원한 상태이다. 옹관묘도 영산강 유역을 비롯한 남부지역에 밀집되어 있다. 그러나 그 이 외의 지역은 주류를 이루지 못하고 개별적이거나 부수적으로 잔존할 뿐이다. 물론 영산강유역을 비롯한 남부지역 옹관묘도 대형 고총고분으로 조성되고 있다.

전술한 바와 같이 도읍지를 중심으로 지배층 묘제는 적석총에서 횡혈식 석실분으로 전환되는 과정을 겪는다. 그러나 지방의 토착묘제는 여전히 중앙의 묘제환경과는 별개의 형태로 남아있다. 즉 중앙과는 다른 독자적 묘제 환경을 지켜 나간다. 예컨대 청주 신봉동 토광묘나 논산 모촌리 수혈식 석곽묘 그리고 영산강 유역을 비롯한 남부지역의 옹관묘의 존재는 도읍지 중심의 중앙지역과는 달리 그들의 전통적 묘제가 고수되고 있음을 보여주는 사례다. 다만 적석총은 여전히 지방사회에 나타난 흔적을 전혀 남기지 않았다. 그리고 횡혈식 석실분의 경우 초기의 시원형이 지방에서 간헐적으로 보이고 있어 초기에 이들이 중앙으로 유입된 것으로 볼 수 있다.

이 시기의 묘제에서 가장 주목해야 할 것이 횡혈식 석실분의 존재이다. 백제사회에 횡혈식 석실분이 출현한 시기는 대체로 4세기 후반경으로 추정되며, 그 분포범위는 백제 전역이라는 특징이 있다. 도읍지의 경우 가락동과 방이동의 석실분 유적에서 그 흔적을 확인할 수 있어 일찍이 이의 유입이 있었음을 알 수 있다. 그런데 지방사회의 경우 대체로 4세기 말, 혹은 5세기 전반부로 볼 수 있는 묘제들이 후대의 백제 전역인 경기·충청·전라지역에서 발견되고 있다. 예컨대 화성 마하리 횡혈식 석실분이나 원주 법천리 횡혈식 석실분은 경기지역의 자료이고 천안 용원리·두정동, 청주 주성리, 공주 분강·저석리 등의 석실분은 충청지역의 것이다. 이 외에 조산고분이나 영천고분 그리고 복암리 석실분은 전라지역의 자료들이며, 이들은 모두 백제가 한성 도읍기 후반의 것들이어서, 아직 지방사회의 전통적 묘제가 남아있던 시기에 횡혈식 석실분이 나타나는 것이다.

2. 한성도읍 후기의 백제무덤과 출토유물

1) 도읍지역

한성 도읍 후기, 즉 고이왕 이후로부터 웅진으로 천도하기까지의 기간에 도읍지역은 서울 강남지역 일원을 그 범위로 잡을 수 있다. 온조왕대 자리잡은 위례성에 오랫동안 머물면서 국가 성장을 이룩한 백제는 근초고왕대에 위례성에서 한성으로 천도를 단행하지만, 그 범위는 지금의 서울 강남지역을 벗어나지는 않다고 보는 것이 일반적이다. 이 기간에 사용된 것으로 추정되는 무덤들은 그 이전 시기의 토광묘에 연원을 둔 목관 토광묘가 있고, 약간의 형태변화를 겪은 분구묘가 여전히 그 흔적을 남기고 있다. 그리고 옹관묘의 존재도 확인될 뿐만 아니라 석곽묘로 분류된 것도 있어 비교적 다양성을 갖추고 있다. 다만 옹관묘와 석곽묘는 그 형태나 시기가 불분명한 점은 있다.

한편 이 기간에 도읍지 한성에는 새로운 묘제인 적석총에 이어 얼마 후에는 횡혈식 석실분도 등장한다. 이 시기 도읍지역에서 사용된 묘제로서 적석총과 분구묘·토광묘 및 횡혈식 석실분 등의 내용을 보면 다음과 같다.

(1) 적석총

기단식 적석총은 앞의 적석묘와 비교할 때 사용주체는 물론 형태적으로 차이가 있는 묘제이다. 이 묘제는 서울 송파구의 석촌동에 대부분 밀집되어 있으며, 1910년대까지도 약 66기가 있었던 것으로 전한다. 그러나 이들 중에 현존하는 것은 6기에 불과하며 1974년부터 1983년에 걸쳐 발굴조사가 이루어졌다. 그러나 조사된 6기의 고분 중에서 1~4호분은 일단 적석총으로 볼 수 있지만 5호분과 파괴분은 봉토 위에 입석된 것으로 적석총보다는 오히려 분구묘로 보는 것이 타당할 듯하다.

우선 1호 적석총은 주변보다 1~2m 정도 높은 평탄지역에 위치한다.

2기의 고분이 합쳐져서 완성된 쌍분이며 동서의 길이 9.9m, 남북의 너비 8.9m 규모인 북분과, 동서의 길이 9.6m에 남북의 너비 9.8m 규모의 남분으로 이루어져 있다. 1호분은 두 무덤이 결합되면서 그 사이에 3.7m의 간격이 남게 되었고, 이곳은 점토로 메워진 상태이다. 더불어 남북 쌍분의 서쪽 변에 3.2m 너비의 단이 추가로 설치되어 있기도 하다. 1호분 전체의 규모는 동서의 너비 12.8~13.1m, 남북의 길이 22.3m이고, 남아있는 높이는 1m 정도에 이른다. 장축은 남북에서 약 11° 가량 동쪽으로 기울어 있다.

1호 적석총의 구조를 보면 우선 남쪽과 북쪽에 있는 두 개 무덤이 동시에 만들어진 것은 아니다. 북쪽의 무덤이 먼저 만들어졌고, 이어서 이 무덤의 남쪽변 석축에 이어 점토로 메워진 부분을 형성하면서 남쪽의 무덤을 만든 것이다. 그 결과 점토로 다져진 부분 속에 남쪽 무덤의 북쪽 석축이 감추어져 이 부분은 대강 쌓았을 뿐이고, 나머지 외부로 노출되는 동·서·남벽만을 정연하게 축조한 편법도 확인된다. 특히 두 개의 무덤이 합쳐지면서 너비보다 길이가 길어지는 것을 수정하기 위해서인지, 아니면 다른 이유 때문인지 모르지만 남북 쌍분의 서쪽 변에 너비 3.2m의 단을 만든 흔적도 있다.

1호 적석총의 북분은 외부를 돌로 쌓고 안을 점토로 채운 형식이며, 남분은 내부까지 할석으로 채워 있다. 다만 북분은 내부시설이 없으며, 남분도 외곽에 4개의 석곽시설이 있을 뿐인데 이로 보면 기단식 적석총의 중심부에 만들었다고 볼 수 있는 주매장 시설이 확인되지 않은 상태이다. 유물은 소형 은제품과 토기 저부편이 수습되었다.

석촌동 2호 적석총은 유구의 서쪽부분이 민가의 담장으로 사용되면서 대부분이 파괴된 상태였고, 주변에 파괴된 적석총으로 보이는 다른 구조물도 있었던 것으로 전한다. 따라서 이 2호 적석총은 기왕에 있던 다른 고분을 파괴하면서 그 위에 다시 축조된 것으로 추정하는 무덤이다.

2호 적석총의 축조과정은 먼저 동서 17.4m, 남북 16.2m 크기로 구획을 정하고 할석을 수직으로 쌓아 올려 외벽을 만들었다. 그리고 다시 기단상의 무덤을 축조하는데 1단의 바닥은 10cm 내외의 작은 할석을 한 겹 정도 깔고 나머지 공간은 사질토를 이용하여 10~30cm의 두께로 차곡차곡 쌓아 올렸다. 제 1단의 높이는 1m 정도가 되고, 제 2단은 이제 1단의 외면에서 안으로 얼마쯤 들어와 다시 쌓아 올리고 내부는 진흙으로 채운 다음, 역시 약 1m 정도의 3단을 올렸던 것으로 확인된다. 1단의 외면에는 몇 개의 지탱석이 있으며, 3단 석축의 상부에 둥그스름하게 흙을 덮었던 것으로 확인된다.

2호 적석총은 현재 봉분까지의 높이가 3.8m 정도 남아있다. 따라서 마지막 단인 3단의 위쪽은 0.8m의 높이를 가진 봉분이 있었다고 볼 수 있다. 동북쪽 모서리의 가장 아래쪽 바닥에 작은 할석으로 거칠게 만든 매장부가 있었고, 서북쪽 모서리에서 2.5×0.6×0.1m 크기의 목관이 확인되었다. 따라서 이 2호 적석총에서도 주 매장시설은 확인되지 않았다. 유물은 무개고배와 단경호가 있다.

3호 적석총은 원형을 파악할 수 없을 정도로 심하게 파괴되었으나 두

백제 기단식 적석총

차례에 걸친 조사로 방단 계단형 적석총임이 확인되었다. 크기는 동서 길이가 50.8m이고, 남북 길이가 48.4m로 장대한 규모이다. 구조는 지반을 정지한 후 40~50㎝ 두께의 진흙을 깔아 다지고 지대석을 놓았으며, 그 외곽에 20㎝ 내외를 자갈돌로 깔았다. 그 위에 장대석이나 절석을 기선에만 한 줄로 배치하였는데, 기단 석렬(石列) 내부는 납작한 할석을 사용한 특징도 있다. 이러한 방식으로 1단을 90㎝ 정도 높이까지 쌓은 다음, 이어서 1난의 싱면에서 안으로 4.7m 정도 들여 2단을 쌓았다. 2단의 높이도 약 90㎝ 정도이다. 3단은 높이가 180㎝ 정도로 다른 단의 두 배이다. 3단 위에 또 다른 단이 있었는지는 알 수 없다. 내부의 중앙부분 매장시설은 잔존현황이 정확하지 않다. 다만 외곽 쪽에 2×1.5×0.8m 크기의 석곽이 있었음이 확인되었다. 유물로는 중국의 육조시대 자기편과 금제영락 등이 수습되었다.

4호 적석총도 방형으로 잔자갈을 깔아 묘역을 형성하고 그 안에 석축을 쌓아 만든 기단식 적석총이다. 규모는 제일 바깥선 한 변이 30m이고, 그 안으로는 24m, 17.2m, 13.2m의 방형계단이 세워져 있다. 안쪽에는 점토를 판축으로 다져서 채웠는데, 고분의 정상부 중앙에 동서 4.6m, 남북 4.8m의 거의 방형에 가까운 무덤 곽이 있으며, 그 남벽 중앙에 연도가 달려 있다.

4호 적석총 정상부 중앙에 있는 구조의 연도는 남북 길이 2.3m에 너비는 안쪽이 1.6m, 바깥쪽이 2.1m로 밖을 향하여 약간 넓어진 상태이다. 그러나 이 연도는 길이 약 50㎝, 너비 약 30㎝ 크기의 돌을 일렬로 깔아 윤곽만을 나타낸 것이다. 연도 양벽 선의 안쪽은 무덤 곽과 마찬가지로 진흙을 다져 넣었다. 위쪽에는 큰 석괴들을 한 줄 깔았는데, 이 연도 층간석의 상단은 연도 벽석의 높이보다 10~20㎝ 정도가 더 높다.

4호 적석총은 축석 묘곽 내부를 점토로 메우고 거기에 다시 무덤구덩이를 파고 반듯한 돌로써 석곽의 형태를 쌓은 다음, 유해를 넣은 목관을 안치하였던 것으로 추정된다. 그리고 그 위에 적석을 한 다음에 작은 판석들을 지붕처럼 덮고, 다시 그 위에 자갈과 점토를 섞어 제 3단 위만을 봉분처럼 만든 것이 아닌가 추정된다.

기단식 적석총은 비단 조사된 무덤이 적다는 사실 외에, 비록 조사가 이루어졌더라도 매장부 즉, 시신을 안치하는 범위나 혹은 유물은 두는 부곽 등이 아직은 발견되지 않아 자료적 한계가 자주 지적되고 있다. 따라서 묘실 내에 두었던 부장품 현황이라든가 매납 현상을 알 수 있는 자료는 거의 없는 형편이다. 이는 매장시설 자체가 확인되지 않기 때문에 비단 부장품만이 아니라 피장자와 관련된 장착품이라든가 혹은 매장행위가 진행될 적에 사용된 도구나 용기에 대해서도 거의 알려진 것이 없다. 다만 적석총의 돌을 쌓았던 부분에서 토기편이라든가 금속제품 그리고 중국 서진제 자기의 일부가 수습되었다. 물론 이들은 무덤과 관련된 것으로 보지만 구체성이 상당히 결여되어 있는 것이다.

(2) 횡혈식 석실분

도읍지역의 횡혈식 석실분 자료는 가락동과 방이동의 고분군을 꼽을 수 있다. 가락동 고분군은 일제시대부터 조사되기 시작하여 최근까지 세 차례에 걸쳐 조사가 이루어졌고, 3기의 횡혈식 석실분이 알려져 있다. 이 가운데 대표적 자료는 3호분이다. 이는 5세기 전반부에 축조된 것으로 판단되고 있다.

이 가락동 3호분은 묘실의 네 벽은 약 80~90㎝ 높이까지를 장방형의 할석으로 수직에 가깝게 쌓고, 그 위쪽은 안으로 좁히면서 쌓아 올려 도움식 즉 궁륭식으로 만든 다음, 정상부에 덮개돌 하나를 올려 마무리하였다. 묘실 바닥은 부정형의 할석을 한 겹 깔아 연노의 바닥보디 한 단 높였고, 묘실의 네 벽면과 연도 벽에 회칠한 흔적으로 보아 묘실 내부 전체에 회를 발랐었음을 알 수 있다. 묘실 안에는 남벽과 북벽 중앙 가까이에서 각각 1구씩의 인골이 남아 있었고, 이 외에 토기 뚜껑 2점·대접형 토기 2점·단경호 1점과 관못 5점이 수습되었다. 그런데 이 무덤에서 출토된 유물은 7세기대 신라 유물이다. 이처럼 백제 고분에 신라 유물이 남겨진 것은 무덤 자체에 입구가 있었기 때문에 폐기되었던 무덤이 신라시대에 재활용된 때문이다.

한편 방이동 고분군은 8기의 횡혈식 석실분이 남아 있으며 이중에서 4기가 조사되었다. 대표적인 것으로 1호분을 보면 분구가 너비 10m에 높이 5m 정도가 남아 있었다. 묘실은 경사면을 파서 조성했으며, 부정형의 할석을 사용하여 벽체를 축조하였다. 묘실은 길이 3.1m에 너비 2.5m의 장방형, 천정은 일정한 높이에서 오므려 궁륭식을 표현코자 하였으나 꼭대기에서 큰 석재를 올려 네벽 조임식으로 마무리했다. 남쪽

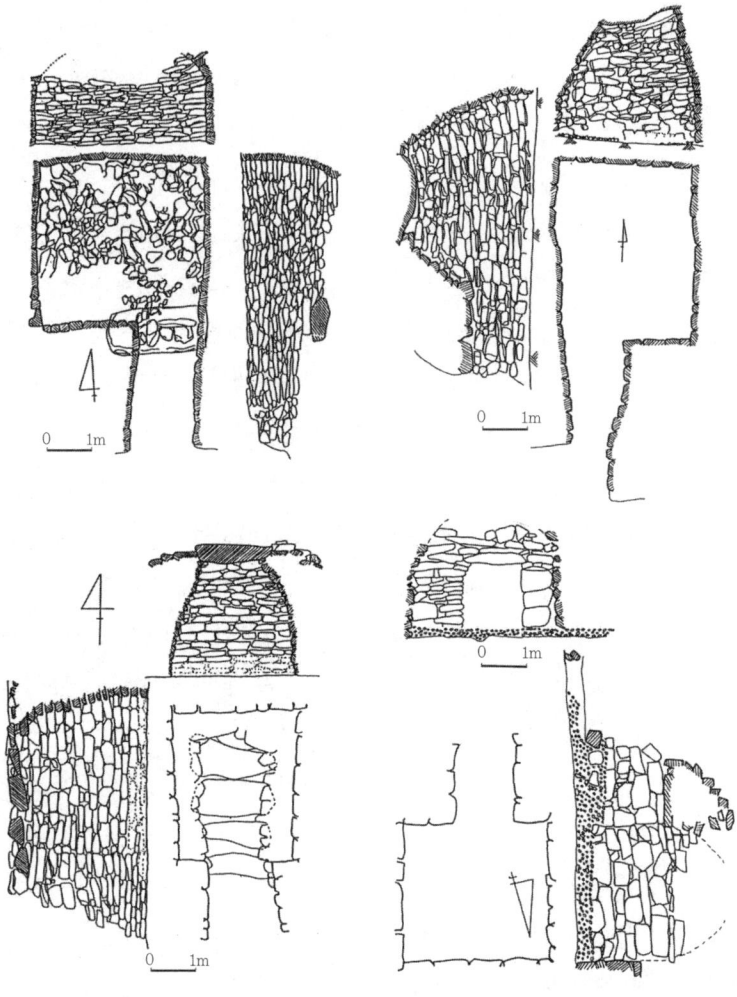

가락동·방이동의 횡혈식 석실분

의 왼편에 입구시설이 마련되었으며, 묘실의 한켠에는 관대도 설치되어 있었다.

(3) 분구묘

분구묘는 이전의 것과 형태상에 차이가 있는 것으로 석촌동 5호분과 파괴분을 들 수 있다. 석촌동 5호분의 경우 묘곽의 구조가 명확하지는 않지만 묘곽 위에 덮은 점토와 봉토의 유실을 막기 위하여 배려한 즙석 등의 존재로 미루어 이들은 저서총보다는 분구묘로 구분하여야 할 것이다.

석촌동 5호분은 토층상의 특징을 근거로 2개 이상의 소분구를 다시 커다란 단일 봉토로 덮어씌운 가족묘의 성격을 띤 토광묘라고 할 수 있다. 즙석은 표토의 바로 아래부터 쌓인 상태로 있는데 대체로 20~40cm의 두께로 남았다. 다만 즙석의 범위가 봉분의 정상부를 중심으로 3~3.2m의 범위에서는 확인되지 않는다. 더불어 이 즙석은 안쪽의 가장자리는 30~50cm 크기의 할석을 쌓은 반면에 바깥쪽으로는 10~20cm 정도의 자갈돌을 덮고 있어 차이가 있다. 구조에서 또 다른 특징은 호석과 같은 시설이 있다는 것이다. 이는 가장자리의 자갈돌을 깐 곳에 잇대어 커다란 할석을 2단 정도로 쌓아 놓은 것이다.

석촌동 파괴분은 5호분에서 남쪽으로 약 200m 정도 떨어진 지점에 위치해 있다. 본격적인 조사에 앞서 봉토가 이미 완전히 편편하게 깎이고 그 흔적의 일부만이 남아 있어 봉토의 정확한 크기는 알 수 없다. 다만 잔존 유구로 미루어 남북간의 직경이 38m 정도로 추정되는데, 이는 거대한 봉토분에 속하는 것이다. 봉토와는 달리 매장시설은 어느 정도 남아 있다.

이 파괴분은 한 봉토 안에 5개의 토광묘가 들어 있는 '일봉토 다광묘'의 집단묘적인 성격을 띠고 있다. 평지보다 약간 높게 점토대지를 판축하여 조성한 다음, 거기에 토광묘를 만들고 토광 내에 목관을 안치한 것이다. 이후에 다시 무덤의 조성이 필요하면 이전에 만든 토광묘의 봉토 일부를 제거하면서 다시 토광을 조성하고, 그 안에 목관을 안치한 후 다시 봉토를 만드는 방식을 반복하여 결국에는 작은 단위의 토광묘를 하나로 덮는 큰 봉토를 만들었으므로, 전체적으로는 일봉토 다광묘가 되도록 하였다. 각 봉토의 상부에는 점토를 덮고 방수를 목적으로 석회를 섞은 회색점토를 입히기도 하였으며, 네 귀퉁이에는 즙석을 덮어 봉토의 유실을 막았다.

(4) 목관토광묘

목관 토광묘와 순수 토광묘와의 차이는 토광 내에 목관이 설치되었다는 점이다. 일부는 목곽이 설치되고 그 안에 다시 목관을 설치하는 경우도 있다. 그래서 이것을 따로 목곽목관 토광묘로 분류하지만 백제지역에서는 정확한 시기 구분이 어려울 정도로 혼재하고 있다. 도읍지역의 목관토광묘 자료는 석촌동 고분군에 남아 있는 것을 그 예로 들 수 있다.

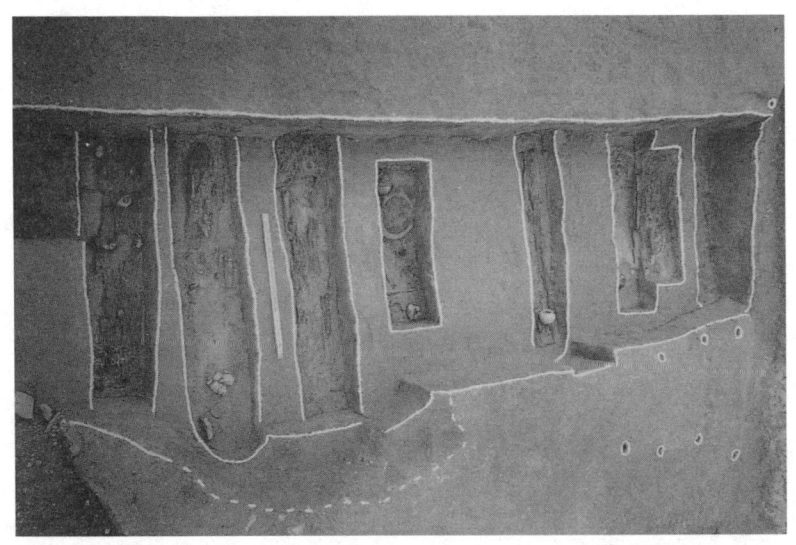

석촌동 대형토광묘

석촌동 3호 적석총의 동쪽에서 조사된 대형 토광묘로 구분되는 다수의 유적이 남아 있다. 이 목관 토광묘는 순수 토광묘처럼 지반 위에 토광을 파지만 안에 목재로 관을 결구한 것이다.

석촌동 토광묘는 3호분 동쪽에서 조사된 것으로, 상층의 유구 속에 있는 1호분의 경우는 목관이 갖추어진 것이다. 그리고 대형 토광묘도 개별 토광 내에 목관이 마련된 것이기에 개개의 유구는 목관 토광묘에 해당한다. 개별 토광묘들을 보면, 이들은 지하에 무덤구덩이를 파고 그 안에 목관을 설치했다. 목관을 결구하였던 관못이나 꺽쇠는 발견되지 않았다. 1호 토광묘의 경우 지반상에 길이 226cm에 너비 106cm의 규모

석촌동 토광묘 출토 유물들

로 토광을 조성하고, 그 안에 6매의 목판을 결구하여 목관을 설치한 것
이다. 목관의 규모는 길이 181cm이고 너비는 60cm이며 높이는 20cm 정
도이다.

한편 대형 토광묘는 하나의 토광 내에 몇 개의 목관을 안치한 특이한
구조이다. 토광 내에 7개의 목관을 둔 것으로 확인되어 있는데, 그 중 1
개는 부곽까지 갖추었다. 여기에서는 사람의 뼈가 출토되기도 하였는
데, 토광묘 내에 시신은 머리를 동쪽으로 향하게 하여 안치한 것으로
본다. 출토유물은 대체로 토기가 대부분이지만, 일부에서는 흑색마연
토기도 있다. 비록 귀금속류의 출토는 적지만 토기라든가 철제품은 비

교적 풍부하고 다양한 편이다.

2) 도읍지 이외 지역

한성 도읍 후기의 도읍지 이외 지역의 범위는 일단 백제 고지의 전역을 그 대상으로 삼아야 할 것이다. 즉 백제의 전성시대 강역인 경기·충청·전라지역을 일컫는다. 비록 이들 지역에 대한 백제 중앙세력의 지배방식이 어떠했는가에 대한 문제는 있지만, 근초고왕기의 전라지역 진출을 고려하면 일정한 관계는 있있다고 볼 수 있기 때문이다.

한성 도읍 후기에 조성된 것으로 판단되는 도읍지 이외 지역의 백제 무덤 자료도 매우 풍부하다. 도읍지에 있는 목관토광묘가 매우 넓게 분포하는가 하면, 특히 새롭게 석곽묘도 등장하고 영산강 유역에서는 특유의 대형 옹관을 사용하는 분구 옹관묘가 조성되기도 한다. 여기에 횡혈식 석실분은 백제 전역에서 나타나고 있다. 이 시기의 묘제로 다수를 차지하고 있는 목관토광묘와 옹관묘·수혈식 석곽묘·분구 옹관묘 그리고 횡혈식 석실분 등의 내용을 보면 다음과 같다.

(1) 목관 토광묘

한성 도읍 후기의 목관토광묘 자료는 매우 풍부하다. 목관 토광묘는 순수 토광묘처럼 지반상에 토광을 파지만 안에 목재로 관을 결구한 것이 다르다. 목관 토광묘는 대체로 4세기대와 5세기대의 것이 대부분이다. 상한은 보다 소급될 수 있을 것인데, 특히 4~5세기대에 백제묘제로 목관토광묘가 널리 사용된 것은 이 시기 백제의 중심묘제가 보편화되지 않은 것과도 밀접한 관련이 있다. 대표적 유적으로 천안 용원리·화성리 토광묘·청주 신봉동·오창 지역의 토광묘 등을 들 수 있다. 그리고 서해안으로 서천 오석리 유적의 토광묘도 이 유형에 속한다.

용원리 고분군은 토광묘 137기와 수혈식 석곽묘 13기 등 약 150여기의 무덤으로 이루어진 유적이다. 대체로 4세기 중반 및 후반대에 조성된 것으로, 입지는 동쪽에서 서쪽으로 흘러내린 구릉상에 위치하지만, 토광묘는 대체로 북향의 경사면에 집중된 특징이 있다. 경사면에 조성된 토광묘는 대체로 지반토를 파서 지하로 토광을 조성한 것이다. 토광 규모는 각각에 차이가 있지만 대체로 길이 3m에 너비 1m 정도이고, 그 안에 목관을 안치하는데 목관의 규모도 각기 차이가 있지만 성인을 펴묻기를 할 수 있는 150~170㎝ 정도의 길이가 일반적이다.

용원리 목관 토광묘의 목관은 토광의 중간쯤에 안치하였다. 이들은 목재를 결구하는데 필요한 관정이나 꺽쇠가 발견되지 않는 것으로 미루어 토광 내에 별도의 연결구가 없이 조립한 것으로 보인다. 목관 판재의 결구방식은 다양하게 나타나지만 대체로 'ㅁ'자형이 기본을 이루고 있다. 용원리 토광묘는 모두 경사와 직교된 방향으로 장축을 두었고, 머리방향이 서쪽을 향하고 있는 것이 기본이다. 그리고 부장품으로 머리 쪽에 발형토기와 단지를 상징적으로 부장하고, 거기에 철제 무기류를 더하면서 발쪽에 여유로운 물건이 매납하기도 했다.

용원리 토광묘의 대표적인 예는 72호 토광묘이다. 이는 조사된 유구

용원리 토광묘

중에서 가장 규모가 큰 것으로, 암반형의 지반토를 굴착하여 조성한 토광은 평면상 정연한 세장방형을 이루고 있다. 규모는 토광의 상면에서 동서간 길이 391㎝에 남북간 너비 146㎝가 계측된다. 깊이는 약 54㎝ 정도인데, 바닥을 측정한 결과, 길이 369㎝에 너비 127㎝였다. 벽체는 기울기가 약간 있지만 곧고 바르게 굴착하였다. 장축은 등고선의 방향과 일치하는 것이다.

　용원리 72호 토광묘의 내부에는 중앙에 목관이 설치되고, 목관의 외곽을 채운 충진토 등의 토층이 선명하게 나타난다. 목관은 중앙에 설치한 것이다. 매끈하게 정지된 바닥에 직접 설치한 것으로 길이 242㎝에

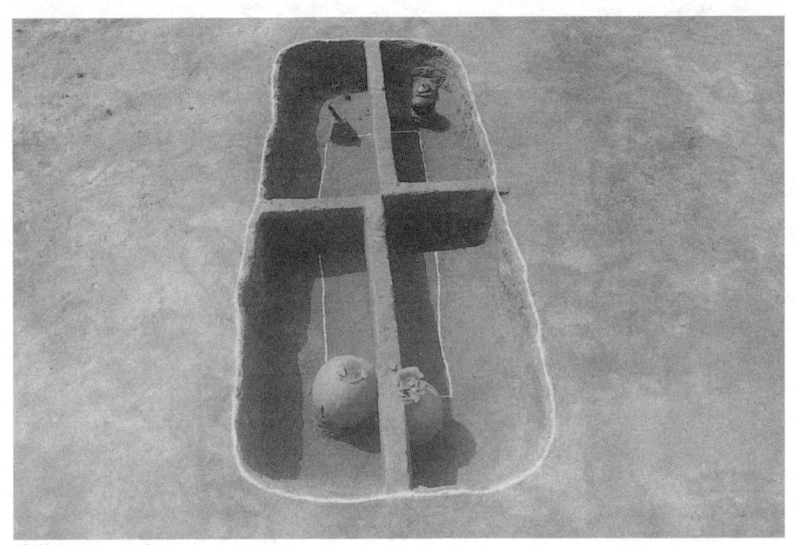

용원리 72호 토광묘

너비 64cm로 비교적 규모가 크다. 그리고 목관재를 추정할 수 있는 토
층이 황백색의 점질성의 형태로 바닥에서 5cm 정도, 서쪽에서 같은 규
모로 확인된다.

　목관의 외곽인 토광벽과의 사이는 생토 부스러기가 포함된 밝은 갈색
의 흙이 채워졌다. 목관의 긴 변의 양단으로 35cm 정도의 너비에 40cm
정도의 높이가 남아 있었다. 목관의 내부는 복잡하게 서로 얽히면서 가
운데가 내려앉은 형상의 목관재가 부식된 것, 그리고 위의 충진토가 층
위를 이루고 있다. 토광 내의 잔존유물은 토광의 양쪽 끝부분, 즉 목관
과 토광 사이의 빈터에 토기와 철기가 남았고, 목관 내부에서는 장식품

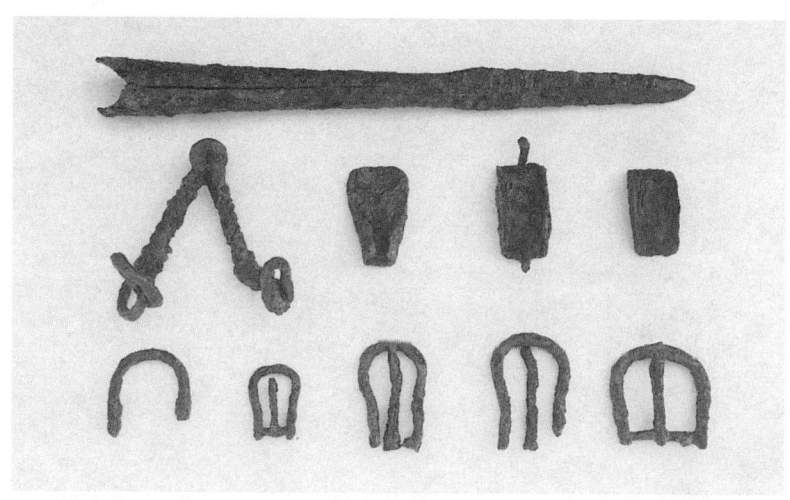

용원리 72호 토광묘 출토유물

신봉동 토광묘

인 귀걸이가 수습되었다. 목관 내부의 귀걸이는 중앙에서 약간 서쪽으로 치우친 부분에 목관 바닥 가까이에 있었다.

　신봉동 토광묘는 청주의 무심천과 미호천이 만나는 낮은 야산에 있으며, 수혈식 석곽묘와 횡혈식 석실분이 함께 있는 유적이다. 1982년에 14기가 조사된 이래 1990년의 2차·3차 등의 조사를 거쳐 약 150여기의 토광묘나 기타 유구가 알려져 있다. 유적은 대체로 5세기대에 조성된 것이며, 남향의 경사면에 밀집된 형태로 토광묘가 남아 있다. 도굴이 심했으나 토광을 굴광하고 그 안에 목관을 마련한 다음에 시신을 안치한 목관 토광묘의 기본적 형상을 간직하고 있음을 확인했다.

신봉동 토광묘
출토유물

　1982년 조사된 3호분의 경우 등고선 방향으로 장축을 두어 조성한 토광은 길이 260㎝에 너비 80㎝의 규모이고, 토기와 재갈 및 등자와 같은 마구(馬具)가 매납되어 있었다. 그리고 1990년에 조사된 A지구의

11호분은 마찬가지로 경사방향과 직교된 형태로 조성되었으며, 토광은 길이 250cm에 너비 100cm였다. 목관의 모양과 크기는 측정되지 않았으나 환두대도 및 마구 등의 유물이 부장되어 있던 토광묘임이 확인되었다. 신봉동 토광묘의 대체적인 형상은 서로 비슷하며 단지 부장 유물에서 차이가 있을 뿐이다.

오석리 유적은 청동기시대의 집자리와 석관묘 그리고 백제시대의 무덤이 있는 유적이다. 백제무덤으로는 다수의 옹관묘와 토광묘 그리고 1기의 석실분이 있다. 토광묘 중의 일부는 주구(周溝)가 돌려진 것도 있으나 대체로 목관 토광묘이다. 마찬가지로 지하로 토광을 파고 중앙부분에 목관을 안치한 다음에 시신을 매납한 것인데, 목관의 결구방식이나 형태에 차이가 있다. 목관 토광묘의 유물부장은 형태적으로 다양하지만 일정한 원칙이 있었던 것으로 추정된다.

목관 토광묘의 잔존 유물은 용기류와 무기류 및 장신구류로 크게 구분할 수 있다. 용기류는 토기가 중심을 이루는데, 이들은 남아있는 모습으로 미루어 공헌물을 헌납하는 과정에서 남겨진 것으로 보아야 할 것이다. 따라서 토기 자체는 그것이 부장품이기보다는 공헌물을 담는 용기로서의 기능만 있었던 것으로 볼 수 있다. 더불어 무기는 피장자가 평소에 사용하던 것을 매납한 것으로 볼 수 있고, 장신구도 평소에 지녔던 것이 함께 매납된 것으로 보인다.

현재까지 확인된 백제의 목관 토광묘의 유물 중에서는 별도로 부장을 위하여 특별히 제작한 것은 거의 확인되지 않는다. 유물의 잔존 위치는

오석리 유적과 토광묘

화성리 백제묘 · 용원리 백제묘 · 신봉동 백제묘에서는 목관의 전 · 후면이다. 즉 시신의 머리와 발치 쪽에 유물이 안치된 경우가 있다. 특히 용원리 토광묘는 머리쪽에 발형토기 1점과 호형토기 1점이 세트로 매납되었고 이와 함께 철기 등의 무기가 매납있다. 발치 쪽으로는 대형토기 등이 추가로 안치되었다.

목관토광묘에서 출토되는 토기는 백제토기 내용의 대부분이 망라되어 있다. 다만 목관 토광묘의 조성시기가 4~5세기인 것과 관련 있는 듯, 토기 중에서 평저에 직구 단경호라든가 삼족토기 · 개배 · 병형토기와 같은 6세기 혹은 7세기대에 유행한 기종은 거의 발견되지 않는다. 토기는 재질 면에서 연질 · 와질 · 경질이 망라되고, 기종은 발형토기를 시작으로 4~5세기대의 백제토기가 거의 대부분의 종류가 출토된다. 이는 토광묘에 매납된 토기가 생활용기인 것과 밀접한 관련이 있는 것인데, 다만 생활용기 중에서도 자비용과 관련된 시루 등의 용기는 부장토기로 발견된 바가 거의 없다.

철기는 무기 · 공구류 · 장식류 등으로 구분된다. 무기는 환두대도를 비롯하여 철도 · 철검 외에 철모를 비롯한 철촉 및 성시구 등도 주목된다. 그리고 공구는 각종의 철부를 비롯하여 철착 등이 있으며 특수 유물도 적지 않다. 귀금속류는 장신구가 대부분이다. 가장 많은 것이 구슬인데, 토광묘에서는 일반적으로 수습된다. 이 외에 금동제 및 금제의 귀걸이도 간헐적으로 수습되나 보편적인 것은 아니다. 그러나 호신용으로 추정되는 철도자는 보편적으로 출토되는 현상이다.

(2) 옹관묘(甕棺墓, 독널무덤)

한성 도읍 후기의 지방사회에 남아있는 옹관묘는 영산강 유역의 분구 옹관묘를 제외하면 대체로 군집된 형태로 발견된 것은 없다. 오히려 다른 묘제와 더불어 잔존하는 것이 대부분이며, 일부만이 독립된 형태로 있을 뿐이다. 다른 묘제와 공존했던 옹관묘는 다른 묘제에 배장의 형태로 존재하는 것들이 대부분이다. 여기에 제시하는 공주 남산리 옹관묘와 부여 송국리 옹관묘는 옹관묘만 조사된 것이고, 서천 오석리 옹관묘는 토광묘와 함께 그리고 표정리·모촌리 옹관묘는 수혈식 석곽묘와 더불어 있는 것이다.

공주 남산리 옹관묘는 백제 옹관묘의 대표적 사례로 자주 언급되는 것이다. 이 유적은 선사시대의 석관묘에서 백제 석실분까지 다양한 무덤들로 형성되어 있다. 옹관묘는 지표 하 약 20㎝의 깊이에 있던 것으로 길이 180㎝, 너비 90㎝, 깊이 40㎝의 토광을 파고 항아리 2개를 서로 맞대어 눕혀 놓은 것이다. 옹관의 장축은 동서방향으로 맞추어져 있다. 2개의 항아리 중에 큰 것은 평저의 바닥에 몸체는 구형이며, 넓은 입에 구연이 외반되어 있으며, 짧은 목을 지니고 있다. 이는 몸체의 중간에

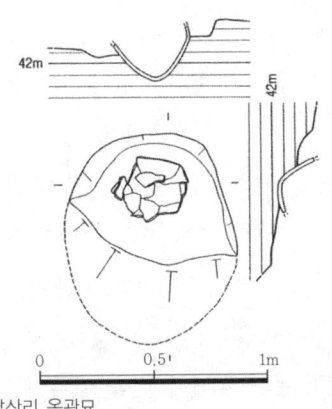

남산리 옹관묘

2개의 원형 손잡이가 가로로 부
착되어 있으며 회색의 연질로서
자릿문이 시문되어 있다. 작은
항아리는 큰 항아리와 거의 같은
모양인데 바닥에 1×3㎝ 정도의
작은 구멍이 있다. 이것은 관으
로 전용할 때 뚫은 것으로 보고
있다.

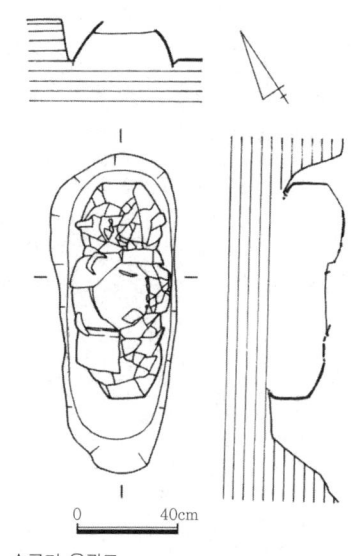

송국리 옹관묘

　반면에 송국리 68지구 옹관은
3점의 토기를 잇대어 만든 합구
식 옹관으로 이 옹관만 단독으로
발견되었다. 이는 북동~남서 방
향의 장축으로 장타원형 무덤구
덩이를 파서 옹관을 안치하였다. 토광은 장변 129㎝, 단변 49㎝이다.
옹관의 배치 상태는 중앙에 대형 자배기를 저부가 위로 향한 채 뒤집어
놓고, 이 토기의 동체 양쪽을 깨뜨려 옹을 옆으로 뉘어서 잇대어 놓았
다. 옹관의 빈틈은 절반가량으로 깨뜨린 2점의 자배기로 막았는데, 그
중 한 점에는 안쪽으로 손잡이가 마주 달려 있다.

　한편 오석리 94-3호 옹관묘는 토광묘와 함께 있는데, 구조형식으로
볼 때, 주구 형태의 구덩이가 외변에 돌려져 있다. 주구는 남단에 동서
변과 동단에 남북 변을 이루어 'ㄴ' 자 형태로 있으며, 주구의 중심에

오석리 주구 옹관묘

서 서북단으로 약간 치우쳐서 매장부인 옹관을 두었다. 옹관은 단옹식으로 추정되나 파괴되어 바닥만 있다. 무덤구덩이는 10cm의 깊이만 남았고, 옹은 동북~서남간으로 배치되면서 옹관의 동쪽으로 길이 80cm에 너비 75cm의 구덩이가 15cm 정도 깊이로 굴착되어 연결되어 있다.

옹관으로 쓰인 항아리(甕, 옹)은 전형적 와질토기로 약간 녹색을 띤 회색인데 장경에 외반구연을 지녔다. 격자 타날문이 있는데, 기벽이 2.5cm 정도로 두텁다. 특히 경부가 길며 구연은 급격하게 수평 외반시킨 형태이다. 경부와 동체의 연결 부위에 삼각 거치문(鋸齒紋 : 톱날무늬)이 한 줄로 눌러 찍혀 있으며, 경부 주위는 무문으로 처리되어 있다.

이 옹관묘와 주구 유구와의 관련은 주구 중에서 남북 길이로 있는 동단에서 옹관은 3m, 토광은 2m의 간격으로 있고, 남단의 서북~동남 길이로 있는 주구에서는 2.4m의 간격을 두고 있다. 그런데 동북~서남 길이의 주구 길이가 전부 5m 내외인 점을 고려하면 옹관은 주구의 가운데에 위치했던 것으로 판단된다.

한편 논산 표정리 하표정 13호분 옹관묘는 수혈식 석곽묘만 밀집된 유적에서 석곽묘의 배장 형태로 발견된 합구식 옹관묘이다. 석실분에서 45cm 정도 거리에 길이 97cm, 너비 30cm, 깊이 30cm 규모의 타원형 무덤구덩이를 파고 항아리를 그 안에 안치하였다. 적갈색 원저토기 2개를 사용하였는데 토층상으로 볼 때 석곽과 동시 또는 나중에 조영된 것으로 판단할 수 있는 것이다.

모촌리 92-9호 옹관묘도 수혈식 석곽묘의 주변에 소형 석곽과 함께 있다. 석곽은 수혈식 석곽묘의 북쪽과 남쪽에, 옹관은 서쪽과 서남쪽에 있다. 옹관묘는 석곽묘와는 150cm의 거리에 있으며, 옹관을 안치한 후 구연부에 잇대어 석축으로 묘곽을 보강한 형식이다. 옹관은 구경 47.5cm, 높이 81cm의 대형이며, 원저에 가까운 평저이다. 서남쪽 옹관묘는 합구식(合口式)으로 길이 80cm에 너비 35cm의 규모이다. 두개의 항아리 중 서쪽 항아리는 복원이 가능하며, 구경 22cm, 높이 38.8cm의 장란형 토기로 표면에는 승석문이, 그리고 저부에는 사격문이 시문되어 있다.

모촌리 15호분도 수혈식 석곽묘가 밀집된 구역에 있는 석곽 옹관묘이

모촌리 옹관묘

다. 13호·16호 수혈식 석곽묘와 인접된 배장 형태로 잔존한다. 옹관과 석곽이 결합된 것으로, 항아리는 옆으로 뉘어서 안치하고, 입구를 돌로 쌓아 묘곽을 보강하였다. 전체 길이 134㎝이고, 너비는 옹관 부분이 46㎝이다. 높이는 석곽 부분에서 42㎝이다. 항아리의 높이는 84㎝, 최대 지름 65㎝, 그리고 석곽은 너비 42㎝, 높이 42㎝, 길이 50㎝의 규모이다. 옹관 내부는 길이 50㎝에 너비 46㎝의 범위가 부석되었고, 고배 1점·토기병 1점·토기호 2점의 유물이 남아 있었다.

(3) 수혈식 석곽묘

지하로 무덤구덩이를 파고 석축으로 묘실을 만들었으나 묘실 내부로
의 출입시설이 전혀 마련되지 않는 묘제이다. 백제지역 대부분에서 발
견되지만 특히 중서부 지방인 경기도 및 충청도 지역에 집중적으로 남
아 있다. 대표적 유적으로 경기도 화성의 백곡리 고분군 · 마하리 고분
군 그리고 충남 천안의 용원리 고분군 · 논산의 표정리 고분군 및 모촌
리 고분군 등을 들 수 있다.

백곡리 고분군 중에서 1호분을 보면 이 무덤은 주변지역보다 현저하
게 도드라진 돌출부에 입지한다. 원형 봉토분이었던 것으로 확인되었
으며, 매장부인 석실은 분구의 중간부분에 위치한다. 묘실은 70㎝ 정
도의 얕은 무덤구덩이를 파고 그 안에 석벽을 축조하였기 때문에 전체
적으로 볼 때 반지하식이라고 할 수 있다.

백곡리 1호분의 묘실은 장방형의 수혈식으로 되어 있으나 서북쪽의
면은 직선과 직각으로 되어 있지 않고 반원형으로 처리하였다. 벽면은
막돌로 쌓았는데, 바닥에서 1m 높이까지는 수직으로 쌓고, 그 위는 안
으로 좁히면서 쌓은 다음에 덮개돌을 올려서 마무리하였다. 바닥은 부
석하였으나 서북쪽은 오히려 생토바닥이 그대로 남아 있다. 이 부분은
부장품을 두는 구역으로 유물이 여기에 전부 몰려 있다. 유물은 소찰 ·
재갈 · 교구 · 철정 · 철겸 · 철모 · 철도자 · 철부 등이 있다.

한편 백곡리 5호분의 경우도 외형은 원형 봉토분으로 분류할 수 있
다. 분구의 규모는 동서 직경이 10m, 남북이 9.5m이고, 높이는

1.25m이다. 분구가 뚜렷하며 매장시설은 수혈식 석곽으로 조성되었지만 상당부분이 파괴되었고, 단지 바닥과 벽면의 일부만 남아 있다. 묘실은 반지하식으로 구축되었는데 장축이 서북~동남 방향을 취하고 있다. 벽면은 1호분과 마찬가지로 괴석을 이용하여 축조하였는데, 면을 맞추지 않고 쌓아 대단히 조잡하다. 묘실은 장방형이지만 서북쪽의 단벽이 반원형으로 있다. 벽면에 간헐적으로 돌을 석실 안쪽으로 돌출시킨 것이 있지만, 그 용도나 이유는 알 수가 없다. 바닥은 전체를 부석하였으며, 서북 단벽 쪽만 생토를 그대로 이용하고 있다. 마찬가지로 이 구역에서 토기와 마구 등이 집중적으로 출토되어 부장품을 두었던 구역으로 볼 수 있다. 유물은 토기를 비롯하여 대도·도자·철모·철부·철겸·철정 등이 출토되었다.

다음은 용원리 고분군의 석곽묘로 이 유적에는 약 140여기의 토광묘 속에 13기의 수혈식 석곽묘가 포함된 것이다. 이중에 1호 석곽묘는 지하에 무덤구덩이를 파고, 할석과 같은 부정형의 석재로 묘실을 축조하였다. 전형적 수혈식 석곽묘인데 규모가 비교적 큰 편이다. 북향의 경사면에 동서간을 장축으로 하여 무덤구덩이를 팠으며 내부에 묘실을 돌로 쌓아 만들었다. 무덤구덩이는 위쪽에서 동서간 620㎝, 남북간 300㎝의 세장방형 평면구조를 지니고 있다. 깊이는 묘실의 바닥을 기준으로 남단부는 140㎝의 높이가 계측되나 북단은 130㎝의 높이만 유지하고 있다. 묘실 규모는 동서간의 길이 460㎝에 남북간의 너비 145㎝이고 높이는 140㎝이다. 장축은 정확하게 등고선과 일치하는 방향이다.

용원리 1호 석곽묘의 경우 할석으로 축석된 묘실 벽체의 하단은 정교하나 중단 이상은 거칠고 조악하다. 네 벽면을 동시에 축석하였지만 평면이 정형을 이루지 못하며 모서리가 크게 말각된 둥그런 형태이고, 특히 동남쪽 모퉁이는 토광 벽의 축석 자체가 매우 조악함을 알 수 있다. 나아가 바닥에서 60~70cm의 높이를 기준으로 축석상태 및 석재

용원리 1호 석곽묘

에 차이가 있어 즉 상·하를 별개로 축석한 것으로 확인되었다. 바닥은 생토면을 바르게 정지한 상태이고, 중앙에 길이 300cm, 너비 120cm 정도 의 관대를 지름 20cm 가량의 납작한 판석재로 깔아서 만들었다.

용원리 1호 석곽묘의 묘실내부 유물은 관대위에 있는 장식품과 목관 결구 용구 그리고 순수한 부장품으로 구분된다. 장식품은 금동제인 환두대도와 귀걸이가 있다. 그리고 관대 위에 철제의 꺽쇠와 관못이 다량

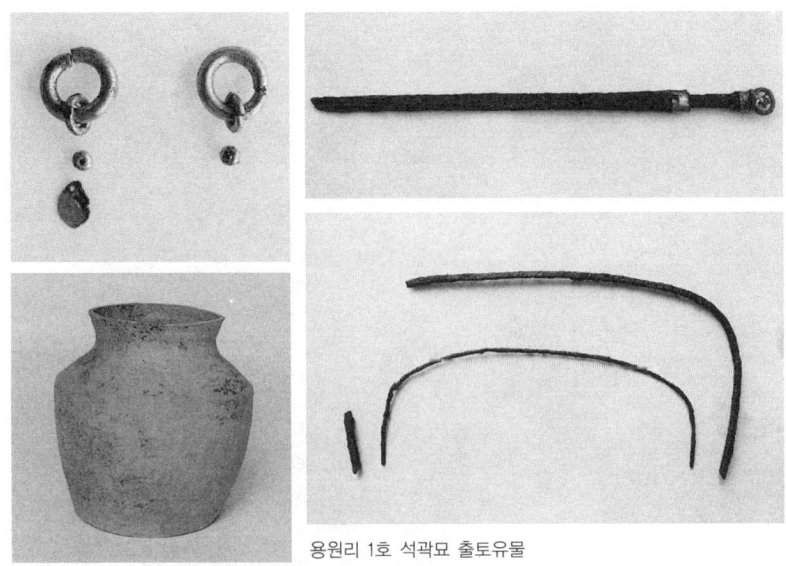

용원리 1호 석곽묘 출토유물

으로 남아 있었으며, 규칙적인 배열상을 보였다. 부장품은 목관을 중심으로 발쪽과 머리 쪽에 관대로 부석된 외변에 마치 부장구의 형태로 있는 부분에 각각 남아 있다. 부장품은 크게 토기와 철기로 구분할 수 있고, 철기는 무기와 마구로 구성되었으며, 대부분의 토기는 발쪽인 동쪽의 부장구에, 그리고 일부의 토기와 철제품은 서쪽의 부장구에 있다.

한편 용원리 9호 석곽묘는 규모도 크고, 중국제 흑유 계수호를 비롯한 흑색 마연토기 등 화려한 부장품이 다량으로 출토된 무덤이다. 입지한 곳의 지형은 남에서 동으로 얄으막하게 흐른 구릉의 선상부에서 약간 서쪽으로 비켜나 있으나 전체적으로 선상부에 가까운 형태이다. 북

향구릉에서 약간 서쪽으
로 비껴서 거의 평탄면에
가까운 지형에 3단으로
무덤구덩이를 파고, 그
안에 석축으로 수혈식 묘
실을 조성했다.

용원리 9호 석곽묘의 무
덤구덩이는 상단의 길이
가 760cm, 너비는 490cm
인데 120~160cm의 깊이
에서 남쪽에 150cm, 동·
서쪽에 50cm 정도를 좁혀
단을 두었고 북벽은 그대
로 수직을 이룬다. 이로
써 하단의 토광은 길이

용원리 9호 석곽묘

540cm, 너비 350cm로 좁혀져 있다. 토광은 바닥 가까이에서 다시 115
cm의 너비에 깊이 20cm 정도로 좁히면서 굴광되어 전체가 3단으로 이
루어졌다. 묘실의 규모는 바닥부분을 기준으로 남북간 445cm, 동서간
115cm이다. 더불어 묘실의 축석이 170cm 정도의 높이로 이루어져 덮개
돌까지의 높이는 약 190cm 정도이다.

용원리 9호 석곽묘 묘실의 평면은 좁고 긴 장방형이면서 모서리가 매

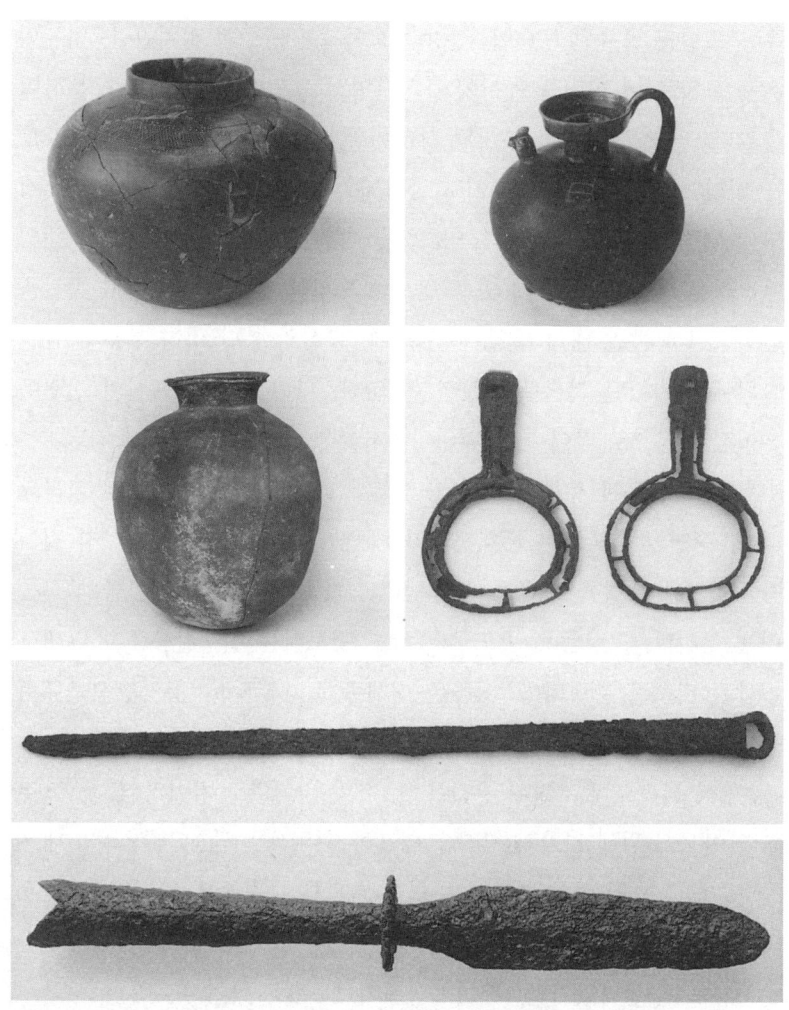

용원리 9호 석곽묘 출토유물

우 부드럽게 말각된 모습이다. 장축은 등고선 방향과 일치한다. 벽체의 석축 모양은 네 벽면을 동시에 축석하면서 상 · 하를 2단계로 구분하여 쌓았다. 바닥은 전면이 부석된 상태이다. 축석된 벽체 바로 아래의 토광 바닥이 약 20㎝ 정도 깊이로 굴광되었고, 전체를 길이 30~40㎝ 정도의 납작한 판석재로 부석하였으며, 매우 정교한 편이다. 묘실 내의 부장품은 대략 세 군데에 있는 것으로 요약할 수 있다. 중앙에 목관을 안치하면서 목관 내에 두었던 것 외에, 묘실의 북단 머리 부분과 남단 발치에 안치했던 것으로 구분할 수 있다. 다만 토기는 묘실의 전면에 흩어진 형상으로 있어 이는 원위치에서 이동된 것이 아닌가 추정된다.

백제무덤으로서 유물이 가장 풍성하게 출토되는 것이 수혈식 석곽묘이다. 수혈식 석곽묘는 존재시기가 대체로 4세기에서 5세기까지 걸쳐 약 2세기간 유행한 묘제인데, 후장(厚葬)으로 볼 수 있을 만큼 부장품이 풍부하다. 부장품은 별도로 제작한 것보다는 실생활용품이 그대로 매납된 것으로 추정되며, 이들은 대체로 토기류 · 철기류 · 장신구류로 구분된다.

수혈식 석곽묘에 부장된 유물은 시기 및 지역별로 차이가 있다. 그것을 알아보기 위해 시기와 지역을 대표하는 유적을 선정, 부장품의 내용을 보기로 한다. 우선 초기의 수혈식 석곽묘 부장품으로는 용원리 1호와 9호 석곽묘 출토품을 들 수 있다. 이들은 토기와 철기류 그리고 장신구류로 구성되었지만, 흑색마연토기가 포함되었으며, 특히 중국제 계수호도 있다. 철기는 용봉문 환두대도를 비롯한 각종 무기 및 성시구를 비롯하여 마구 등 다양하다.

이 중에서 중국 동진에서 제작된 흑유 계수호는 비록 아가리에 일부 결실이 있지만 백제지역에서 자주 출토되는 중국 동진제의 청자제품과 더불어 매우 주목되는 유물이다. 이 계수호는 납작 바닥에 납작한 몸체, 좁은 목을 수직으로 뽑고, 아가리를 넓게 내어 반구호의 아가리와 동일한 형태로 외연을 수직으로 올렸다. 그리고 몸체의 어깨부분에 두 개의 꼭지, 하나의 계수(鷄首)가 있으며, 계수의 반대쪽에 손잡이를 부착했다. 계수와 손잡이 꼭지는 대각선 방향에 위치한다. 바닥의 지름 10.7cm, 높이 14.8(손잡이까지는 16.1)cm, 몸체의 최대 지름은 15.2cm, 입 지름 6.9cm이다.

한편 흑색 마연토기는 9호 석곽묘 출토품인 직구단경호를 들 수 있다. 백제토기로서 가장 특징적인 흑색 마연토기로, 곧은 입에 짧은 목을 지닌 항아리이다. 완전 파괴된 것을 복원하였는데 절반 정도는 결실되었지만 도면 복원은 가능하다. 바닥의 지름 13.4cm, 높이 24.2cm, 몸체의 최대 지름 30.1cm, 입 지름 13.7cm로 계측된다. 그리고 흑색 마연토기로는 특이 기종에 속하는 것으로 뚜껑받침 턱이 있는 바리형의 용기가 있다. 구연의 일부가 파괴되었지만 기본적 모양은 간직했으며 바닥의 지름 10.5cm, 높이 12.4cm, 몸체의 최대 지름 21.1cm, 입 지름 18.4cm이다. 이 외에 그릇 뚜껑은 중앙에 꼭지가 달려 있고, 이 꼭지를 중심으로 대칭을 이루는 기하학적 무늬가 음각으로 시문되어 있다. 크기는 높이 11.9cm, 입 지름 19.3cm로 계측되며 꼭지는 지름 2.4cm에 높이 3cm로 부착되어 있다. 이 꼭지는 장식없이 뾰쪽하게 만든 것이나 외면에 깎은 흔적이 남아 있다. 토기의 전체적 모양은 맨 윗부분이 약간 들려 있는 상태이다.

용원리 9호 석곽묘에서 출토된 성시구는 한 벌로 유기질은 완전 부식되었고, 그 부속구인 교구부규형판 2점과 교구 1점·심엽형금구·대선금구·산형금구·'ㄷ'자형금구·곡옥형금구 1점이 있으며, 용도를 분명하게 알 수 없는 목재편과 내부에 넣었던 철촉 5점이 남아 있다.

다음은 대체로 5세기 중반경으로 추정할 수 있는 표정리 16호분의 유물이다. 이들은 6세기 초반대까지 그 사례가 보이는 백제토기의 전형적인 것들이다. 특히 기대라든가 대부호 및 단각고배는 수혈식 석곽묘에서만 출토되는 특징이 있다. 5세기대의 전형적 백제토기가 망라되어 출토된 수혈식 석곽묘로는 표정리 16호분을 예로 들 수 있다.

(4) 분구 옹관묘

분구 옹관묘(墳丘甕棺墓)는 기본 형상은 토광 옹관묘와 같으나 조성방식이 다르다. 지상에 흙을 모아 분구를 만든 다음에 분구 내에 무덤 구덩이를 굴착하고 항아리(甕)를 안치한 것이다. 다만 분구 옹관묘라 할 경우도 매장시설로 옹관 외에 토광이 함께 있는 사례가 적지 않다. 전남 나주와 영암 일대에 남아있는 대규모의 옹관묘들이 이 유형에 속하며, 대안리 6호분과 신촌리 9호분을 그 사례로 들 수 있다

나주 대안리 고분군 중에서 가장 규모가 거대한 6호분은 외형이 방대

형을 이루고 있다. 이 고분은 신촌리 9호분과 함께 반남고분을 대표하는 분구옹관묘이다. 분구의 규모는 동서 44.3m, 남북 34.94m이며, 높이는 서쪽 도랑에서 8.41m, 남쪽의 낮은 지역에서는 7.35m에 달한다. 분구 내에는 모두 9기의 옹관이 개별적으로 매장되어 있다.

이들 개별 옹관은 조사가 이루어지면서 갑관에서 임관까지 간지로 순서가 부여되었다. 이들은 모두 옹관을 위해 전용 토기를 제작하여 만든 것이며, 합구식으로 횡치하였다. 즉 옹관은 분구를 성토하고 여기에 다시 무덤 구덩이를 굴착하여 조성되었으며, 이들은 한꺼번에 만들어진 것이 아니라 순차적으로 조성된 것이다.

대안리 분구 옹관묘의 출토유물을 보면 갑관의 내부 출토품으로 철도자와 유리소옥 및 배(杯)가 있다. 그리고 을관내에서는 금환 1쌍·각종 옥류·대도 등이 출토되었으나 외부에서는 부장된 토기가 보이지 않았다. 병관은 안에서는 유리제옥·철촉·토기병 등이, 정관은 대소옹의 접합부분 동쪽에 토기가 부장되었던 것처럼 보이나 유물대장에는 전혀 기록이 없다. 무관 안에서 철부·철촉·단도·토기소호·반파편 등이 출토되었고 기관은 옥류와 토기·환두대도 등이 출토되었다. 경관은 9호분 중에서 가장 규모가 크고 출토된 유물도 많은데 각종 옥류·토기류·각제도자병·도자편·천 등 많은 양의 유물이 있다. 신관은 대소옹의 접합부분 서쪽에는 3개의 토기가 배치되어 있는 것으로 보인다. 그러나 유물대장에는 출토유물이 전혀 없었다. 임관은 옥류와 토기파편 등이 있다. 한편, 옹관유구와는 직접 관련을 지는 수 없는 개배와 호

류가 봉토 속에서 발견되었다. 이것이 토광이나 토장과 같은 내부주체 시설의 부장품인지는 알 수 없다.

한편 신촌리 9호분도 이 지역에서는 매우 주목되는 분구옹관묘이다. 이 고분은 1917년과 1918년 2차에 걸쳐 조사가 이루어졌지만 조사결과는 그 개략적 내용만이 전한다. 이 무덤도 조성방식이 분구를 만든 다음, 여기에 여러 개의 옹관을 안치한 것이다. 마찬가지로 분구는 개별 옹관이 순차적으로 조성되면서 대형의 분구가 완성된 것으로 볼 수 있다. 신촌리 9호 분구 옹관묘의 분구는 외형이 방대형을 이루고 있다. 분구의 규모는 남북 34.85m이고 높이는 5.46m이다.

신촌리 9호분의 분구 안에는 모두 12기의 옹관이 매장되어 있었고 이들은 상하의 2층으로 구분된다. 윗층에서 조사된 옹관 중 계관이 서쪽의 분구사면에 매장되었고 임관도 분구 사면과 분구의 정상부에 걸쳐 서북쪽으로 치우쳐 있으나 나머지 7기는 분구의 정상부에서 바로 아래에 매장되어 있다. 그리고 하층의 옹관 3기 중 신관은 을관의 아래에, 경관은 병관의 아래에 매장되어 있다.

신촌리 9호 분구옹관묘의 개별 매장부인 옹관의 내용을 보면 다음과 같다. 우선 갑관은 소옹을 서북쪽에, 대옹을 동남쪽에 배치한 합구식 옹관이다. 전체 길이는 210㎝ 정도가 된다. 을관도 합구식 옹관으로 전체 길이는 250㎝이며, 서북쪽에 작은 옹관을 그리고 동남쪽에 큰 항아리를 배치하여 합구식으로 조성하였다. 병관은 분구의 거의 중앙에 매장되어 있는 것으로 작은 항아리를 서북간에, 큰 항아리를 남동쪽에 둔

신촌리 9호 분구 옹관묘

합구식 옹관이다. 전체 길이는 약 230cm에 이르며 이 병관이 위치한 곳에서 30cm 아래에 경관이 자리한다. 정관은 큰 항아리가 서북향으로 배치되어 있는데 전체 길이는 225cm이며, 특히 이 옹관 안에서는 부식되었지만 유골이 판자에 얹혀진 채 발견되기도 하였다. 무관은 장축방향이 남서향으로 놓여져 있다. 그런데 덮개로 사용한 작은 항아리가 없다. 유실된 것으로 보이며, 기관은 분구의 정상에서 동남쪽의 가장자리에 위치한 것이다. 큰 항아리가 북동쪽으로 배치되어 있으며 전체 길이는 310cm이다. 이 옹관묘의 내부에 부장품은 전혀 남아 있지 않지만 작은 항아리와 합구된 서남쪽에 두 개의 토기가 있었다. 신관은 기관의

신촌리 9호 분구 옹관묘 출토유물

바로 아래에 위치한 것으로, 기관을 매장하면서 이 옹관묘의 일부가 파손된 것으로 추정된다.

한편 임관은 동남향으로 놓여 있는 합구식 옹관으로 전체길이는 140

cm 정도의 비교적 작은 것이며 유아용으로 추정하고 있다. 마지막으로 계관은 고분군의 남동에 있는데 옹관 안에서 유해를 얹어 놓았던 것으로 짐작되는 판자가 발견되었다.

신촌리 9호분도 갑관에서는 토기류와 장신구 · 철기류 등이 출토되었다. 을관은 내부 부장품이 매우 화려한 것으로 유명한데, 피장자의 머리부분에 금동관이 있었다. 왼쪽에는 장검 · 창 · 화살을 두고 목과 팔부분에는 장신구가 있으며, 발쪽에는 금동제 신발과 구슬이 가지런히 놓여 있었다. 그리고 병관은 내부에서 장신구와 이기류 · 토기류 등이 발견되었다. 무관 동쪽에 토기 1점이 부장되었고, 옹관 곁에서도 토기 1점과 구슬 1과가 수습되었다. 신관에서 단지 3점 · 개배 1점 · 원통형 식륜 2개가 출토되었다. 계관에서는 유해를 놓았던 판자 위에 작은 단지와 함께 화살촉 · 금환 · 구슬 등이 정연하게 남아 있었다.

(5) 횡혈식 석실분

횡혈식 석실분 자료는 도읍지와 가까운 지역인 화성 마하리 고분군 · 원주 법천리 고분군이 있고, 남쪽으로 청주 주성리 고분군내의 석실분 · 천안 두정동 고분 · 용원리 고분이 도읍지와는 일정한 거리를 두고 있는 것들이다. 이 외에 공주 분강 저석리의 석실분이나 남쪽 멀리 나주 복암리 3호분 내의 석실분 또는 영천고분도 이 시기에 조성된 것들이다. 횡혈식 석실분은 네 벽 조임식 혹은 궁륭식 석실분으로 구분되는데, 구조적으로 정형화되지 않는다는 특징이 있다.

법천리 석실분

　법천리 백제 고분군은 일찍이 청자 양형기 및 초두 등의 유물이 출토
되었던 유적으로 최근의 조사에서 한성기 시대의 것으로 추정되는 다
수의 석실분이 확인되었다. 횡혈식 석실분의 대표적 사례로 1호 석실분
을 보기로 한다.

　법천리 1호 석실분은 1973년의 개략적 조사에서 청동초두와 등자·
비·철검·철모·토기 4점 등의 유물이 수습되었으며, 오른쪽으로 무
덤의 입구와 연도가 설치된 횡혈식 석실분이다. 무덤의 묘실 평면은 길
이가 약간 긴 장방형의 구조이며 길이 320cm, 너비 200cm에 묘실의 천
장부가 파괴되어 잔존 높이는 160cm의 규모만 남아 있다. 묘실의 오른

쪽에 시설된 연도는 개구식으로 길이 180cm에 너비는 110cm이고, 그 앞으로 묘도가 길게 이어지기도 한다. 묘실은 거칠고 불규칙한 돌을 차곡차곡 쌓아서 조성하였는데 큰 돌 사이에 작은 돌을 쐐기처럼 괴어 흔들림을 방지하였다. 묘실의 바닥은 너비 10cm 정도 크기의 강돌을 깔아서 관대로 이용하였다. 앞서 본 유물 외에 조사과정에서 금동제 이식과 금동제 신발이 추가로 수습되었고, 이 외에 마구로 등자와 운주 외에 목관에 사용하였던 꺾쇠와 관정 및 골제품이 남아 있었다.

다음은 청원 주성리 석실분이다. 정원 주싱리 유적에는 원래 삼국시대에서 조선시대에 걸쳐 조성된 다양한 무덤이 있었는데 석실분은 1호와 2호로 2기이다. 이 중에서 1호 석실분은 5세기 초반 백제인에 의해 만들어졌다. 그런데 이 석실분이 7세기대에 이르기까지 다섯 차례에 걸쳐 활용했으며, 마지막 5차의 시상(屍床)에는 신라토기가 부장되어 있다. 이것은 백제의 석실분에 신라토기가 부장된 또 다른 사례로서 유명하다.

주성리 2호 석실분

청원 주성리 2호분도 횡혈식 석실분으로 천장부는 이미 파괴되었지만, 지하로 묘광을 조성하고 그 안에 할석을 사용하여 거의 방형에 가까운 묘실을 조성하였으며, 남벽의 중앙에 묘실 입구 및 연도를 마련한 것이다. 묘광은 길이 690cm 정도로 경사면에 조성하였다. 묘광 안에 만든 묘실은 길이 310cm에 너비 380cm인 역장방형의 구조이다. 묘실의 남벽 중앙에서 약간 오른쪽으로 치우쳐 설치된 입구는 개구식으로 남아있고 전면으로 이어진 연도는 길이 190cm에 너비는 120cm이다. 묘광 내에 묘실을 구축하면서 벽석의 후면은 정교한 판축으로 다졌고, 바닥은 생토면을 그대로 이용하였다. 묘실 내에는 구덩이가 있어 배수 시설이 있었던 것으로 추정하기도 한다. 이 주성리 2호 석실분에서 출토된 유물로는 토기 5점을 비롯하여 관못과 꺽쇠를 비롯, 철제 화살촉·철모·교구 등의 철제품과 다수의 구슬 등이다.

공주의 분강 저석리 고분군은 5세기대에서 7세기 초반까지 조성된 백제 고분 유적으로 약 30여기의 무덤이 조사되었다. 이 중에서 11-14호분은 횡혈식 석실분으로서는 초기형으로 서로 비슷한 유형이다. 그 가운데 13호분을 보면 구릉의 정상부에 지하로 무덤구덩이를 파고, 여기에 묘실을 조성한 것이다. 묘실은 일부만 지하에 있고, 중간 이상은 지상으로 나와있는 반지하식의 구조이다. 묘실 평면은 방형에 가깝고, 남벽의 한가운데에 구멍 내듯이 입구를 특이하게 만든 횡혈식 석실분이다. 묘실은 바닥을 기준으로 길이 256cm에 너비 241cm이다. 높이는 남아있는 부분이 102cm 정도, 벽면만 남아있는데, 이는 무덤구덩이의 깊

분강 저석리 13호 석실분

이와 동일한 수치이다. 괴석 형태의 할석을 사용하여 묘실을 조성하였고, 바닥에서 약 80㎝의 높이까지 한 줄로 축석하여 벽체를 구성하였으며, 이 높이까지는 무덤구덩이가 생토 위에 조성되어 있다. 이후의 벽체는 길쭉한 석재를 사용하여 약간씩 안으로 좁혀 쌓았고, 석재의 후면을 다른 돌로 누르고 다시 거기에 흙을 다짐으로써 안으로 붕괴되는 것을 방지하였다.

분강 저석리 13호분은 남벽에 입구가 마련되었으며, 묘실 바닥에서 3단 축석 위인 50㎝의 높이에 너비 60㎝의 규모로 있다. 이 입구는 서벽에서는 55㎝, 동벽에서는 약 100㎝ 정도 떨어져 있어 약간 좌측으로

분강 저석리 출토유물

편재해 있지만, 거의 중앙에 설치된 것이다. 입구의 서쪽 벽면은 붕괴
되어 약간 일그러진 상태이며, 입구의 규모는 현재 50㎝의 높이는 계
측되었다. 이 입구는 벽면의 중간에 구멍을 뚫은 형태이며, 별도로 연
도가 설치되었는지는 확인이 어렵다.

　분강 저석리 13호분의 바닥은 생토면을 그대로 사용하였다. 암반형
지면을 비교적 정교하게 다듬은 후, 그 위에 5㎝ 정도의 두께로 적갈색

사질성 토양을 한 겹 깔았다. 묘실 내에 남아 있는 유물은 항아리와 대접이 각각 1점, 철제 칼·철제의 손칼·철제 화살촉·철제 도끼 등 철기가 각각 1점씩 있다. 더불어 묘실의 북·동벽 모서리에 적갈색 연질토기를 사용하여 만든 옹관이 함께 조사되었다.

한편 나주 복암리 3호분은 3세기대 옹관묘를 비롯하여 7세기대 백제 횡혈식 석실분 등 약 40여기의 무덤이 함께 있는 분구묘이다. 이 중에서 백제가 한성에 도읍하던 시기에 조성된 것으로 판단되는 것은 제 1호와 2호로 구분되어 있다. 1호와 2호는 구조양상이 비슷하며 앞에서 본 분강 저석리의 13호 및 14호분과도 상통한다. 1호묘를 보기로 한다.

복암리 1호 석실분은 분구의 정상부에 있는 것으로, 묘실의 평면 형태는 장방형이다. 벽체가 위로 올라가면서 약간 안으로 기울었지만 천장부는 전부 파괴되어 확인되지 않았다. 입

복암리 1·2호 석실분

구는 벽체의 한쪽 중간을 구멍 내듯이 만든 것만이 추정될 뿐이다. 네 벽면을 동시에 축조한 것으로 판단되며 바닥은 길이 290㎝ 정도, 그리고 너비는 215㎝ 정도의 규모이다. 그리고 바닥은 작은 판석을 조밀하게 깔았지만 부분적으로 빈 공간도 있다.

한편 입구는 동쪽의 벽면 중앙부에 마련된 것으로 추정되나 파괴되어 정확한 규모를 알 수가 없다. 출토유물은 금제 귀걸이와 함께 장신구 및 토기류가 있다. 목관에 사용된 관못이라든가 꺾쇠도 있다.

3. 무덤으로 본 한성도읍 후기의 백제

1) 한성도읍 후기 무덤의 묘제와 그 전개양상

한성도읍 후기의 무덤으로 도읍지역의 적석총·횡혈식 석실분·목관 토광묘 및 분구묘 등이 있다. 도읍지 이외 지역에는 목관 토광묘를 비롯하여 석곽묘·옹관묘·횡혈식 석실분·분구옹관묘 등이 있음을 보았다. 이들은 분포지역이 도읍지와 도읍지 이외 지역으로 구분되지만 동시에 존재하는 횡혈식 석실분이라든가 목관 토광묘 등의 묘제내용은 크게 다르지 않다. 우선 이 시기 묘제적으로 새롭게 등장한 적석총·횡혈식 석실분·목관토광묘·수혈식 석곽묘의 묘제와 그 존재현황부터 살펴볼 필요가 있다.

적석총은 분구를 석축으로 조성하고 그 속에 매장부를 꾸민 것으로 추정하지만 매장부가 정확하게 조사된 것이 없다. 지금까지 매장부가 확인된 것은 석촌동 4호분에서 추정된 것이 전부이다. 이에 따르면 정상부에 방형의 석축이 있고, 한쪽에 입구로 활용되는 연도형상의 돌출부가 있다. 다만, 실제로 그것이 매장부인지는 정확하지 않다. 따라서 일단 기단식 적석총의 매장시설은 횡혈식의 구조를 지닌 것이라고 추정할 수 있지만 보편화하기는 아직 이르다. 이것을 횡혈식 구조로 추정하는 것은 이 묘제가 고구려의 적석총과 유사한 점이 많기 때문이다.

적석총은 하천 유역의 평지에 입지하는 것이 특징이다. 앞서 언급한 대로 백제의 적석총은 석촌동 고분군 한 지역에 불과하다. 그러나 고구려의 적석총이 대체로 하천의 충적대지에 위치한 것이나, 이전 시기의 것으로 보는 적석묘가 하천의 평지에 위치한 것과 같은 맥락에서 이해할 수 있다. 이 적석총은 지상에 돌을 쌓아 분구 즉 매장부의 보호시설을 만드는 묘제적 특징이 있다. 분구로서 적석 상태는 무덤의 규모에 따라 차이가 있지만 하단에 지대석인 기초석을 부석 형태로 두고, 그 위에 축석하여 단을 만드는데 3단으로 조성한 것이 일반적이다. 적석에 사용한 석재는 거칠게 다듬거나 아니면 자연 석재를 그대로 사용하였는데 하천석보다는 오히려 할석재나 괴석재를 사용한다.

다음으로 한성 도읍 후기에 조성된 것으로 판단되는 횡혈식 석실분은 시원형으로 분류되는 것들이다. 묘제의 형식으로 보면 네벽 조임식이나 궁륭식의 초기형들이 전부인데 도읍지역의 것이나 도읍 이외 지역의 것에서 큰 차이를 발견하기 어렵다. 횡혈식 석실분은 이전의 묘제와는 달리 입구가 설치되어 있으면서 단장이 아닌 다장으로 묘제가 운영된다는 특징이 있는데, 초기의 것들은 단장으로 활용된 예도 적지 않다.

우선 횡혈식 석실분은 적석총과는 달리 낮은 구릉지역이나 산지의 경사면에 조성되는 것이 일반적이다. 경사면을 굴착하여 묘실이 들어갈 수 있는 공간을 확보하고, 여기에 할석 등의 석재를 사용하여 묘실을 조성하는 것이다. 입구는 경사의 아래쪽에 설치하는데 초기형의 경우 입구의 위치가 중앙 혹은 좌·우로 불규칙하게 마련된다. 묘실의 경우 대체로 방형이 많지만 이것도 불규칙하며 장방형의 모습도 있다. 벽면을 할석으로 축석하면서 방형에 가까운 묘실의 천장부를 꾸미기 위해서 네 벽의 상단을 안으로 오므려 좁히는데 발전된 형식은 그대로 궁륭형으로 조성한다. 그러나 일부는 상단에 널찍한 석재를 올려 네벽 조임식으로 절반은 좁히고, 나머지 절반은 평천정으로 조성하기도 한다. 묘실의 바닥은 석재를 깔거나 미약한 형태의 관대를 두지만 일정하지 않다. 더불어 묘실의 벽면에 회를 바르는 경우도 많다.

횡혈식 석실분은 4세기 후반에 백제사회에 등장한 것으로 추정된다. 그런데 이들은 분포범위는 상당히 넓지만 숫자는 오히려 한정되어 있다. 즉 한두 기만이 다른 유형의 무덤 속에 섞여 있는 경우가 많다. 지금까지 발견된 횡혈식 석실분으로서 한성 도읍 후기에 조성되었다고 판단되는 것은 도읍지역인 서울을 비롯하여 경기·충청·전라 지역에 망라되어 있으며, 대체로 1기 혹은 2기 등의 소수만이 확인될 뿐이다.

한편 목관토광묘는 구릉에 입지하는 전형적인 패턴을 갖고 있다. 다만 석촌동 고분군처럼 지형 관찰이 어려운 유적도 있다. 하지만 그러한 것은 이는 예외적 존재로 볼 수 있으며, 토광묘가 조사된 유적 중에 용원리나 신봉동은 산지 구릉을 자리한다는 전형적인 입지선택 양상을 보인다. 다만 산지의 구릉 중에서도 용원리 고분군의 경우 북향사면에 있기에 신봉동의 것과는 차이를 보인다. 이러한 차이는 용원리 유적만의 특징인지 아니면 토광묘 전체에 적용될 수 있는 것인지 아직은 확인하기 어렵다.

목관 토광묘는 지반에 토광을 파고 그 안에 목관을 안치한 다음, 시신을 매납하는 묘제이다. 때문에 단장묘이고, 굴장보다는 펴묻기인 것으로 확인된다. 그런데 그와 관련된 때문인지 묘실의 장축은 대부분 경사방향과 직교하는 등고선 방향으로 이루어져 있다. 이러한 묘실의 장축방향은 토광묘에서는 공통적으로 확인되는 요소이기도 하다. 그런데 토광묘의 장축이 등고선 방향으로 이루어져 있는 것은 이 묘제의 조성 당시 방위개념이 무덤에 적용되지 않았음을 나타낸다. 다시 말해서 당시에 풍수사상이나 방위개념에 근거한 지리적 관점도 이들 무덤을 만들 때는 거의 고려하지 않은 것이라고 보아야 할 것이다. 왜냐하면 토광묘를 조성하면서 장축을 철저하게 등고선 방향에 맞추고 있는 것은 축조의 편의와 밀접한 관련이 있다고 보아야 하기 때문이다.

목관 토광묘의 사용은 지역에 따른 차이는 있겠지만 대체로 한성 도읍 후기에 집중적으로 나타나고, 그 이후에는 자취를 감추는 특징이 있다. 이 목관토광묘의 연원이 어디인가는 아직 불분명하다. 하지만 묘제의 성격상 이전 시기의 토광묘 계통과 관련 있을 것으로 보는 것이다. 나아가 이 묘제는 도읍지만이 아니라 도읍지 이외의 지역에서도 매우 폭넓게 사용되었지만 적어도 5세기 후반대에 이르면 자취를 감춘다.

수혈식 석곽묘는 도읍지역이 아닌 도읍지 이외의 지방사회에서 사용되었다. 한강 이남지역의 경기 및 충청지역에 넓게 자리하고 있는데, 이 묘제는 4세기대에 새롭게 등장한 것으로 볼 수 있다. 입지환경은 대체로 구릉의 경사면에 자리한다. 다만 용원리 고분군의 경우처럼 입지가 북향의 경사면을 선택한 것이 있다. 용원리 고분군은 비단 수혈식 석곽묘만이 아니라 함께 있는 토광묘도 남향면보다 오히려 북향 경사면에 주로 집중되어 있어 무덤의 입지 선정에 지역적 특성이 많이 반영된 것으로 볼 수 있다. 백곡리 고분은 입지 여건상 높은 고지에 묘지를 선정한 예로 주목할 수 있다.

수혈식 석곽묘의 무덤구덩이도 지반을 파서 묘실이 완전히 지하에 안치되도록 하였다. 물론 무덤구덩이는 유적에 따라 차이와 특징이 있다. 앞서 살핀 것처럼 백곡리 석곽묘는 묘실이 반지하식으로 위치한다. 반면에 이외의 석곽묘는 모두 완전 지하식으로 존재한다. 이러한 차이는 유적이 위치한 지역의 차이에서 비롯된 것으로 볼 수 있다.

한편 묘실의 장축은 경사와 직교된 방향 즉, 등고선 방향으로 두는 것이 원칙이다. 입구가 없는 세장(細長)한 장방형 묘실의 배치는 경사방향보다는 오히려 등고선 방향으로 장축을 두는데, 이것은 축조 편의와 효과가 있기 때문이다.

석재는 대체로 할석재 혹은 괴석재를 사용한다. 수혈식 석곽묘가 등장하여 사용이 점차 늘어나고, 묘제가 어느 정도 발전되면 판석재의 사용도 나타난다. 다만 판석재의 경우 대강 다듬은 정도에 불과하다. 묘실 평면은 기본적으로 장방형이다. 그것도 세장형(細長型)이 일반적인데 세장의 정도는 지역 혹은 시기에 따라 차이가 있다. 초기의 것은 평면이 정형을 이루지 않는 특징이 있다. 말각의 장방형을 띤 것도 있고, 어떤 것은 세장방형(細長方型)도 있다. 그러나 석곽묘만 군집되어 있는 유적은 세장형으로 어느 정도 정형성을 보이고 있다. 반면에 다른 것들과 섞여 있는 것, 즉 횡혈식이나 횡구식과 뒤섞여 있는 것들은 기본적으로 장방형을 유지하지만 묘실의 규모에 차이가 있고, 세장 정도에도 큰 차이가 있다. 대표적인 사례로 공주 산의리 유적의 수혈식 석곽묘를 보면 묘실의 세장 정도가 매우 낮아 장방형을 이룬 것이 많다.

묘실 내부시설로서 바닥처리와 시상대 혹은 관대의 유무와 그 형태, 그리고 부곽의 설치문제가 검토될 수 있다. 바닥은 생토면을 그대로 이용한 것·부석한 것 그리고 시상대나 관대가 있는 것으로 구분된다. 수혈식 석곽묘의 바닥시설로는 생토면을 그대로 사용하는 것이 가장 보편적이다. 그러나 바닥을 부석한 예도 적지 않다. 부석 방식은 판석재를 깔거나 잡석을 까는 것이 일반적이며, 그 범위나 형태는 차이가 있다.

바닥시설로 주목할 수 있는 것이 시상대 혹은 관대이다. 생토면을 그대로 이용한 것은 문제가 없지만, 부석한 경우도 묘실의 중앙부분, 즉 시신을 안치하는 곳만 부석한 것이 적지 않은데 이는 시상대 혹은 관대와 관련된 시설로 볼 수 있다. 부장 칸은 부곽이란 말로 부르듯이 부장품을 두기 위해 마련한 것이다. 무덤 출토 유물은 몸에 치장하던 장식품 및 그와 별도로 넣어주는 부장품으로 구분할 수 있으며, 백제고분으로 특이하게 부장품을 안치하는 별도의 시설을 가진 수혈식 석곽묘가 많다.

이 외에 수혈식 석곽묘의 외형 즉 봉분 시설도 있었던 것으로 볼 수 있다. 백곡리 고분군의 경우 비교적 규모를 갖춘 봉분이 남아 있어 다른 유적과는 비교된다. 물론 다른 유적도 표면의 유실을 고려하면 봉분의 존재를 충분히 추정할 수 있을 것이다. 다만 봉분과 관련하여 고려해야 할 것은, 백곡리 석곽묘의 경우 묘실이 반지하식으로 자리하면서 봉분의 형상이 선명하게 남아 있는데 반해, 나머지 석곽묘는 묘실이 완전 지하식이며, 봉분의 존재는 거의 확인되지 않는다는 점이다. 이는 봉분의 규모가 묘실의 위치와 관련이 있지 않는가 추정하게 하는 것이다.

마지막으로 분구 옹관묘는 영산강 유역이란 한정된 지역에 남아있는 묘제로서 백제의 도읍지역인 한성의 묘제와는 상당한 차이를 갖고 있다. 분구옹관묘는 먼저 분구를 쌓아 올리고 여기에 다시 무덤구덩이를 판 다음, 옹관을 안치하는 방식이다. 다만 옹관의 안치가 거듭되면서 분구의 규모를 평면 혹은 수직으로 확대한 것도 확인된다. 대형의 분구 옹관묘에서 매장부인 옹관은 대체로 중첩된 형태로 남아있는 것이 많다. 이것은 순차적으로 반복 조성한 때문이다. 분구 옹관묘는 분구 내에 비단 옹관만이 아니라 토광을 조성한 것도 적지 않다. 이것은 초기에 이 지역에서는 옹관과 토광이 함께 사용되었음을 의미한다. 그러다가 점차 옹관이 주류를 이루었다고 여겨지나 시기나 배경에 대해서는 확인이 어렵다.

이 묘제는 이 지역에 이전부터 존재하던 옹관묘의 전통이 발전된 것으로 보고 있지만, 그것의 출현 배경은 정확하지 않다. 시신을 안치하는 옹관을 특수하게 제작하여 사용한 것이 가장 큰 특징이다. 전용옹관으로 분류되듯이 대형의 항아리를 만드는데, 규모가 2m 내외에 이르는 것이 많다. 2개의 대형 전용옹관 주둥이를 서로 맞춰(合口) 옆으로 뉘여서(橫置) 옹관을 안치하는 것이 기본이다. 이로써 옹관의 규모는 성인의 몸을 곧게 펴서 묻는 방식인 신전장에 충분한 규모를 갖추게 된 것이다.

이처럼 한성 도읍 후기의 백제 무덤은 종류에서 매우 다양하며 그 숫자도 많다. 특히 이전에 없었던 새로운 묘제가 도읍지는 물론 도읍지 이외의 지역에도 폭발적으로 등장한다. 다시 말하면 이 시기는 백제의 묘제에 갑작스런 변화가 나타나는 때로 볼 수 있다. 도읍지의 경우 이전에 사용하던 순수토광묘는 사라지고, 보다 발전된 목관토광묘가 사용되는가 하면 고구려 지역에서 널리 사용되던 기단식 적석총이 등장하며, 그로부터 얼마 후에는 횡혈식 석실분도 나타난다. 그리고 분구묘의 경우도 기단식 적석총의 기법이 가미된 형태로 변화를 겪게 되는데,

물론 이것은 새롭게 등장한 적석총의 영향임을 재언할 필요가 없다.

그런데 백제의 묘제가 적석총에서 횡혈식 석실분으로 전환되는 시기는 백제묘제의 전개로 볼 때 중기에 해당되는데, 이 횡혈식 석실분은 서북지역으로부터 4세기 후반 무렵에 유입된 것으로 본다. 따라서 적석총이 횡혈식 석실분으로 전환되기 시작한 것은 대체로 4세기 후반경이 아닌가 생각된다. 그리고 횡혈식 석실분은 백제사회, 특히 도읍지역에도 이 즈음에 등장하여 적석총과 함께 사용되다가 5세기 중반쯤에 이르면 적석총은 사라지고, 그 대신 횡혈식 석실분만 남은 것으로 추정된다. 횡혈식 석실분의 등장시기를 이와같이 설정하는 근거는 화성 마하리 횡혈식 석실분이나 법천리의 석실분에 있다. 이들은 4세기 후반대에 조성된 석실분으로 판단된다. 여기에 가락동과 방이동의 석실분이 백제 횡혈식 석실분의 초기형태라는 점과 4세기 후반대 백제의 서북지역 진출과 같은 역사적 사실에 근거를 둔 것이다. 더불어 적석총의 하한시기 설정은 석촌동 4호분이나 5호분이 5세기 초반에 조서된 것으로 보는 점을 고려한 것이다.

그리고 도읍지역에 적석총이 등장한 한성 도읍 후기에 목관토광묘도 사용되며, 이 목관토광묘는 도읍지 이외의 지역에서도 매우 폭넓게 사용된다. 따라서 목관토광묘는 백제 토광묘 중에서 가장 많은 수를 차지하여 전체 토광묘의 중심을 이룬다. 그 분포범위가 가장 넓으며, 도읍지역만이 아니라 오히려 도읍지 이외의 지역에서 넓은 분포를 보인다.

도읍지 이외 지역에 있는 수혈식 석곽묘는 지금까지의 자료로 보면 4

세기 중반 혹은 후반대에 등장한 것으로 보아야 한다. 더불어 이 묘제는 경기·충청지역에 집중적으로 나타나는데, 일부는 토광묘와 함께 있는 경우도 있으나 시간이 지나면서 석곽묘만 나타난다. 즉 이들 석곽묘는 등장 초기에는 토광묘와 함께 사용하다가 나중에는 토광묘는 사라지고 유일한 묘제로 남게 되는 것이다.

그리고 분구 옹관묘는 4세기에서 6세기 초반까지 영산강 유역이란 특정지역에 존재하였던 특수한 묘제이다. 묘제적으로 하나의 분구 내에 여러 개의 옹관을 안치하는 일분구다옹(一墳丘多甕)의 득싱이 있어 한강유역의 분구묘와 비슷하지만 상호 연관이 있다고 보기는 어렵다. 아무튼 이 묘제는 한성 도읍 후기의 전기간에 걸쳐 지속적으로 사용되었음은 인정된다. 다만 이 묘제도 수혈식 석곽묘와 마찬가지로 횡혈식 석실분의 확대보급과 더불어 적어도 6세기 전반경에는 소멸되었다.

요컨대 한성 도읍 후반기의 백제묘제로서 도읍지역에는 적석총이 있었으나 도읍 이외 지역에는 수혈식 석곽묘나 분구 옹관묘가 있어 서로 간에 묘제의 차이가 있었음을 알 수 있다. 반면 횡혈식 석실분과 목관토광묘가 도읍지역과 도읍 이외 지역에서 함께 발견되는 경우도 있다. 그러나 도읍지역의 경우 목관토광묘가 한창 사용되는 4세기에 적석총이 등장하고, 이 적석총은 4세기 후반에 등장하는 횡혈식 석실분과 일시적으로 함께 사용되다가 5세기 중반에 이르면 적석총은 사라지고 횡혈식 석실분만 남는 것을 알 수 있다. 더불어 도읍지 이외 지역은 지역에 따라 각기 특정의 묘제가 사용되는데, 대체로 목관토광묘는 전역에 분포하며 지속적으로 사용된다. 그러나 4세기가 되면 경기·충청지역에는 수혈식 석곽묘가 등장하고, 영산강 유역에서는 대형의 분구 옹관묘가 조영된다. 곧이어 4세기 후반에 이르면 횡혈식 석실분이 산발적으로 등장하지만 아직은 횡혈식 석실분이 주류를 이루지는 못한다. 그러다가 5세기 후반에 이르면 횡혈식 석실분은 좀더 넓게 확산되면서 수혈식 석곽묘는 횡구식 석곽묘로 전환되고, 분구 옹관묘는 6세기 초반에 이르면 그 자취를 감춘다.

2) 한성도읍 후기의 백제무덤과 사회

한성 도읍 후기는 시간상으로 4세기 초반에서 웅진으로 천도하는 475년까지를 범위로 잡은 것이다. 이 시기의 묘제는 도읍지와 도읍지 이외 지역으로 구분되며 각각의 특징 있는 것들이 사용되었음을 알 수 있다. 이 시기의 묘제 특성은 이전시기의 묘제에서 크게 탈피하여 새로운 것들이 많이 등장한다는 것이다. 즉 도읍지의 경우 적석총이 등장하여 사용되는가 하면, 이는 다시 횡혈식 석실분으로의 전환이 이루어진다. 그리고 도읍지 이외의 지방사회에서도 전반적으로 전시기에 사용되던 분구묘나 주구 토광묘 혹은 분구묘는 더이상 발견되지 않는다. 청주 신봉동이나 천안 용원리 토광묘 그리고 영산강 유역의 옹관묘 예에서 알 수 있듯이 목관토광묘라든가 목곽토광묘 또는 옹관묘가 집중적으로 조영되고, 일부는 고총고분으로 조영되기도 한다. 나아가 수혈식 석곽묘가 새롭게 등장하는가 하면, 이들 지방사회에 존재하는 무덤들에는 위신재(威信財) 혹은 분사품(分謝品)으로 볼 수 있는 중국제 자기나 환두대도 또는 귀금속류 및 특수형의 토기들이 부장되기도 한다.

한성 도읍 후기의 묘제로서 도읍지에는 적석총이 조영되지만, 그 분포범위가 도읍지에 한정된다는 특징이 있다. 반면 지방사회는 그들의 전통묘제로서 새로운 것들이 계속적으로 사용되지만 규모가 커지고 밀집된 상태로 조영되는가 하면 지역적으로 독자적 성격이 강화해 간다. 특히 도읍지역에 등장하는 횡혈식 석실분이 지방사회에서도 산발적으로 나타나기 시작한다. 물론 횡혈식 석실분은 기존의 묘제 속에 소수 존재할 뿐이며 아직은 넓은 지역으로 확대되지 않아 매우 미약한 수준이다. 아무튼 이 시기는 백제묘제가 중앙과 지방으로 구분되어 묘제의 이원화가 분명하게 나타나는 시기이기도 하다.

그러면 이들 각 무덤에 반영된 백제의 사회상은 어떠한가. 잘 알려져 있듯이 적석총은 외형을 장대하게 조성하는 점을 특징으로 한다. 따라서 이 묘제는 지배층의 묘제로 보고 무덤 자체에 그들의 사회·정치권력이 그대로 반영되었다고 보고 있다. 이는 고총고분의 조성이 정치권력의 성장과 비례한다는 점을 암시하는 것으로, 이를 통해 해당 사회의 성장 정도를 보여주는 것이기도 하다.

사실 고대사회에서 고총고분의 출현은 정치권력과 밀접한 관련이 있다는 것이 일반적 인식이다. 우리나라 삼국시대의 고분문화의 특징은 고총고분의 조영에 있고, 이들의 등장은 삼국시대 각국의 정치권력 성장과 밀접한 관련이 있다고 본다. 따라서 백제의 적석총도 백제라는 고대국가, 즉 막강한 정치권력을 갖고 있는 지배세력의 등장과 그 존재를 연상케 하는데 문제가 없다.

적석총이 백제묘제로서 갑자기 출현하였다는 점에서 그 묘제의 사용 주체를 유이민으로 구성된 집단이라고 보는 것은 전혀 어색하지 않다. 나아가 사회 전체적으로는 적석총과 같은 상징적 조형물을 축조할 수 있는 세력이 등장 또는 성장하였음을 의미하는 것이다. 그럼에도 권력의 상징물인 적석총은 도읍지인 한성지역에만 국한되어 존재한다. 물론 적석총의 분포범위에 대해 한강 상류지역의 적석묘를 토대로 그 분포범위를 확대한다거나 공주 송산리 고분군 내에도 적석총이 잔존된 것으로 보면서 적석묘의 사용 시기를 내려잡는 경우도 있지만, 그럴 경우 이들은 모두 유적의 성격에 대한 구체성이 결여되어 문제가 있다. 그리고 이들 적석총이 축조된 시기가 적어도 3세기 말에서 5세기 중반대에 국한되는 점 때문에 백제의 건국세력 혹은 정치권력을 장악한 핵심세력들이 조영한 무덤이라고 보는 데는 제한이 따른다.

백제의 적석총은 그 묘제의 연원이 고구려에 있는 것으로 본다. 다만 백제의 적석총이 고구려 적석총과 어떤 관계에 있는지 확인하기는 어렵다. 고구려의 적석총은 압록강 중류지역을 중심으로 기원전 3~2세기 경부터 만들어지기 시작하고, 이것이 봉토석실분으로 전환되는 4~5세기대까지 오랜 기간 사용되었다. 따라서 이 묘제는 구조속성도 매우 다양한 형태를 보인다. 예컨대 외형의 경우 평면이 방형·장방형 혹은 원형이라는 차이가 있다. 또한 축석 재료의 차이·기단 시설의 내용이나 단의 수 그리고 매장부의 형태에 많은 차이가 있다. 특히 매장부의 경우 초기에는 돌을 차곡차곡 쌓은 적석 석곽으로 사용하다가 후에는 석실을 채용하는 변화가 나타난다. 고구려의 적석총 중에서 백제의 기단식 적석총과 같은 유형은 후대의 발전된 형식으로 보고 있다. 아울러 외변에 기단이 이루어진 적석총은 매장부로서 석실을 채용하는 것으로 이해하고 있다. 그러나 자료적 한계로 말미암아 고구려의 적석총과 직접 대비하여 그 등장배경이나 연원을 고찰하기는 어렵다.

한편 이 적석총이 사용되던 시기에 도읍지역에 다시 새로운 묘제로 횡혈식 석실분이 등장한다. 그러면서 횡혈식 석실분은 한동안 적석총과 함께 사용된다. 그러다가 결국에는 도읍지역의 유일한 묘제로 횡혈식 석실분이 정착되는데, 그 배경에 대한 이해는 쉽지 않다. 다만 문헌이든 아니면 고고학이든 간에 4~5세기대에 백제의 지배층이 교체되었다고 볼 수는 없으므로, 동일세력이 전통적으로 사용하던 묘제에서 새로운 묘제로 교체한 것으로 보아야 한다. 그런데 이와 관련하여 주목할 수 있는 것은 적석총에서 횡혈식 석실분으로의 교체가 장기간에 걸쳐 이루어진다는 것이다. 즉 이처럼 오랜 기간에 걸쳐 묘제가 교체되는 것은 구성세력의 교체가 아니라 신문물의 수입과 전개라는 측면에서 이해할 수 있는 것이 아닌가 여겨진다.

횡혈식 석실분은 기왕의 백제사회의 묘제에서 보면 새로 들어온 것이고, 나아가 서북지방 계통의 전반적 문화환경으로 미루어 선진의 문물이라는 점에 의문이 없다. 이 시기 백제는 중앙집권적 왕권체계를 추구하는 과정에서 의욕적으로 선진문물을 도입하고자 하였음을 추론하기 어렵지 않다. 특히 토착성이 약한 백제의 지배층은 선진문물에 대한 욕구가 적지 않았을 것이고, 구식의 적석총이 사용되던 과정에서 선진묘제인 횡혈식 석실분은 큰 저항 없이 수용되었을 것으로 볼 수 있다. 그런데 횡혈식 석실분은 비단 도읍 지역만이 아니라 도읍지 이외 지역에도 그 흔적을 남겼다. 이는 백제사회에 횡혈식 석실분의 유입이 비단 도읍 지역만이 아니라 지방사회에도 동시에 나타난 것으로 판단하는 근거가 되며 묘제의 유입시기에 백제사회의 역동적 변화를 반영하는 것이기도 하다.

이 시기에 도읍지를 벗어난 지방의 토착묘제는 오랫동안 독자성을 유지하고 있을 뿐만 아니라 나름의 규모와 형태를 유지하는 특징이 있다. 즉 토광묘와 옹관묘 등과 같은 지방사회의 전통적 토착묘제는 당시 한성지역에서 사용되던 적석총과는 전혀 연계되지 않은 채, 나름의 고유한 독자적 전개상을 연출한다는 것이다. 이러한 전개양상은 토광묘나 옹관묘를 통해 검증된다는 것이 일반적 인식이며, 이 외에 수혈식 석곽묘에서도 선명하게 나타난다.

나아가 수혈식 석곽묘는 토광묘나 옹관묘처럼 백제묘제 전개의 5단계 중 초기나 전기의 전반부 즉, 백제묘제 전개의 초반부에 속하는 사례는 거의 확인되지 않고 있다. 오히려 이들은 4세기 후반에서 5세기의 어간에 걸쳐 조영된 것들이 대부분이다. 즉 이들은 4세기를 넘어 그 이전으로 소급될 수 있는 자료가 없다. 4세기대에 들어와 갑자기 등장하는데, 그럼에도 이들은 횡혈식의 영향으로 횡구식으로 변천되는 5세기 말 혹은 6세기 초반부까지만 존재하며, 나아가 그 나름의 묘제적 독자성을 유지한다.

백제사회에서 목관토광묘의 발생은 토광묘의 일반적 현황에 비추어 볼 때 이전 시기의 순수토광묘와 연계할 수 있으나 단언하기는 어렵다. 다만 한성 도읍 전기의 묘제로 토광묘적 속성을 가진 주구토광묘나 순수토광묘와 비교할 경우 둘 사이에는 공통적 속성이 많다. 특히 주구토광묘의 경우 주구가 존재하는 것 이외는 매장부는 목관토광묘의 전형적 형상을 갖추고 있어 일단 이들과 관련을 두고, 이전 시기의 것이 변천하여 목관토광묘가 사용된 것으로 추정할 수 있다. 다만 4세기대에 이르러 이 묘제가 갑자기 매우 폭넓게 사용된다는 점을 염두에 두면 이의 등장배경을 또 다른 원인에서 추구할 수도 있을 것이다.

다만 새롭게 등장한 수혈식 석곽묘는 그 연원을 한반도의 서북지방에서 구할 수 있을 것이며, 등장 시기는 현재로서는 빨라야 4세기 중반 또는 4세기 후반경에 새롭게 등장하는 것으로 볼 수 있다. 이들은 시간 순에 따라 묘실의 구조에 약간의 차이를 드러내는 것으로 미루어 자체적 변화가 있었다는 것도 알 수 있다. 그러나 입구가 없는 수혈식이면서 단장묘라는 원칙은 고수되며, 이들은 횡혈식 석실분이 확대 사용되면서 횡구식 석곽묘로 변화된다. 변화의 시기는 횡혈식 석실분의 확산 정도에 따라 차이가 있겠지만 대체로 5세기 후반대에 시작되어 적어도 6세기 초반에는 그 흔적이 사라진다.

결국 백제 묘제를 지역과 시기에 따라 구분하고 그 전개현황을 살펴본 결과 도읍지역에만 있는 것과 도읍지 이외의 지역에만 있는 것, 그리고 양 지역에 모두 있는 것들이 확인된다. 이 시기의 백제묘제로서 적석총이란 묘제는 도읍지 중심의 중앙에서, 그리고 도읍지 이외의 지방에서는 적석총 이외의 다른 다양한 묘제들이 사용됨으로써 다원적 묘제의 전개상이 연출되었음을 알게 한다.

이를 종합하면 한성 도읍 후기의 백제 적석총은 도읍지역에서 지배층들이 사용한 묘제로 존재하고 고총고분으로 조영되지만 지방의 묘제와는 거의 관련을 보이지 않는다. 반면에 지방의 전통적 토착묘제도 중앙의 묘제 즉 적석총 등 도읍지역의 묘제와는 전혀 관련을 보이지 않고 지방마다 독자성을 유지하고 있다. 이는 중앙과 지방간에 묘제전개가 이원적으로 이루어졌음을 알게 한다. 그런데 이러한 고분문화의 이원성은 사회 실상을 그대로 반영하는 것으로 추정된다. 즉 적석총을 사용하는 도읍지역의 지배층과 전통적 토착묘제를 사용하는 지방의 재지세력은 상호 이원적으로 분리되어 존재한 것으로 볼 수 있다는 것이다.

적석총이 주묘제로 사용되는 시기, 즉 한성에 도읍하던 후반기의 백제는 사회·정치적으로 비약적인 발전을 이룬다. 즉 고이왕대의 국가체제 확립과 더불어 근초고왕기의 성장·발전을 토대로 거의 완벽한 고대국가 면모를 갖춘 것으로 보기 때문이다. 그러나 이와 같은 성장·발전에 대한 이해를 고분문화에 대입하면, 발전은 오히려 도읍지 내의 중앙세력 혹은 지배층의 움직임만을 대변하는 것이 아닌가 생각된다.

왜냐하면 중앙세력의 영향력이 지방으로 완전하게 파급되었다는 근거를 고분문화에서는 추정하기가 어렵기 때문이다.

물론 백제의 정치·사회 환경, 즉 추상성이 강한 정치 환경이 고분과 같은 물질자료에 직접적으로 반영되었는가 하는 의문이 있다. 또한 왕실을 중심으로 형성된 중앙의 지배세력이 지방의 토착세력을 어떻게 장악하였는가에 대한 내용도 상당부분 미지의 상태로 남아 있다. 뿐만 아니라 중앙과 지방의 총체적인 사회실상을 구체적으로 파악할 수 있는 마땅한 자료나 수단도 결여되어 있다.

고분이라는 물적 자료가 정치 사회적 측면에서 중앙과 지방이 어떤 관계를 유지하였는가에 대해 직접적으로 나타내는 것은 확인이 어렵다. 다만 4세기 말이나 5세기 중반까지 백제의 도읍지가 위치한 한강의 중하류 지역에서 적석총이 사용되었고, 반면에 지방은 토광묘나 옹관묘, 그리고 수혈식 석곽묘와 같은 적석총과는 이질적 묘제가 사용된다는 것은 알 수 있다. 그런데 이와 같이 분명한 독자성을 유지한 채 존재하는 묘제의 환경은 오히려 지방의 정치·사회적 독자성을 암시하는 증거가 아닌가 여겨진다.

따라서 적석총을 주묘제로 하는 지배층은 그들의 묘제를 주변의 여러 집단에게 확대, 보급할 수 있는 환경을 조성하지 못한 것으로 추정할 수 있다. 나아가 이러한 고분문화의 내용은 사회·정치적 환경도 그에 상응하는 상태로 운영된 것으로 볼 수 있다는 것이다.

문헌적 접근의 결과지만 백제는 근초고왕기를 전후해서 완전한 지방

통제를 이룩하여 명실상부한 고대 집권적 왕권체계를 이룬 것으로 보기도 한다. 하지만 고고학 자료를 토대로 고찰되는 내용 중에는 그와 전혀 다른 견해가 제시된 점도 있음을 유의할 필요가 있다. 즉 고분출토의 특정유물을 검토하면서 백제 중앙세력에 의한 지방통제는 적어도 4세기 후반까지 간접적 통제에 머물렀다는 지적이 그것이다. 이는 원주 법천리나 천안 화성리 고분에서 출토된 청자양형기와 같은 특정 유물은 중앙에서 지방의 수장층에 하사된 것으로 보기 때문이다. 다시 말해서 청자양형기와 같은 특정 물품을 매개로 재지 수장층을 포섭하였으며, 그 결과로 지방의 통제가 이루어진 것으로 보는데 이러한 견해는 상당한 설득력이 있다. 이러한 의견은 백제의 지방통제가 적어도 4세기 후반대까지는 아직 직접적 통치체계까지 발전되지 못하고 오히려 간접적 통제 · 장악의 단계에 있었다고 보는 것이다. 물론 관련유물의 성격이나 연대에 의문이 없지 않지만 이를 정치 · 사회적 성격과 관련하여 지적한 내용은 수긍되는 점이 많다.

요컨대 전기의 백제사회에서 중앙세력은 적석총을 그들의 주묘제로 사용하지만, 지방의 토착사회는 나름의 독자적 고분문화를 영위하고 있었다고 볼 수 있어, 이 시기 중앙과 지방간의 고분문화는 이원적으로 존재하였다고 판단된다. 나아가 이러한 고분문화의 이원성은 사회구성의 이원성을 의미하는 것으로 볼 수 있지만 정치 · 사회 환경에의 구체적인 적용에는 어려움이 있다. 다만 5세기대까지 지방사회가 묘제의 독자성을 유지하고 있고, 나아가 모촌리 5호분과 같은 묘제환경을 고려하면, 중앙세력에 의한 지방의 통제는 간접적 지배가 상당기간 지속된 것으로 추론된다.

웅진도읍기의 무덤환경과 백제

1. 웅진도읍기의 백제와 무덤환경

백제의 웅진시대는 고구려의 남진이란 급박한 환경에서 시작된다. 475년 9월 고구려 장수왕은 3만의 대군을 동원하여 한성을 공략, 개로왕을 패사시키면서 8천여 주민을 포로로 잡아 평양으로 개선하는 전광석화 같은 전법을 구사한다. 고구려군의 퇴각 후 남쪽에서 구원군과 함께 한성에 도착한 문주는 왕위를 계승하지만 부득이 웅진으로 천도하게 되는데 그것은 475년 10월의 일이다.

백제의 웅진 정도는 한성에 도읍하면서 오랜 세월 동안 이룩한 국가 역량이 일거에 쇠락된 상태에서 이루어졌기에 국가적 앞날은 결코 순탄한 것이 아니었다. 문주왕은 천도 후 흐트러진 민심의 수습은 물론 발호하는 귀족 및 웅진천도 후 중앙정계에 진출한 지방 세력을 통제할 수 있는 마땅한 수단을 갖지 못하였다. 그 결과 해구에 의해 죽임을 당하였고, 그의 아들 삼근왕이 왕위를 계승하지만 단명에 그치고 동성왕이 왕위에 오르는 것이다.

동성왕이 왕위에 오른 배경에 대해 구체적으로 설명하기는 어렵지만, 그가 왕위에 오른 후 문주왕을 시해하는 등 정권을 농단하던 해구 등의 세력을 처단하는 것으로 미루어 상당한 권력기반을 갖추고 있었음을 알게 한다. 그는 이후 23년여란 오랜 기간 재위하면서 활발한 축성사업을 비롯한 국가체제 정비에 나서는 것으로 미루어 이 시기에 국가의 기강은 물론 국력의 축척도 어느 정도 이루어진 것으로 볼 수 있다.

웅진 도읍 후 백제의 국력회복은 무령왕의 등장으로 괄목할 성과를 이룩하는 것으로 볼 수 있다. 『삼국사기』와 같은 문헌기록에 의하면 동성왕은 그의 말년에 국정을 운영하면서 폭압적 태도를 취하고 전횡을 일삼았던 것으로 전한다. 동성왕은 강화된 왕권을 바탕으로 국정을 전횡하면서 간언을 물리친 것으로 전하는데, 그로 말미암아 백가로 하여금 시해되는 비운을 겪었다는 것이다. 물론 동성왕 이후 무령왕이 등장하는 것으로 미루어 동성왕과 무령왕 간에 정권쟁탈전이 있었던 것으로 추정할 수 있지만 이는 상상에 불과하고, 오히려 삼국사기와 같은 문헌 등에는 혈연관계인 것으로만 전할 뿐이다. 아무튼 백가에 의한 동성왕의 시해는 무령왕이란 새로운 인물의 등장을 가져왔다.

무령왕은 20여년간 재위하면서 유민을 국가 공민으로 정착시키면서 농업을 장려하고 실지를 회복하는가 하면, 남쪽으로의 진출 및 대중국 통교를 활발하게 전개하여 백제의 국세를 이전의 상태로 회복한다. 특히 무령왕은 담로제를 정비하는 것으로 미루어 지방사회에 대한 통제도 강화하고 있는데, 이러한 일련의 정책은 웅진천도 후의 백제가 이제 명실상부한 고대국가의 면모를 다시금 회복하는 계기가 되었다고 볼 수 있다.

무령왕은 천수를 다한 후에 왕위를 그의 아들 성왕에게 물려주는데, 웅진도읍기 성왕의 행적에 대해서는 특별한 내용이 발견되지 않는다. 관련 기록에서 중국과의 교섭이라든가 혹은 대통사지의 창건 등 일련의 사건들은 발견되지만 크게 주목되는 것은 아니다. 다만 무령왕기에 확립된 왕권을 바탕으로 국력강화에 한층 정진하였을 것으로 보는 데는 문제가 없다. 성왕은 재위 18년인 538년에 도읍을 사비로 다시 옮길 수 있는 원천이 안정된 왕권과 강화된 국력을 바탕에 있었음이 분명하기 때문이다.

백제가 웅진에 도읍한 기간은 63년 정도로 매우 짧다. 더불어 고구려의 남진이란 급박한 환경에서 천도가 이루어졌기에 웅진 자체가 도읍으로서의 면모를 갖추기도 어려웠을 것이다. 그러나 웅진으로의 천도라는 커다란 사건에도 불구하고 백제의 정체성은 지속된 것으로 보아야 한다. 그리고 묘제환경도 이전 시기 즉, 한성도읍 후기의 환경이 그대로 이어졌다고 보아야 할 것이다.

웅진도읍기의 백제묘제 환경은 한성 도읍 후기의 환경과 크게 다르지 않을 것으로 볼 수 있고, 도읍지는 물론 도읍 이외 지역도 큰 변화는 없는 것으로 판단된다. 우선 도읍지였던 웅진에는 여전히 횡혈식 석실분이 사용되고 있다. 이 횡혈식 석실분은 초기형의 것으로 판단할 수 있는 궁륭식이 집중적으로 조영되는데, 이는 이전의 도읍지였던 한성지역에서 충분히 발전한 것이 이입된 것이다. 나아가 웅진 도읍 후반기에 이르면 횡혈식 석실분으로서 궁륭식은 다시 터널식이나 아치식으로 변화된다. 이 외에 도읍지역에는 소수지만 옹관묘나 수혈식 석곽묘도 남아 있다. 그러나 옹관묘나 수혈식 석곽묘는 독립된 형태로 존재하는 것이 아니라 횡혈식 석실분에 부수된 형태로 있어 이미 소멸단계에 접어들었음을 알게 한다.

한편 백제가 웅진에 도읍하던 시기의 도읍지역 묘제 중에서 가장 주목되는 것은 전축분이란 새로운 묘제의 등장이다. 웅진도읍기에 도읍지역에 나타난 전축분은 백제 고유의 묘제는 아니며 중국의 남조와 교류를 통해 새롭게 도입된 것이다. 때문에 이 전축분은 웅진 도읍기에 도읍지역에만 유일하게 존재하는 특징을 보인다.

도읍지 이외 지역의 묘제는 한성 도읍 후기에 사용되던 것들이 큰 변화없이 그대로 이어지고 있다. 다만 한성 도읍 후기의 묘제가 웅진으로 천도한 초기에는 그대로 이어지나 점차 시간이 경과되면서 커다란 변화가 나타난다. 물론 변화를 촉발시킨 정점에 있는 것은 횡혈식 석실분이다. 횡혈식 석실분은 한성 도읍 후기에 백제사회에 등장하여 도읍지와 마찬가지로 도읍지 이외 지역에도 파상적으로 확산된 묘제이다. 그런데 이 묘제는 웅진도읍기에 이르면 보다 크게 확산이 이루어지면서 지방사회의 묘제에 영향을 끼치기 시작한다. 그 결과 웅진 도읍 초기에 목관 토광묘가 존재하지만 점차 자취를 감추고, 수혈식 석곽묘도 이전의 내용이 일부 남아 있지만 횡구식 석곽묘로 변화된다. 특히 영산강 유역의 분구 옹관묘는 이들 횡혈식 석실분이 확대되면서 완전히 그 자취를 감추고 만다.

이상의 내용을 종합하면 백제가 웅진에 도읍하던 시기에 사용된 묘제는 도읍지역에서는 횡혈식 석실분·수혈식 석곽묘·옹관묘 등이 사용되었음을 알 수 있고, 특히 전축분이 새롭게 등장하여 사용되었음이 주목된다. 횡혈식 석실분은 초기형인 궁륭식 석실분이 많은데 이들은 형태적으로 정형화된 것이 대부분이다. 공수 송산리 고분군·웅진동 고분군·보통골 고분군 등이 대표적 사례이다. 더불어 궁륭식의 변화로 터널식·아치식이 사용되는데, 공주의 금학동 고분군 및 주미리 고분군 등이 그 예이다.

한편 수혈식 석곽묘로는 공주 산의리 고분군이 있지만 시기적으로 5세기 중반대 쯤으로 편년되어 이것이 웅진도읍기의 자료라고 보기는 어렵다. 이를 제외하면 송산리 고분군 내에 있는 2기 등만 지적될 수 있는데, 이들은 횡혈식 석실분군 속에 부수적으로 존재할 뿐이다. 옹관묘도 횡혈식 석실분군 속에 부수적으로 존재하는 바, 웅진동 고분군이라든가 보통골 고분군 속에서 확인된다. 전축분은 그 묘제적 특수성과 피장자의 특수성으로 말미암아 시간 및 공간적 한계가 있으며, 자료는 공주 송산리 고분군 및 교동 고분군 뿐이다.

웅진도읍기 도읍지 이외 지역의 자료는 횡혈식 석실분으로 익산 입점리 1호분이라든가 군산 산월리 석실분 그리고 영산강 유역의 나주 복암리 고분군 내에 있는 횡혈식 석실분 초기형을 들 수 있다. 반면에 토광묘 자료는 거의 발견되지 않는 대신 수혈식 석곽묘는 일부 지역에서 여전히 그 명맥을 유지하고 있다. 대표적 사례로 논산 모촌리라든가 익산 웅포리 고분군 내의 일부 석곽묘를 그 예로 들 수 있다. 이들 석곽묘는 횡혈식 묘제의 영향으로 횡구식 석곽묘로 변화하는데 논산 도구머리 고분군이라든가 공주 산의리 고분군의 횡구식 석곽묘가 대표적 사례들이다.

2. 웅진도읍기의 백제무덤과 출토유물

웅진 도읍기에 도읍지역에서는 한성도읍 후기에 등장한 횡혈식 석실분이 보편화되면서 적석총은 사라지고 그 대신 전축분이 새롭게 등장한다. 그리고 도읍지 이외 지역의 경우 이전에 사용되던 묘제 중에서 토광묘가 자취를 감추어가고, 수혈식 석곽묘 또한 점차 사라지면서 이들은 횡구식 석곽묘로 변화되어 간다. 동시에 영산강 유역의 분구옹관묘가 점차 사라지고 도읍지역에 보편적으로 사용되는 횡혈식 석실분이 확대된다. 이 시기의 묘제는 횡혈식 석실분·전축분·횡구식 석곽묘 외에 옹관묘가 있다.

1) 도읍지역
웅진도읍기의 도읍지 범위는 매우 한정적이다. 지금의 충남 공주지역이 그에 해당되지만 북으로는 금강을 경계로 그 남쪽을 도읍지의 범위로 삼을 수 있고, 남쪽으로는 공주 시가지의 남변에 위치한 남산이 둘러쳐져 있는 범위를 그 한계로 볼 수 있다. 이는 공주가 분지형의 지형을 이루며, 사방이 산으로 막혀 있어 도읍 범위를 이 분지형 지역 안으로 한정할 수 있기 때문이다. 다만 남쪽으로는 그 범위가 확대될 수 있겠지만 지금의 부여와 공주의 경계는 벗어날 수는 없을 것이다. 이 범위에서 백제가 웅진에 도읍하던 시기에 조성된 것으로 판단되는 묘제는 횡혈식 석실분과 전축분 그리고 수혈식 석곽묘 및 옹관묘가 남아 있다.

(1) 횡혈식 석실분

횡혈식 석실분은 한성도읍 후기에 등장한 묘제였고, 웅진 도읍기에는 도읍지역 안에서 이 묘제가 보편적으로 사용는데, 그것도 완전하게 발전된 정형적 형상을 갖춘 형태로 만들어진다. 즉 웅진으로 천도한 직후부터 만들어진 횡혈식 석실분은 궁륭식으로 분류되는 것으로 천정의 가구가 전형적 궁륭상을 띠고 있다. 입구 및 연도의 경우 묘실의 오른쪽에 통일적으로 시설하는 우편재의 긴 연도, 방형에 가까운 묘실, 묘실 바닥에 자갈이나 판석재를 묘실에서 밖으로 이어지는 배수로를 설치한다. 그러나 하면, 할석재를 사용하고, 묘실의 벽면에 회바름을 하는 등의 통일적 구조양상을 갖추게 된다. 그런데 이처럼 정형적 형상을 갖추었던 궁륭식 석실분은 웅진도읍기 후반에 이르러 무령왕릉과 같은

횡혈식 석실분(산의리 고분)

전축분이 등장하면서 구조 변화를 일으켜 터널식과 아치식이란 새로운 형식으로의 변화가 나타난다. 도읍지역에서 발견된 궁륭식 석실분의 대표적 사례는 공주 송산리 고분군을 들 수 있다.

공주의 송산리 고분군은 유명한 무령왕릉이 자리한 유적으로 전축분 인 무령왕릉 외에 나머지 석실분은 궁륭식으로 구분할 수 있으며, 1-4 호분으로 구분된 것이 대표적인 궁흥식이다. 이중에 4호분을 보면 외형은 전혀 확인되지 않았지만 미약한 형태의 봉토가 있었던 것으로 추정된다. 이 고분은 도굴로 훼손되었던 것을 1927년에 수습 정리하였다.

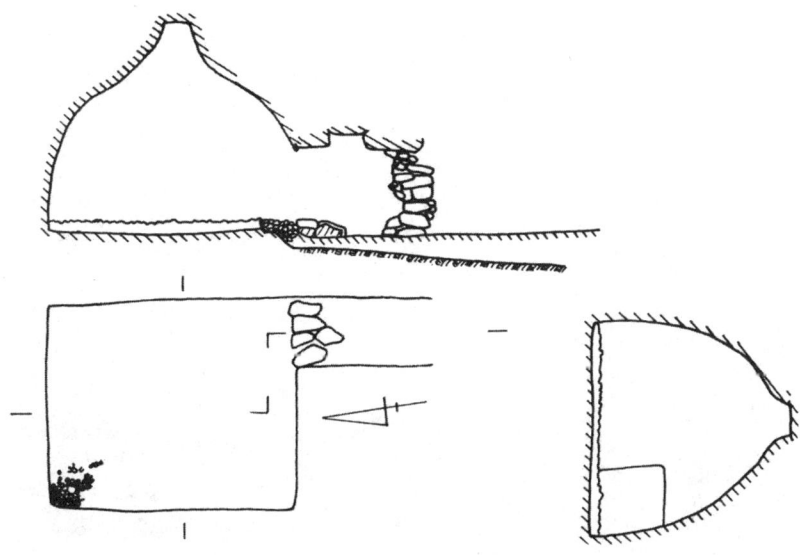

송산리 4호 횡혈식 석실분

　이 송산리 4호분은 남향의 경사면에 지하로 무덤구덩이를 조성하고
할석으로 입구 및 연도를 갖춘 묘실을 구축하였다. 묘실은 평면이 거의
방형에 가깝고, 장축은 남북을 기준으로 약간 동쪽으로 기울었지만 경
사방향과는 일치한다. 묘실의 규모는 남북의 길이가 345㎝이고 동서의
너비는 350㎝, 묘실 중앙에서의 높이는 280㎝로 확인되었다. 조사 당
시에 묘실의 바닥에서 봉토가 남아 있는 부분까지 373㎝의 높이로 확
인되었다.

　송산리 4호분의 묘실 벽면은 동·북·서 3면의 경우 가운데 배가 약

횡혈식 석실분 천장부 형상(송산리 5호분)

간 불러 있어 약간 팽배한 형식인데, 이것은 토압을 방지하기 위한 기술적 배려로 추정된다. 벽체는 벽돌 형태의 할석을 사용하여 일정 높이까지 수직으로 쌓아 올리다가 상단에서 약간 안으로 기울여 좁힌 다음, 천정에서는 원형으로 말듯이 돌려쌓아 정확한 궁륭형의 천정을 표현하고 있다. 가장 상단부에 50㎝ 너비의 원형 만입부가 남게 되는데, 여기에 1매의 석재를 덮어 마무리하였다.

송산리 4호분 묘실 남벽에 설치한 연도는 너비 90㎝, 길이 210㎝ 그리고 높이 120㎝의 규모로 우편재로 시설되어 있고, 연도는 물론 그 외부 약 150㎝의 범위까지 할석과 강회로 견고하게 폐쇄하였다. 묘실의 바닥에는 배수로가 설치되어 있으며 배수로는 잡석으로 채워져 있다. 묘실의 바닥 전면에는 강자갈을 깔았으며 연도 부분까지 정교하다.

터널식은 궁륭식에서 변천된 무덤형식으로 대표적 사례는 공주 금학동 고분내의 1호분·신기동 고분군의 1·2호분·공주 주미리 고분 등을 들 수 있다. 금학동 1호분은 생토면을 파고 지하로 구축한 것인데 묘실을 터널 형태로 만든 대표적 사례이다. 이 무덤은 조사 당시에 유구의 상단부가 이미 상당 부분 깎여 나간 상태였기 때문에 표식시설인 봉토가 있었는가의 여부를 확인할 수가 없었다. 장방형의 묘실에 입구 및 연도는 동벽으로 이어진 상태로 남벽에 설치되었으며, 천정은 완전한 터널식이었다. 묘실의 장축은 남북을 기준으로 동쪽으로 약 6° 가량 기울어진 상태이다.

금학동 1호분의 묘실내 벽면은 벽돌형태의 할석으로 축조되었는데, 모두 하단에 비교적 큰 석재를 두고, 위에는 면을 묘실 쪽으로 낸 길쭉한 할석을 사용하였다. 전반적인 축조상태는 단벽인 남북의 벽에 장벽인 동서의 벽을 기대면서 쌓아올린 모습이다. 즉 동서의 긴 벽은 70㎝ 높이까지는 수직으로 쌓아 올리다가 점차 안으로 좁히면서 만곡의 형태를 이루도록 하였는데, 서쪽의 벽면도 마찬가지 방식으로 축조하여 동서의 양쪽 긴 벽이 천정부에서 서로 맞닿아 터널형의 묘실을 이루도록 한 것이다. 천정부에서 동서의 벽면이 맞닿는 부분은 대형 판석재를 나란히 덮어 마무리하였다.

금학동 1호분 남벽에 설치된 입구는 문틀시설이 없는 개구식으로 묘

금학동 1호 횡혈식 석실분

실의 동벽에 연하여 있고 너비 55㎝, 높이 55㎝의 규모이다. 이에 연하여 길이 170㎝ 정도의 연도가 설치되었는데 전면에 긴 묘도가 연결된 상태이다. 묘실에 백회의 흔적이 적지 않게 남아 있는 것으로 미루어 전체에 회바름이 이루어졌던 것으로 보인다. 묘실 바닥에는 배수로가 설치되었는데 생토면에 배수로를 파고 그 위에 납작한 판석재를 덮었다. 묘실 바닥 전체에 판석재를 깔고, 그 위에 단단하게 회를 발라 마무리 했다. 유물은 관못 뿐이다.

　마지막으로 아치식은 터널식과는 달리 전후 벽면에서 천정부의 만곡을 주어 조성한 것인데 공주 금학동 고분군에 그 사례가 적지 않게 남

금학동 2호 횡혈식 석실분

아 있다. 대표적인 예로 2호분을 들 수 있다. 이 고분도 조사 전에 이미 상당한 정도로 지면이 깎여 나간 상태였기 때문에 외형을 확인할 수 없 었다. 나아가 조사 당시에 이미 천정석이 제거되었고 묘실의 내부에 흙 이 가득 찬 상태로 있었던 것이다. 그러나 기본적 구조양상은 잘 남아 있었으며 전형적 횡혈식 석실분이다. 묘실의 남벽에 입구 및 연도를 동 벽에 연하여 설치하였다. 전후의 남북 쪽 벽체를 오므리고 동서의 벽면 을 수직으로 올려 묘실 전체가 아치형 구조를 갖춘 것이다.

　금학동 2호분의 묘실은 지하로 굴착된 무덤구덩이 안에 완전 지하식 으로 구축되어 있다. 남북의 길이는 203㎝, 동서 너비 108㎝였으며 높이는 중앙에서 130cm이다. 벽면은 비교적 큰 할석형의 석재를 하단에 놓고 그 위에 납작하고 길쭉한 할석형의 판석을 뉘어 쌓았는데, 벽면과 바닥 전체를 백회로 발랐다. 연도는 묘실의 전면에 동벽에 연하여 우편재로 설치되었는데 입구는 너비 50cm, 높이 60cm의 크기이며 연도의 길이는 124cm이다. 연도의 전면에 310cm의 길이로 묘도시설이 갖추어져 있다. 이곳에는 배수시설이 있다.

금학동 2호분의 묘실 바닥은 전면에 회를 바른 흔적이 남아 있는데, 생토면에 배수로를 설치하고 그 위에 판석을 깐 다음, 회를 바른 것으로 보인다. 배수로는 연도 부분까지는 뚜껑돌을 덮었지만 연도를 벗어나서는 배수로에 잡석을 채우는 형식으로 조성되었다. 출토유물은 관못 뿐이다.

(2) 전축분

전축분은 묘제적으로 횡혈식의 구조를 지니고 있지만, 축조재료가 단지 벽돌이란 차이가 있을 뿐이다. 전체적인 무덤 구조는 횡혈식 석실분과 크게 다르지 않다. 그러나 이 묘제는 백제 고유의 묘제가 아니고 중국에서 유입된 것이다. 때문에 백제의 전축분은 이 묘제가 도입되던 시기인 웅진시대에만 국한되어 사용되었다. 백제 전축분의 사례는 공주 송산리 고분군내의 6호 전축분과 무령왕릉이 있을 뿐이다. 물론 이 외에 교동의 고분으로 알려진 자료가 있는데 이것은 축조가 중지된 것으로 보고 있다. 이 외에는 벽돌이 부분적으로 사용된 것이 전부이다. 송산리 6호분과 무령왕릉의 내용을 보자.

송산리 6호분은 남북을 장축으로 취하고 있는 전축분으로 묘실은 정남에서 7°정도 동쪽으로 치우쳐 있다. 묘실의 크기는 길이 370cm, 너비 224cm, 높이 313cm이다. 묘실을 축조하기 위하여 먼저 필요한 만큼의 넓이로 묘광을 파고 바닥에 벽돌을 삿자리 모양으로 깔았다. 바닥의 벽돌은 위쪽을 이중으로 쌓았고, 연도의 입구 중앙 가까이에 홈을 파서 묘실 바닥 밑에 배수구를 마련하기도 하였다. 이 배수구는 연도 바닥을 지나 전면 벽체의 밑을 통과하게 하였는데, 경사도를 두어 배수가 잘 되도록 하였다. 네 벽은 문양전을 가지고 길이모쌓기와 작은모쌓기로 쌓아 올렸다.

송산리 6호분의 묘실 가운데 남북의 양벽은 수직에 가깝고 동서의 양벽은 내경하여 맞조여 쌓아서 터널형의 천정을 이루

송산리 6호 전축분

고 있다. 위쪽 중앙의 동쪽에 전축의 관대가 마련되어 있으며, 네 벽에는 사신도를 그렸다. 동서 양벽에 각 3개, 북벽에 1개 등 모두 7개의 등감이 마련되어 있다.

　무령왕릉은 6호분 배수로 공사 도중에 우연히 발견되었다. 남향사면의 지맥 말단에 자리하고 있는데, 주변에 있는 다른 고분과는 달리 봉토가 눈에 띌 정도로 남아 있었다. 일반적인 백제 횡혈식 무덤과 마찬가지로 지하로 무덤구덩이를 파고 그 안에 묘실을 구축하였는데, 특별히 벽돌을 이용하여 묘실을 만든 전축분이다. 평면은 장방형이며, 남벽의 중앙에는 연도가 달려 있다. 묘실의 규모는 길이 420cm, 너비 272cm이며, 높이는 293cm이다. 벽돌을 쌓은 방법은 4매의 벽돌을 뉘어서 쌓고 다시 1매의 벽돌을 세우는 소위 4평1수의 축조방식으로 이루어져 있다. 이러한

무령왕릉

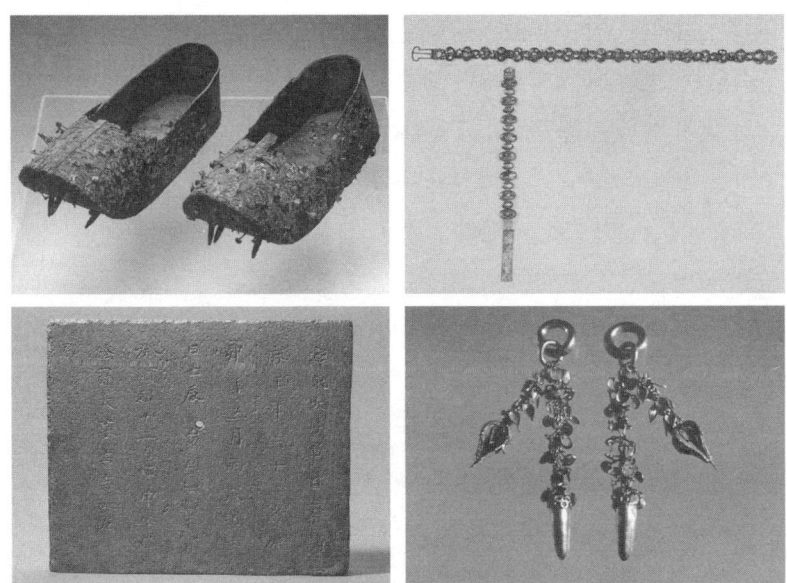

무령왕릉 출토유물

축조방법은 천정부까지 그대로 지켜지고 있다. 천정은 터널형이며, 따라서 벽체를 둥글게 만들기 위하여 벽체에 곡률이 시작되는 부분부터 사다리꼴의 벽돌을 특별히 제작하여 사용하였다. 벽에는 등감과 가창이 만들어져 있는데 장벽에 2개, 그리고 북벽에 1개 등 모두 5개의 등감이 마련되어 있으며, 그 아래쪽에는 가창이 마련되어 있다.

무령왕릉의 연도는 길이 290㎝, 너비 104㎝, 높이 145㎝의 크기로서 묘실과 똑같은 방식으로 벽돌을 쌓아올려 만들었다. 바닥에는 벽돌을 삿자리 모양으로 한 단 높게 깔아서 전면을 관대로 사용하고 있다. 묘실에서 지석과 관식 등 많은 유물이 출토되었다.

전축분은 백제의 묘제로서는 특수한 유형이다. 묘제 자체가 백제 고유의 것이 아니고 중국에서 유입된 것이며, 나아가 왕실에서 왕릉으로 조성된 것만 남아 있기에 여기서 출토된 유물도 특수한 것들이 대부분이다. 특히 무령왕릉은 무덤의 품격에 어울릴 만큼 다양한 유물이 출토되었다. 무령왕릉 출토품은 109종 300여점으로 집계된다.

(3) 옹관묘

웅진도읍기의 옹관묘는 독립적 군을 이루지 못하고 횡혈식 석실분에 부수적으로 존재하는 것이 대부분이다. 묘제적으로 토광을 갖추고 있는 것 외에 석곽 및 횡혈 구조를 지닌 것도 있어서 다소 특수성이 있지만 대체로 개별적으로 발견되는 것들이다.

옹관을 안치하는 묘실로서 석곽을 갖추고 있는 것도 있는데 대표적 사례는 공주 봉정리 옹관묘이다. 이는 묘실이 할석으로 쌓은 수혈식으로 길이 165㎝, 너비 55㎝, 높이 60㎝의 규모이다. 석곽 안에 4개의 옹관이 안치되었는데 고임돌을 사용하였다. 옹은 모두 구연을 파괴한 것으로 횡치하면서 토기편으로 입구를 막았다.

석실 천정은 장대석을 좌우 벽에 걸쳐 덮었다. 이 외에 공주 웅진동 79-9호분도 석곽 옹관묘로서 횡혈식 석실분이 밀집된 지역에 있으며, 8호로 구분된 횡혈식 석실분과 거의 인접된 형태로 있는 것이다. 방형의 조그만 석곽을 만들고 그 안에 옹을 안치한 옹관묘로 단옹이며, 옹

봉정리 옹관묘

을 횡치시키면서 옹관의 입구는 돌로 막았다. 석곽은 길이 82㎝, 너비 67㎝, 높이 60㎝의 규모이다. 옹관은 회색 연질에 승석문이 있으며 어깨부분이 팽창된 것으로 바닥이 좁다. 옹관은 높이 48.3㎝이고, 입지름 22.2㎝, 몸체의 지름은 45㎝ 크기이다.

이들 석곽 옹관묘의 특징은 옹을 관으로 사용한다는 점에서 일반 옹관묘의 성격을 그대로 나타내지만 옹관을 안치하는 시설을 석곽으로 조성한다는 점에 있다. 따라서 석곽 옹관의 묘제와 장제적 특징의 상당부분은 토광 옹관묘와 같은 맥락에서 이해할 수 있는 것이다.

한편 웅진동 1호분으로 구분된 옹관묘는 횡혈 옹관묘이다. 이 유구가

웅진동 1호 옹관묘

자리한 고분군은 횡혈식 석실분 밀집 지역이지만 이 옹관묘와 관련시킬 수 있는 석실분은 발견되지 않는다. 화강암반을 파내어 길이 155㎝, 너비 138㎝, 높이 110㎝의 묘실을 조성하고 3개의 옹을 안치하였다. 옹은 비스듬히 세운 것과 눕혀 있는 것으로 구분되며 자연석을 뚜껑으로 사용하였다. 유물은 없고 토기는 난형의 회흑색 경질토기로 승석문이 시문된 것, 회청색 경질에 격자문이 시문된 것, 회색 경질의 무문이다.

이 외에 보통골 9호 옹관묘도 석곽 옹관묘이다. 본래 보통골 고분군은 횡혈식 석실분으로 이루어진 유적인데 옹관묘와 가까운 석실분이 약 7m나 떨어진 거리에 있어 둘 사이의 관련을 추정하기 어렵다. 석축의 곽 안에 옹관을 안치한 것으로, 석곽은 북쪽에 2단만 남아있으며 높이 30㎝, 길이 140㎝의 규모이다. 단옹식으로서 옹은 완전 파괴되었으나 회흑색에 소성도가 매우 높은 경질토기이다. 기형은 장난형으로 원저에 경부가 생략된 채 구연을 넓게 외반시킨 것으로 입지름 21.7㎝, 높이 58.5㎝, 몸체의 지름은 45㎝로 파악되었다.

(4)수혈식 석곽묘

수혈식 석곽묘는 사비 도읍 후기에 새롭게 등장한 것으로 금강유역에서 많이 사용되었다. 웅진으로 도읍을 옮긴 후에도 이 수혈식 석곽묘는 어느 정도 명맥을 유지하고 있는데, 웅진 지역은 백제가 한성에 도읍하던 시기에 지방사회였기에 이 수혈식 석곽묘의 분포범위에 속한다. 그럼에도 도읍지역의 수혈식 석곽묘는 사례가 많지 않고 공주 송산리 고분군 내에서 2기가 남아있을 뿐이다. 다만 이러한 존재는 이들 외에 더 많은 수혈식 석곽묘의 존재를 추정할 수 있지만 현재로서는 더 이상 확인되지 않고 있다. 도읍지역의 수혈식 석곽묘는 송산리 고분군의 7호분과 8호분으로 이들은 모두 횡혈식 석실분과 함께 있다.

송산리 7호분은 도굴되었는데 지하로 묘광을 파고 그 안에 할석으로 묘실을 조성하였다. 묘실은 장방형이며 길이는 약 2.5m 정도의 규모이다. 묘실은 장축이 경사방향으로 자리하고 있어 다른 수혈식 석곽묘와는 차이가 있으며 벽면에는 백회를 바르고 바닥에는 강자갈을 깔았다.

묘실 내에서 옥류와 은제의 6엽 화형장식이 출토되었으며 목관에 장식하였던 것으로 보이는 은제품이 남아 있다.

송산리 8호분도 지하로 묘광을 파고 묘실을 석축으로 조성하였다. 길이 2.5m에 너비 0.8m의 규모의 묘실은 7호분과 마찬가지로 경사방향으로 장축을 두고 있다. 벽면은 0.7m의 높이까지는 수직으로 쌓아올렸으며 상단에서 약간 안으로 들여쌓은 다음 천정석을 올렸다. 바닥에는 강자갈을 깔았고 묘실 내부에 토기와 은제의 화형장식이 남아 있었다.

2) 도읍지 이외 지역

웅진시대의 도읍지 이외 지역은 한성도읍 후기와 마찬가지로 백제의 전성기 강역을 그 범위로 삼아야 할 것이다. 금강유역에 도읍한 이후의 시기로 전라지역은 여전히 백제의 강역이었고, 한강 유역의 경우 그 북쪽은 잃었지만 한강 이남은 여전히 백제의 강역으로 볼 수 있기 때문이다.

웅진도읍기 도읍지 이외 지역의 묘제로는 횡혈식 석실분 외에 그 이전에 사용되던 수혈식 석곽묘도 여전히 남아 있지만 점진적으로 횡구식으로 변화되었다. 이 외에 영산강 유역의 분구 옹관묘도 말기형이 남아 있었던 것으로 추정되나 정확한 시기편년이 어려운 상태이다. 더불어 옹관묘의 경우도 이전과 마찬가지로 존재하지만 여전히 다른 묘제의 부수적 형태로 남아 있을 뿐이다. 따라서 이 시기의 묘제는 횡혈식 석실분과 수혈식 석곽묘, 그리고 횡구식 석곽묘 및 옹관묘를 중심으로 형성되어 있다.

웅진도읍기 횡혈식 석실분의 사례로서 대표적인 것은 익산시 입점리 1호분을 들 수 있으며, 이 외에 보령 보령리 고분·논산 도구머리 고분 등을 들 수 있다. 아울러 나주 복암리 3호분의 96년 조사고분도 이 시기의 것으로 추정하고 있다.

먼저 익산시 웅포면의 입점리 1호 석실분은 자리하는 것으로 수혈식 석곽묘 및 횡구식 석곽묘와 함께 횡혈식 석실분이 다수 조사된 유적에 포함되어 있다. 1호 석실분은 남동사면의 중턱에 자리하고 있는 것으로 조사 전에, 분구의 외형이 원형으로 남아 있었다. 묘광은 산의 경사면을 파서 조성한 것인데 묘실을 지하에 아우를 수 있도록 깊게 조성하였다. 묘광 내의 묘실은 할석을 사용하여 축조하였는데, 평면은 방형에 가까운 장방형이며 묘실의 우측으로 연도와 입구가 마련되어 있다.

입점리 1호 석실분의 묘실은 네 벽면을 수직으로 올리다가 위에서 궁륭식의 천정으로 구성하였는데 천정부에는 약간 규모가 있는 판석을 올려 마무리하였다. 묘실의 규모는 길이 262㎝, 너비 242㎝ 그리고 높이는 240㎝이고, 연도는 너비 85㎝에 길이 128㎝이다. 묘실의 바닥에는 굴껍질과 조개껍질을 깐 다음, 그 위에 자연 판석을 깔았다. 묘실 내에서 금동제 관모를 비롯하여 각종의 장신구와 마구 및 토기 등 다량의 유물이 수습되었다.

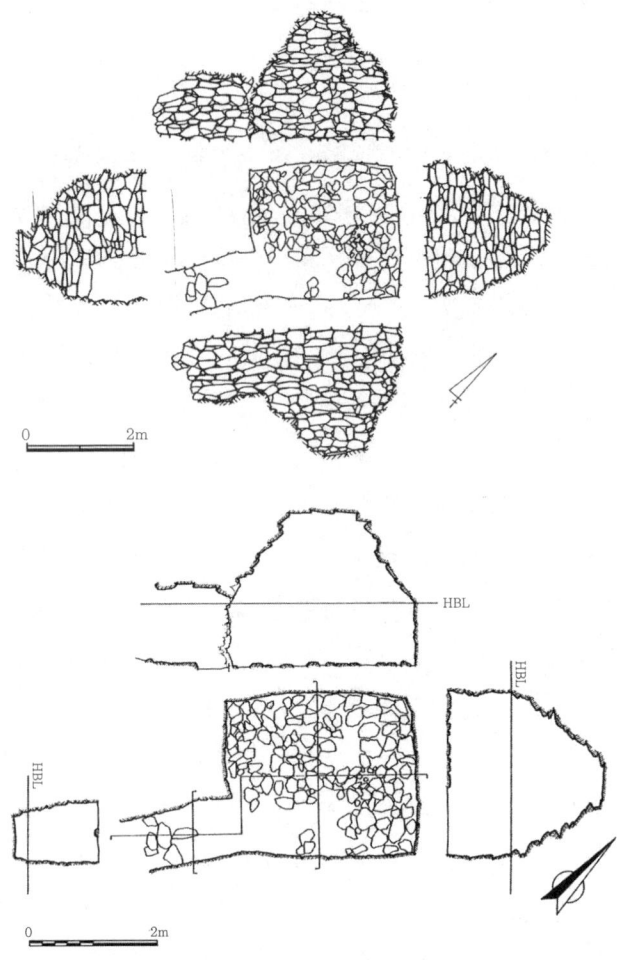

입점리 1호분

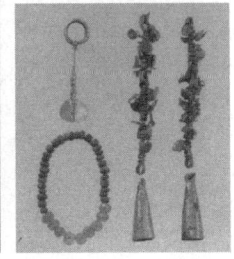

입점리 1호분
출토유물

　논산 도구머리 고분군은 횡구식 석곽묘와 횡혈식 석실분이 함께 있는
유적으로 횡혈식 석실분으로 말미암아 수혈식 석곽묘가 횡구식 석곽묘
로 변화된 흔적을 확인할 수 있는 대표적 유적이다. 이 가운데 대표적
인 횡혈식 석실분은 13호분을 들 수 있다. 이 고분은 바닥을 기준으로
길이 3.2m에 너비 2.15m 규모의 묘실을 갖추었는데, 벽면을 크고 작
은 할석을 사용하여 구축했다. 묘실의 입구가 개설된 연도는 남쪽 벽면
의 오른쪽에 치우쳐 있으며, 너비 1.05m에 길이 1.3m의 크기이다. 묘
실 바닥에는 전면에 석재가 깔려 있는데 관대를 두는 부분만 부석이 이
루어졌고, 전면에는 흙바닥을 그대로 이용하고 있다. 묘실의 상단부는

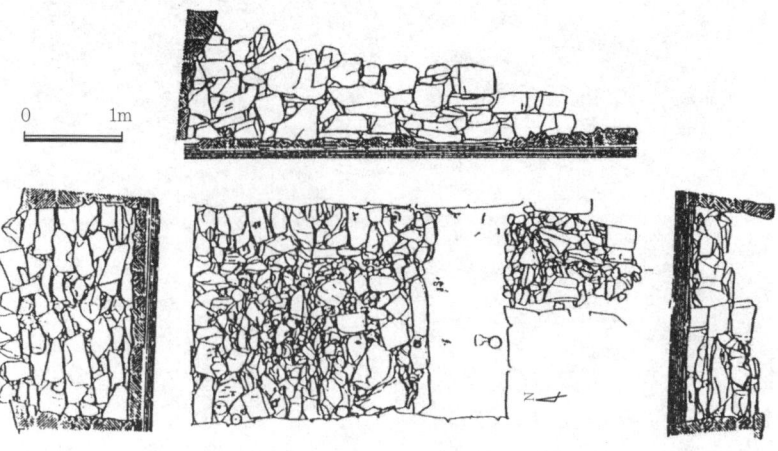

도구머리 13호 횡혈식 석실분

대부분 파괴되어 천정부의 구성형태는 알 수가 없지만 아마도 궁륭식일 것으로 추정된다. 묘실은 이미 도굴되었지만 삼족토기를 비롯하여철제품이 수습되었다.

나주 복암리 96년도 조사고분은 복암리 3호분으로 불리는 대형 분구묘내에 있는 것으로, 3세기의 옹관묘부터 7세기의 횡혈식 석실분까지약 40여기의 유구가 함께 있는 유적이다. 1996년도 조사고분은 분구의남변 중앙에 위치하며 판석재 및 할석재를 사용하여 묘실을 구축하였다. 묘실의 오른쪽으로 치우쳐 긴 연도와 그에 이어지는 묘도를 갖추고있는 이 석실분은 묘실이 길이 380cm에 너비 260cm의 규모를 지닌 것이다. 벽체는 하단에 대형 판석재를 세우고 상단은 할석재를 축석하여

복암리 96년도 조사고분

조성하였으며, 바닥은 납작한 판석을 전면에 깔았다. 묘실의 남벽에 시설된 입구는 좌우에 큰 판석재를 세워 문틀 형상을 표현하였다. 문지방석이 없어 개구식으로 볼 수 있으며, 연도는 묘실처럼 하단에 판석재를 세우고 상단과 전면은 할석재로 축석하였다. 묘실은 길이 480㎝에 너비 120㎝인데 3분의 2 정도만 덮개돌이 있다. 천장은 3매의 판석을 올렸으며 벽체의 상단이 초기형의 조임식 기법을 남기고 있는 것이다.

복암리 96년 조사 석실분은 묘실 내에 4개의 대형 옹관이 안치되어 있다. 즉 목관 대신에 영산강 유역에 전통적으로 사용되던 전용옹관묘가 안치되어 있는데, 모두 묘실의 장축방향으로 사방에 남아 있다. 이 옹관 내에는 모두 인골이 남아 있었고, 이 외에 다량의 구슬을 비롯하여 토기 및 철기 등의 유물이 출토되어 있다. 토기의 경우 다량의 개배가 있으며, 이 외에 기대편 및 광구장경호·병형토기 및 소형의 단경호 등이 있다. 이 외에 금동신발이라든가 삼엽형 환두대도 및 대도 다량의 철촉과 마구 외에 철모·철도자 등의 무기류가 있으며 구슬은 유리제이다.

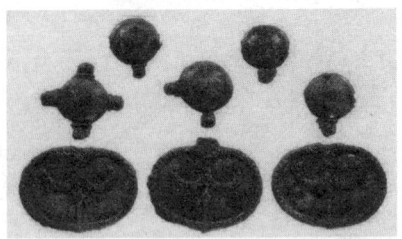

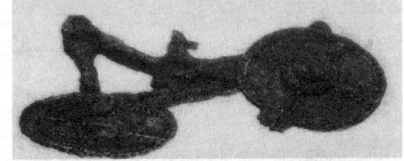

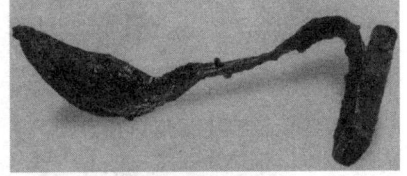

복암리
96년도
조사고분
출토유물

(2) 수혈식 석곽묘

웅진도읍기의 수혈식 석곽묘는 대체로 한성 도읍 후기에 사용되던 것들이 지속적으로 남아 있다. 수혈식 석곽묘로서는 말기형으로 볼 수 있는데 그 대표적인 사례로는 모촌리 5호 석곽묘를 들 수 있다.

이 무덤은 묘실이 동향으로 이루어진 경사면에 있다. 경사면에 무덤 구덩이를 파고 그 안에 석축으로 조성하였다. 도굴되면서 개석의 일부가 제거된 것을 제외하고는 유구 자체는 비교적 원상을 잘 간직하고 있었다. 묘실 규모는 남북의 길이 445㎝에 너비가 140㎝이고, 벽면의 높이는 170㎝로 비교적 깊은 편이다. 묘실의 장축은 남북에서 약 12° 정도 동으로 기운 상태이며 경사면과는 정확히 직교하고 있다.

모촌리 5호분 벽면의 축석상태는 전반적으로 엉성하다. 벽면은 할석으로 쌓아 올렸으며, 네 벽을 동시에 쌓아 올린 것으로 판단된다. 쌓는 방법은 하단에는 비교적 큰 석재를 놓고 위로 올라갈수록 보다 작은 석재를 이용하여 보충하고 있다. 이렇게 하여 쌓아 올린 벽면은 면이 고르지 않고 좀 엉성하며, 동벽의 중앙부는 약간 안으로 밀려 있다. 바닥은 생토면을 그대로 이용하면서 북단에 부곽을 만들어 부곽과 주실을 구분하고, 이어서 주실에는 중앙에 시상대를 설치하였다. 부곽은 85㎝의 크기이며, 시상대는 이 부곽에서 70㎝, 남벽에서 60㎝ 정도 떨어진 중앙부에 석축으로 마련하였는데, 규모는 길이 225㎝에 너비 100㎝ 그리고 높이는 50㎝이다. 시상대 위에서 은제 환두대도, 좌우의 공간에서 개배 3세트와 토기병 2점, 남벽 가까이에서 그릇받침 3점·삼족토

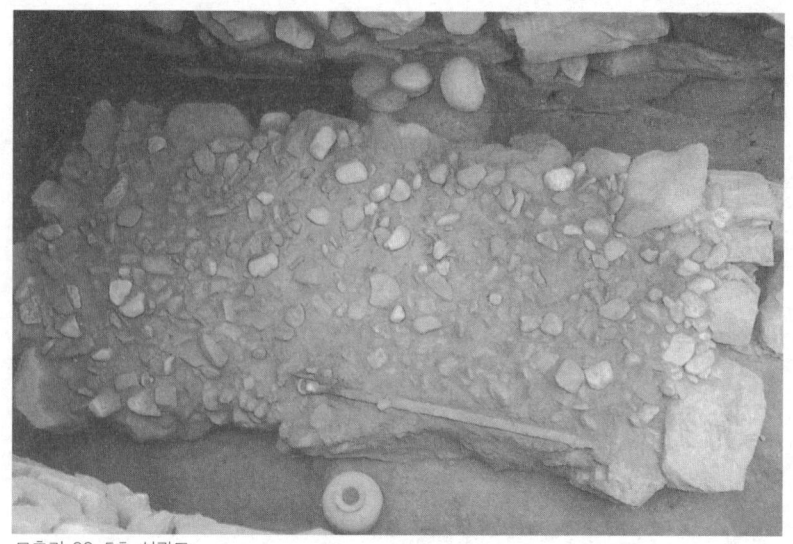

모촌리 93-5호 석곽묘

기 1점·광구호 1점·소형용기 1점, 부곽과 시상대 사이에서 마구류, 부곽에서는 사발류의 토기가 출토되었다.

그런데 이 석곽묘에서도 철기와 토기가 출토되었는데 철기는 마구와 무기 그리고 토기는 수혈식 석곽묘의 전형적 부장품 외에 대체로 횡혈식 석실분에 매장되는 기종도 출토되어 주목된다. 수혈식 석곽묘의 부장토기는 대체로 기대와 원저의 외반 광구호 그리고 단각고배가 집중적으로 부장된다. 반면에 개배라든가 병형토기 그리고 평저의 직구호는 수혈식보다는 횡혈식 석실분에 많이 부장되는데 이 모촌리 93-5호분에서는 부장품을 넣는 부곽에서는 기대·원저 외반 광구호 등이 있

모촌리 93-5호분 출토유물

는 반면에 시상대 곁에는 개배와 병형토기가 구역을 달리하여 잔존되
어 있었다.

(3) 횡구식 석곽묘

수혈식 석곽묘가 사용되다가 횡혈식의 구조, 즉 횡으로 입구와 연도가 부착된 묘제의 유입에 따라 수혈식이 변화되어 나타난 것이 횡구식 석곽묘이다. 따라서 이 횡구식 석곽묘는 수혈식 석곽묘와 횡혈식 석실분 두 가지 특징이 혼재돼 있는 것이 일반적이다. 이러한 묘제는 논산의 표정리 당골과 도구머리 고분군·공주의 산의리 고분군, 익산의 웅포리 고분군 등지에서 확인된다.

우선 논산 표정리 고분군은 하표정·당골·도구머리 고분군으로 나뉘어 있다. 이 가운데 하표정 고분군은 수혈식 석곽묘로만 이루어져 있다. 당골과 도구머리 고분군은 횡혈식 석실분과 수혈식·횡구식 석곽묘가 섞여 있는 유적이다. 먼저 당골의 7호 횡구식 석곽묘의 사례를 살필 수 있다.

표정리 당골 7호분은 남향의 경사면에 축조되었다. 무덤구덩이를 지하로 파고 할석재로 거칠게 축석했는데, 3벽만 축석하고 남쪽의 좁은 벽면은 그대로 둔 채 입구로 사용하였다. 바닥 가까이의 벽석 하단 일부만 남아 있는데, 서쪽 지역이 약간 높아 서벽의 상태가 비교적 잘 남아 있다. 묘실의 크기는 길이 200㎝, 너비 60~65㎝이고, 고분의 장축 방향은 24° 동쪽으로 치우쳐 있다. 이미 도굴된 관계로 유물은 거의 없지만 북쪽 부장구역의 바닥 돌틈에서 토제 구슬 3점이 수습되었다.

한편 논산 표정리의 도구머리 7호분도 횡구식 석곽묘이다. 묘실은 북동으로 7° 가량 편향되게 장축을 두었고 규모는 길이 265㎝, 너비가 바닥이 84cm, 위쪽이 46cm이며, 높이는 102cm로 비교적 깊다. 천정의 덮개돌 3개만 남아 있으며, 남벽의 중앙 부분에 파괴된 구멍도 있다. 하부에 비교적 규모가 큰 석재를 사용하여 묘곽을 축조했는데, 서쪽의 좁은 벽면만 작은 석재를 사용하였다. 그러나 벽면이 고르지 못하여 이곳을 입구로 사용한 횡구식 석곽묘로 볼 수 있다.

도구머리 7호분은 동서 벽체의 상부에는 불규칙한 형태로 네모나게 생긴 공간이 하나씩 있어 벽감 형태를 갖추고 있기도 하다. 묘실의 바닥은 지하로 165cm의 깊은 곳에 위치하고 있다. 바닥 선번에 10~20cm 크기의 석재를 깔았으며, 부장품으로 동쪽 바닥에서 2점의 완형토기가 발견되었다.

공주 산의리 고분군 중에서 대표적인 수혈식 석곽묘는 31호분을 들 수 있다. 서향의 경사면에 있는 이 고분은 지반토를 굴착하여 무덤구덩이를 내고 그 안에 돌을 쌓아 묘실을 조성하였는데 묘실은 세장방형이다. 한쪽 벽면 전체를 입구로 활용하였는데 입구는 경사의 아래쪽으로 열려있는 형태로 있다. 묘실은 길이 220cm에 너비 60~80cm이고 높이는 120cm정도가 남아있는데 무덤구덩이는 길이 490cm에 너비 220cm로 비교적 넓게 굴착되어 있다. 입구인 남쪽은 1열 축석 형태로 폐쇄석이 채워져 있고, 경사의 아래로 배수로가 개설되어 있는 특징도 있다. 묘실 내에 유물은 삼족토기 2점과 단경호 병형토기 광구호가 있으며, 금동제 귀걸이 3점도 수습되었다.

횡구식 석곽묘 내에 부장된 유물은 수혈식 석곽묘의 부장품과 횡혈식

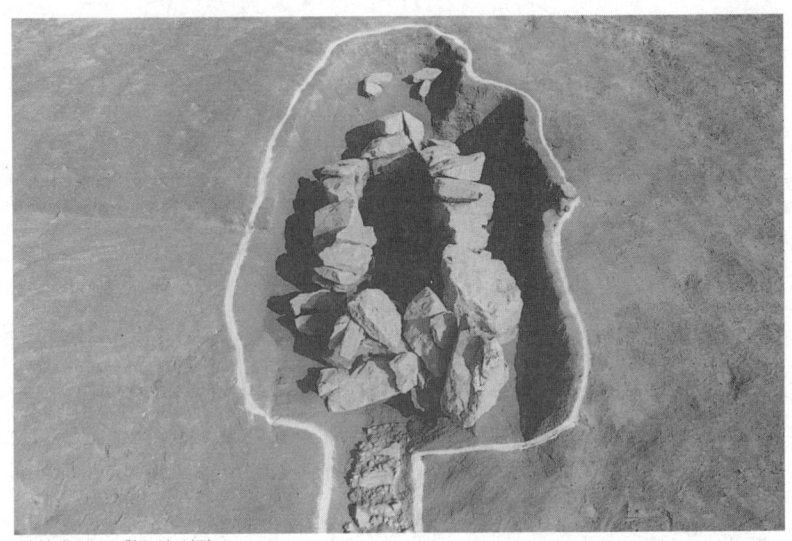

산의리 30호 횡구식 석곽묘

석곽묘의 부장품이 섞여 있기도 하지만, 대체로 수혈식 석곽묘 계통의
유물이 많다. 다만 횡구식 석곽묘가 어떤 계통 즉 수혈식 혹은 횡혈식
의 묘제 중 어느 쪽에 보다 더 근접하는가에 따라서 부장품의 내용에도
차이가 있다.

　당골 횡구식 석곽묘에서 수습된 유물은 오히려 수혈식 석곽묘의 출토
품과 매우 비슷하다. 출토품은 토기가 대부분이지만 병형토기나 개배
등의 기종이 출토되는 횡혈식과는 달리 장경호나 기대류가 수습되기
때문이다. 반면에 도구머리 횡구식 석곽묘 출토품은 오히려 횡혈식 석
실분과 가깝다.

산의리 30호 횡구식 석곽묘 출토유물

한편 산의리 30호 횡구식 석곽묘 출토품을 보면 삼족토기 2점과 단경
호 병형토기 광구호 그리고 금동제 귀걸이 3점이 있다. 금동제 귀걸이
는 청동에 도금한 것으로 원형의 세환식으로 동심을 말아서 만든 것이
다. 4점의 삼족토기는 형태가 크게 다르지 않은데 용기의 깊이가 얕고
삼족이 각진 형태로 다듬어진 것이다. 아울러 병형토기는 평저에 비교
적 크게 외반된 큰 구연을 가진 것인데 무늬는 없고 중상단 위에 음각
의 횡선대가 목부분까지 일정한 범위로 돌려져 있다. 단경호는 2점인
데 평저이고 광구에 가깝다. 나머지 한 점은 어깨부분이 크게 팽창된
것이다.

(4) 옹관묘

옹진도읍기에 조성된 것으로 판단되는 옹관묘는 시신을 안치하는 관
으로 옹을 사용하였다. 이 옹을 묻기 위하여 별도의 석곽시설을 마련한

다거나 혹은 횡혈로 묘광을 조성한 것들이 있다. 물론 이 외에 전통적 옹관묘 형태인 토광 옹관묘도 적지 않게 발견되고 있으나 모두가 다른 묘제 특히 횡혈식 석실분 아니면 횡구식 혹은 수혈식 석곽묘와 공반하는 것이 대부분이다. 공주 산의리 횡혈 옹관묘와 논산의 모촌리 석곽이 딸린 옹관묘 그리고 부여의 저석리 석곽 옹관묘를 그 예로 들 수 있다.

공주 산의리 유적은 청동기시대의 주거지와 저장시설 및 석관묘 다수와 함께 백제시대의 석곽묘·석실분·옹관묘 등으로 이루어져 있다. 이 중에 4호 옹관묘를 보면 이는 전형적 횡혈 옹관묘인데 구릉의 남향 경사면에 위치하며 경사면에 횡으로 구덩이를 파고, 그 안에 옹을 안치한 다음에 석재를 기대에 입구를 막았다. 옹관을 안치하기 위하여 굴착한 무덤구덩이는 경사에서 깊이 120㎝ 정도, 그리고 너비 85㎝ 정도, 안으로 너비 69㎝의 규모로 팠다.

횡혈의 구덩이 안에 옹을 안치한 뒤, 입구 쪽을 막고 옹의 하단 즉 횡구의 하단에 괴석재 2매를 남북 길이로 두어 마치 벽면을 구축한 것처럼 꾸몄다. 관으로 사용된 옹의 중간에 구멍이 있으며, 이 구멍이 바닥에 닿도록 안치하였다. 옹의 구연 아래에 개배와 소형의 단경호가 부장되었다.

산의리 4호 횡혈옹관에 부장되어 있던 토기는 백제의 횡혈식 석실분에서 자주 발견되는 토기들이다. 단경호는 평저에 구형의 동체 그리고 단경이나 목 부분이 분명하게 표현된 것이다. 구순(口脣)이 수직의 단면이면서 상단을 약간 들린 형태로 멋을 내었다. 3점의 개배는 모두 뚜

산의리 횡혈 옹관묘

껑으로 사용된 것이며 용기의 깊이가 있다. 드림새가 약간 만곡된 형태
의 굴곡이 있지만 안으로 약간 접힌 형상이고 구순은 날카롭게 마무리
한 것들이다.

한편 저석리 5호분은 석곽 옹관묘이다. 석곽은 적갈색의 점질토를 10
㎝ 정도 파고 자연할석을 세워 축조한 길이 105㎝, 너비 44~50㎝, 높
이 35㎝의 규모의 석곽으로 이루어져 있다. 묘곽 내의 옹관은 파수부
호를 사용하였는데 환상이 손잡이가 양옆에 위치하도록 놓고, 32㎝ 정
도의 간격을 두고 다시 다른 항아리를 구연부가 마주하도록 옆으로 두
고서 중심 부분의 빈 공간에 다시 저부를 파괴한 손잡이 달린 호를 별

저석리 석곽옹관묘

도로 놓아 연결하였다. 그리고 그 틈새는 토기편으로 막았다.

3. 무덤으로 본 웅진도읍기의 백제사회

1) 웅진도읍시기 무덤의 묘제와 전개양상

백제가 웅진에 도읍을 두고 있던 시기, 즉 서기 475년부터 부여로 천도한 538년까지의 기간에 사용된 묘제는 대체로 한성 도읍 후기에 사용되던 묘제가 연속적으로 사용되면서 한편으로 전축분이라든가 혹은 횡구식 석곽묘가 새롭게 등장하는 변화도 일어난다. 그런데 이 시기의 묘제에서 주목할 것은 횡혈식 석실분이 적석총을 대신하여 백제 지배층의 주된 묘제로 완전하게 대체된다는 점이다.

시간적으로 한성도읍 말기인 5세기 중반에서 웅진도읍 말기인 6세기 초·중반까지의 묘제 현황을 보면 백제가 한성 도읍기 말기에 이르면 적석총은 완전히 자취를 감추고 대신 횡혈식 석실분은 초기형으로 분류된 원형천정 형식이 조영되면서 백제 지배층의 중심묘제로 자리한 것으로 추정된다. 이는 백제의 남천 후 도읍지인 웅진지역의 횡혈식 석실분이 충분히 발전된 형식만 확인되는 셈에 근거를 둔 얘기이다.

따라서 백제의 웅진도읍기에 이르면 도읍지에는 한성 도읍기에 정착된 횡혈식 석실분이 유일한 묘제로 자리잡고, 부수적으로 옹관묘나 수혈식 석곽묘가 존재한다. 여기에 웅진도읍 후반기에 이르면 중국에서 전축분이 도입되어 일시적으로 사용되기도 한다. 이어 새롭게 도입된 전축분의 묘제는 이전의 횡혈식 석실분에 영향을 끼쳐 횡혈식 석실분의 구조 변화를 가져와 터널식이나 아치식과 같은 새로운 형식이 나타나지만 횡혈식 석실분의 기본적 성격은 그대로 유지된다.

한편 웅진으로의 천도라는 사건에도 불구하고 한성도읍 후반기의 묘제환경이 도읍지 이외의 지역에서도 그대로 지속된다. 그러나 주목되는 것은 한성도읍기 후기에 널리 사용되던 토광묘라든가 수혈식 석곽묘 혹은 분구 옹관묘와 같은 전통적 토착묘제가 소멸되거나 변화하는 현상이 일어난다는 점이다. 이러한 변화상을 염두에 두고 우선 웅진도읍기의 묘제의 전개양상을 살펴 보야 할 것이다. 우선 그에 앞서 이 시기에 새롭게 등장한 전축분과 횡구식 석곽묘의 묘제 특징을 살펴볼 필요가 있다.

전축분의 묘제 특징은 횡혈식 석실분의 그것과 전혀 다르지 않다. 지하로 무덤구덩이를 구축하고, 그 안에 묘실을 축조하는데 묘실은 입구와 연도가 마련되기에 횡혈식 석실분과 전혀 다르지 않은 것이다. 이러한 현황은 입지라든가 장법, 나아가 구조형상도 마찬가지이다. 입지는 횡혈식 석실분처럼 남향의 경사면에 자리하지만, 송산리 6호 전축분이나 무령왕릉 모두 남향으로 전개되는 능선의 선상부에 있다는 특징이 있다. 여기에 무덤구덩이를 조성하였는데 묘실 자체를 완전히 지하로 아우를 수 있도록 깊게 굴착하였다. 물론 묘실의 장축은 경사 방향과 정확하게 일치하고 있으며, 그 방위는 남북간을 향하고 있다.

전축분의 외형시설로 봉분은 어느 정도 마련된 것으로 추정된다. 예컨대 송산리 6호분이나 무령왕릉의 경우 조사 당시 봉분은 밋밋하게 남았지만 외부에 기석이 남아 있던 것으로 미루어 봉분이 올려져 있던 것으로 추정된다. 다만 그 규모는 자세하지 않으며 봉분을 올리면서 백회를 섞은 것으로 미루어 볼 때 규모가 그리 작지는 않았을 것으로 추정된다. 무덤구덩이 내에 축조된 묘실은 벽돌로 구축하였으며 남쪽의 전면에 입구를 두고 이 입구에 잇대어 연도가 설치되었지만 연도의 형상에는 차이가 있다. 묘실의 평면은 장방형이고, 남쪽 벽에 설치된 입구와 연도는 중앙식이며 6호 전축분은 이중의 구조로 이루어져 있다. 묘실 내부의 형상을 보면 천정의 가구는 벽돌을 쌓으면서 긴 벽의 상단을 오므려 좁힌 터널형 구조이다. 바닥은 6호 전축분은 1인용의 관대가 한쪽에 치우쳐 있지만 무령왕릉은 묘실의 후면 전체를 한 단 높여 관대로 사용하였다.

전축분의 구조에서 주목할 수 있는 것은 등감이 있다는 것과 유자창이 있다는 것 그리고 벽돌에 각각 연화문과 오수전이 양각된 점, 6호 전축분은 벽면 전체가 채색되어 있으면서 프레스코 기법에 의한 사신도의 벽화가 마련되어 있다는 점 등이다. 이러한 구조양상은 중국 남조시기 특히 양나라의 전축분과 상통하는 부분이 많나. 전축분은 구조상 횡혈식으로 입구가 있어 추가장을 전제한 묘제이다.

한편 횡구식 석곽묘의 입지조건은 대체로 산지이지만 연원이 되는 묘제의 입지와 상통하는 것으로 볼 수 있다. 입구를 개설하기에 편리한 지형을 선택한다는 것은 주지의 사실이다. 때문에 입구 개설을 전제하고 횡혈식처럼 경사면을 선정하여 경사의 아래쪽에 입구가 위치하도록 배려하였으며 무덤구덩이의 장축이 경사면을 감안하여 설정된 구조적 특징을 갖고 있다. 그런데 횡구식 석곽묘는 장축의 설정이 등고선 방향으로 이루어진 것과 경사방향으로 이루어진 것으로 구분된다. 이러한 차이는 각각 수혈식 석곽묘의 전통이 유지되거나 그것이 아니면 횡혈식 석실분의 전통을 새롭게 채용하는 과정에서 나타날 수 있는 것으로 판단된다.

횡구식 석곽묘에 사용된 석재는 할석이 대부분이다. 물론 바탕이 되는 수혈식 석곽묘나 횡혈식 석실분의 축조재료도 다듬지 않은 할석들이 대부분이기에 그와 관련된 것으로 볼 수 있다. 그리고 무덤구덩이는 대체로 지하에 마련되는 것이 기본이지만 일부 반지하식인 것도 있다. 표면의 유실이라든가 조사환경도 고려되어야 하겠지만 특히 묘실의 장축이 경사방향으로 이루어진 경우 경사의 아래쪽 유구는 지표면에 노출된 것이 많아 완전 지하식을 이루지 못하는 것도 적지 않다.

횡구식 석곽묘 묘실의 평면은 대체로 가늘고 긴 장방형을 띤 것이 많지만 부분적으로 장방형에 가까운 것도 많다는 것이 주목된다. 특히 나중에 나타나는 것들 중에 묘실이 장방형으로 변화한 것이 많은데, 이로 보면 횡구식은 횡혈식의 영향으로 점차 묘실의 세장(細長)된 정도가 약화된 것으로 보인다.

그러나 벽체의 구성이나 천정의 가구형상은 횡혈식 석실분보다 오히려 수혈식 석곽묘적 요소가 강하다. 벽체의 경우 횡혈식 석실분은 뉘어쌓기로 구성하는 반면, 수혈식 석곽묘는 하단에 큰 석재를 세워쌓기 하는 경우가 많다. 이는 횡구식 석곽묘에서 자주 발견되는 현상이며, 천정의 가구방식도 마찬가지이다.

횡구식 석곽묘 입구는 한쪽 벽체를 전혀 구축하지 않고, 단지 세 벽만 우선 구축하면서 나머지 한쪽의 벽면을 그대로 입구로 사용한다. 입구는 장벽이 아닌 단벽의 한쪽을 사용하는 것이 일반적이며 그 형상을 축조상태로 판별하여야 할 경우가 많다. 벽체의 축석은 대체로 외줄쌓기 형식으로 이루어져 있다. 입구의 폐쇄도 밖에서 외줄쌓기 형식으로 쌓아 올렸기에 입구의 형태는 단지 축석면이 불규칙하고 거친 축석흔적을 남기고 있다. 입구가 아닌 안쪽의 좁은 벽체는 좌우의 긴 벽체와 서로 맞물려 함께 구축되었으며 입구는 벽체와 전혀 엇물리지 않으면서 벽체의 안쪽으로 들여쌓은 특징도 있다. 바닥시설은 차이가 많다. 이는 횡구식 석곽묘가 수혈식에서 변질된 것이기에 묘실의 바닥도 그와 관련하여 이해되어야 할 것이나 규칙성은 보이지 않는다.

이제 웅진도읍기 묘제의 전개현황을 살펴보자. 앞서 살펴 본 것처럼 도읍지역에는 횡혈식 석실분이 중심을 이루면서 여기에 새롭게 등장한 전축분이 일부 존재하며 나아가 수혈식 석곽묘라든가 옹관묘가 횡혈식 석실분에 포함된 형태로 있다. 그리고 도읍지 이외 지역의 경우 웅진도읍 초기에는 한성 도읍 후기의 묘제환경과 크게 다르지 않을 것으로 보고 있다. 하지만 곧바로 횡혈식 석실분이 확대되면서 토광묘는 거의 발견되지 않으며, 수혈식 석곽묘도 일부 남아 있으나 횡구식 석곽묘가 주류를 이루고 있음을 알 수 있다. 여기에 영산강 유역에도 종전까지 독자성을 유지하고 있던 분구 옹관묘도 크게 나타나지 않으면서 오히려 횡혈식 석실분이 많이 남아 있음을 알 수 있다.

횡혈식 석실분은 웅진도읍기에 이르면 명실상부한 도읍지역의 중심 묘제로 자리한다. 아울러 이전에 사용되던 적석총은 웅진지역에서 더 이상 발견되지 않는다. 이는 도읍지역의 중심묘제가 적석총에서 횡혈식 석실분으로의 전환이 이루어졌으며, 그러한 변화는 웅진도읍기가 아닌 한성 도읍기 후반에 이루어졌음을 단적으로 보여주는 것이다. 특히 백제 횡혈식 석실분의 경우 한성 도읍 후기의 것으로 판단되는 것들

은 구조적으로 다양성이 보인다. 즉 입지환경만이 아니라 묘광의 구축
상태와 나아가 묘실의 평면·입구 및 연도의 위치·묘실내의 각종 시
설이 통일적이지 못하다.

그런데 웅진도읍기의 횡혈식 석실분은 지하 혹은 반지하의 묘실에 방
형 혹은 장방형에 가까운 묘실의 평면을 갖추고 있으며 벽체는 할석으
로 구축하면서 천정은 궁륭식으로 조성하는가 하면, 입구 및 연도를 우
편재로 시설하는 등의 통일적 정형성을 갖추고 있다. 이러한 정형성은
한성 도읍기에 만들어진 가락동 3호분에서도 발견되는 것이며, 이로
미루어 볼 때 이미 한성 도읍 말기에 정착되어 그것이 웅진천도와 함께
웅진지역으로 이입된 것으로 판단된다.

웅진도읍기에 주묘제로 정착된 횡혈식 석실분 즉, '궁륭식 석실분'은
묘제의 형식에 점차 변화가 나타난다. 즉 궁륭식에서 터널식 혹은 아치
식으로의 변화가 그것이다. 묘실의 평면이 보다 장방형으로 변화되는
가 하면 천정의 구성이 궁륭식에서 터널 혹은 아치식으로 변하는 것인
데, 이러한 변화의 요인은 중국묘제인 전축분에서 찾을 수 있다. 즉 백
제는 웅진으로 천도한 후에 중국 남조와 밀접한 관계를 유지하면서 그
들의 묘제인 전축분을 도입하여 왕실용으로 사용하는데, 이의 영향으
로 궁륭식 석실분이 전축분과 같은 터널식으로 전환되는 것이다.

중국의 전축묘제도 그 속성상 횡혈식 구조라는 점에서 궁륭식과 큰
차이가 없다. 즉 단실묘로서 공동의 묘실에 입구와 연도를 설치한 횡혈
식으로 조성한다는 점에서 양자는 유사하다. 단지 축조재료가 벽돌과

석재라는 차이만 있을 뿐이다.

그런데 무령왕릉의 등장 후 백제의 석실분은 무령왕릉과 동일한 상태로 모방하여 축조하고 있다. 천정은 터널식으로 가구하고, 평면이 장방형으로 변화되면서 연도가 우편재에서 중앙식으로 정착된다. 물론 구조가 횡혈식 계통이란 점에서 변화 자체를 무시할 수 있겠지만 사실은 고유의 묘제기법을 새로운 묘제기법으로 전환시키는 백제인의 발 빠른 행보를 단적으로 보여주는 사례로 볼 수 있을 것이다.

그리고 도읍지역의 경우 횡혈식 식실분 외의 묘제는 많지 않다. 그 일차적 원인은 웅진이란 도읍지역이 백제가 이곳으로 천도하기 전에 이렇다할 시설이 없었던 것과 관련이 있으며, 이는 도읍지역 즉 지금의 공주 시가지를 중심으로 한 일대에 백제가 천도한 475년 이전으로 판단되는 유적이 거의 없는 것으로 이해할 수 있다. 때문에 웅진도읍기 도읍지역의 묘제는 남천과 더불어 유입된 횡혈식 석실분의 범주에서 운영될 수밖에 없었고, 이후 새롭게 도입된 전축분만 남아 있는 것이다.

한편 웅진 도읍기에 도읍지의 경우는 횡혈식 석실분이 주된 묘제로 사용되고 있지만, 도읍지 이외 지역에는 오히려 한성 도읍 후기의 묘제가 여전히 남아 있었던 것으로 보아야 한다. 즉 한성 도읍 후기에 지방사회에 널리 유행하였던 목관 토광묘라든가 수혈식 석곽묘 그리고 영산강 유역의 분구 옹관묘는 여전히 지방사회의 묘제로 사용되었던 것이다. 그러나 웅진 천도와 더불어 이미 지방사회로 파급되던 횡혈식 석실분의 확대사용이 가속화되고, 이로써 이전부터 토착적 묘제로 사용되던 토광묘라든가 수혈식 석곽묘 혹은 분구 옹관묘가 소멸되거나 변화를 겪게 된다.

물론 이러한 변화는 5세기 중반 이후, 횡혈식 석실분이 점차 확대되면서 진행된 것으로 보아야 할 것이다. 횡혈식 석실분이 유입되던 초기에는 그 흔적이 도읍지 일원과 지방사회의 극히 일부지역에서만 확인될 뿐, 오히려 소수만이 존재한다. 이것은 시원적 형상을 갖춘 횡혈식 석실분이 지방사회에 매우 드물다는 것과, 토광묘나 옹관묘 나아가 수혈식 석곽묘와 같은 전통 묘제가 여전히 활용되고 있는 점에서 알 수 있다.

그러나 5세기 중반 이후에는 중앙묘제인 횡혈식 석실분이 비단 도읍지 뿐만 아니라 지방사회에서도 자주 확인되는 점은 이제 이 묘제가 중앙에서 지방으로 본격적으로 파급되었음을 알게 해준다. 뿐만 아니라 그것은 이전에 유입된 횡혈식 석실분의 확대사용에서 비롯된 것으로 볼 수 있을 것이다.

이러한 묘제환경의 변화에 기인하여 웅진 도읍기에 이르면 토광묘는 더 이상 발견되지 않는다. 반면에 토광묘가 사용되던 지역에 수혈식 석곽묘의 발전된 형식이 나타되는데, 이 석곽묘도 결국에는 횡혈식 석실분의 유입에 의해 횡구식 석곽묘로의 변천을 겪는다. 때문에 횡구식 석곽묘는 기본적으로 수혈식 석곽묘와 공존하면서 여기에 횡혈식 석실분도 함께 전재하는 것이 일반적이다. 물론 이러한 현황은 수혈식 석곽묘 속에 횡혈식 석실분이 유입되면서 발생했다는 점을 분명하게 보여준다. 수혈식 석곽묘와 더불어 초기형의 횡혈식 석실분이 뒤섞인 경우에만 횡구식 석곽묘가 발견된다는 점도 그와 무관하지 않다.

2) 무덤으로 본 웅진도읍기의 백제사회

475년 백제가 한성에서 웅진으로 천도한 것은 외압에서 비롯된 것이다. 고구려의 남진은 백제로 하여금 500여년 도읍지를 뒤로 하고 남쪽 웅진으로 천도케 하였으며 국가적 위기를 도래하게 한다. 그런데 여기서 주목한 것은 백제가 웅진으로 천도하였다 하더라도 국가의 정체성은 여전히 한성 도읍 후기와 크게 다르지 않다고 보아야 한다는 점이다. 단지 한성 함락이란 국가적 위기는 지배력의 이완, 그에 따른 귀족의 발호 혹은 지방통제의 약화 등을 추정할 수 있을 것이다.

앞서 한성 도읍 후기의 백제사회상에 대해 무덤 자료를 통해서 보면 중앙의 지배력이 지방에 완전하게 침투하지 않은 상태, 즉 지방 수장에 의한 간접적 지배방식일 것으로 추정하였다. 이러한 중앙과 지방간 정치·사회관계에 대한 추론은 웅진으로 천도한 직후에도 큰 변화가 없었을 것으로 판단된다.

중앙과 지방과의 이와 같은 상관관계는 수혈식 석곽묘 자료에서 보다 적극적으로 추론할 수 있다. 수혈식 석곽묘는 적어도 5세기 말 즉, 웅진천도 직후까지 지방사회에서 독자성을 유지한 채 잔존하며, 여기에는 중앙세력에 의한 간접적 통제의 흔적이 남아 있기 때문이다. 그 흔적은 논산 모촌리 나 지구 93-5호분에서 확인할 수 있다.

모촌리 5호 수혈식 석곽묘는 묘실 규모가 보통의 백제 수혈식 석곽묘에 비해 2배 정도나 되는 대형묘에 속한다. 구조는 전형적 수혈식 석곽묘의 내용을 포함하는데 묘실 내부에 시상대가 마련되어 있고, 시상대의 전·후에 부장품을 넣는 부곽도 설치되어 있다. 이 무덤의 축조 시기는 대체로 5세기 말기, 즉 웅진 도읍 초반경으로 편년되는 것이다. 그런데 이 5호 석곽묘의 묘실 내 부장품은 상·하의 2개 층위로 구분되고, 이들은 서로 다른 성격을 가진 물품으로 이루어져 있다.

5호 석곽묘의 유물 중에 하층의 것은 수혈식 석곽묘에 관행적으로 부장되는 물품으로 원저광구호나 기대 등과 같은 토기와 마구(馬具)가 남아 있다. 이들은 처음 묘실을 조성하면서 안치된 것으로, 부장품을 넣기 위해 만든 부곽에 매납된 채 있었다. 반면에 상층 유물은 묘실 중앙에 설치된 시상대의 좌우에, 그것도 시상대와 동일한 높이로 개배와 병형토기가 있었다. 그런데 병형토기나 개배는 수혈식 석곽묘보다는 오히려 횡혈식 석실분에 표지적으로 부장되던 물품들이다. 이들 물품은 수혈식 석곽묘에 부장되는 경우, 횡혈식 석실분과 접촉이 있은 뒤에나 나타난다. 그런데 이들이 동일 묘실 내에 층위를 달리하여 추가로 매납된 상태로 있는 것이다. 이는 묘실 내에 서로 다른 이질적 물품의 매납이 있었거나 그에 상응하는 어떤 특수한 상황이 있었다고 보아야 할 것이다.

모촌리 5호 석곽묘는 규모가 다른 것에 비해 클 뿐만 아니라 함께 부장된 유물도 은제 환두대도나 마구류 등 화려한 것이 있다. 따라서 이 무덤의 피장자는 당시 지방사회에서 지위가 결코 낮지 않은 수장층에 해당되는 사람으로 볼 수 있다. 더불어 이 피장자는 생존시에 지방의 우두머리로서 중앙과는 어떤 방식으로든 연계되었을 것이다.

그럼에도 그가 죽은 후에 만든 무덤이 수혈식 석곽묘라는 것, 나아가 묘실내 부장된 물품이 수혈식 석곽묘에 관행적으로 매납되는 것들이란 사실은 피장자가 토착사회에 뿌리를 둔 인물이라는 사실을 대변하는 것에 다름 아니다.

문제는 이질적 유물의 존재인데, 개배나 병형토기처럼 도읍지인 중앙 사회의 묘제에 일반적으로 부장되는 유물이 지방세력가의 무덤 내에 부장된 이유가 무엇인가이다. 이는 피장자의 사망과 관련하여 의례적 이겠지만 중앙과 어떤 관계 속에서 이루어진 것으로 볼 수밖에 없다. 다시 말해서 이들 유물은 장례의 과정에서 중앙과 지방을 연결하는, 즉 백제왕과 지방의 수장을 연결하는 유대의 상징으로 남겨진 것이 아닌 가 생각된다.

이러한 추론에 타당성이 있다면 결국 모촌리 5호 석곽묘가 조영된 시 기에도 중앙의 지방 통제는 재지(在地) 수장의 토착기반을 인정하면서 의례적 물품의 하사를 통해 그들과 연계하는 단계를 벗어나지 못한 것 으로 보아야 할 것이다. 나아가 이러한 묘제환경은 묘제 자체의 이원성 과 함께 백제사회의 이원적 상황을 나타내는 것으로 볼 수 있겠다.

결국 묘제의 이원성은 중앙세력의 지방 장악이 불완전한 환경에서 비롯되었다. 즉 중앙 정치세력에 의한 지방의 일원적 지배 체계가 미비된 상태에서 지방사회는 아직 나름의 독자성을 영위하고 있었고, 중앙의 지방사회 장악은 5호분 피장자와 같은 토착 상층인, 즉 수장층을 통해서 진행된 것으로 볼 수 있을 것이다.

모촌리 93-5호 수혈식 석곽묘에서 추론할 수 있는 백제의 중앙과 지방 사이의 관계는 도읍지 이외의 지역에 남아 있는 여타 묘제에도 적용될 수 있을 것이다. 예컨대 한성 도읍 후기의 사례지만 법천리 1호 석실분에 부장된 귀금속류 등의 위세품적 유물이라든가 용원리 1호 및 9호 석곽묘의 용봉문환두대도 또는 중국제 계수호 등과 같은 유물은 백제의 중앙과 지방의 상호관계를 암시하는 유물들로 판단된다.

이러한 환경은 웅진도읍기 초기의 유적으로 판단되는 익산 입점리 1호분에서 수습된 금동관을 비롯한 고급 유물 그리고 나주 신촌리 9호분의 금동관 등의 유물, 복암리 3호분의 96년도 조사고분에서 발견된 금동제 식리라든가 마구 등의 고급유물, 나아가 해남의 조산고분 등에 남아 있던 위세품적 유물 등으로도 추정할 수 있다. 즉 한성 도읍 후기 백제의 중앙 지배세력은 지방사회를 일원적으로 장악하기보다는 위세품을 주며 간접지배하는 형태의 통치 방식을 웅진으로 천도한 초기에도 그대로 유지했을 것으로 판단된다.

그런데 웅진으로 천도한 직후에는 횡혈식 석실분이 적석총을 대신하여 백제사회 중앙의 주묘제로 자리한다. 앞서 언급한 것처럼 횡혈식 석실분은 한성도읍 말기인 5세기 중반에 지배층의 주묘제로 자리하며 곧

이어 이러한 묘제가 지방사회로 확대되기 시작한다.

물론 이 시기에도 지방의 토착묘제는 이전의 성격을 그대로 유지하지만, 5세기 중반 이후 횡혈식 석실분이 점차 확대되면서 이제 그 독자성이 상실되어 간다. 즉 5세기 중반 이후에는 중앙묘제인 횡혈식 석실분이 비단 도읍지 뿐만 아니라 지방사회에서도 자주 확인되는 점은 이 묘제가 중앙에서 지방으로 파급되었다. 다만 초기에는 분포 자체가 산발적이고 토착묘제와 병존하거나 변형된 고분과 병존한다는 특징이 있다.

그런데 초기에 횡혈식 석실분이 재지 토착묘제 속으로 확산된 것은 그것이 비록 간헐적 · 산발적으로 진행되었을지라도 백제 중앙 지배층의 묘제가 점차 지방으로 확산된 사실을 전해주는 증거이다. 나아가 이는 전통적으로 토착묘제를 사용하는 재지세력과 중앙세력과의 관계에 어떤 변화가 나타난 것을 의미한다고 볼 수 있어, 이를 바탕으로 정치 · 사회적 관계와 변화도 추정할 수 있다. 다만 이 시기 중앙묘제의 파급이 간헐적 · 독자적으로 이루어진 것은 아직 지방의 묘제전통을 인정하는 바탕에서 중앙 묘제의 수용이 이루어지는 것으로 볼 수 있다.

그런데 중앙묘제인 횡혈식 석실분의 지방 파급은 웅진도읍기의 어느 시점에 본격적으로 전개된 것으로 보아야 한다. 정확한 시기를 추정하기는 어렵지만 횡혈식 묘제가 궁륭식에서 터널식으로 변화되는 시점, 즉 무령왕의 재위시기를 즈음하여 본격화된 것으로 볼 수 있지 않을까 여겨진다. 그동안 지방사회에서 독자성을 유지하며 사용되던 묘제들이 자취를 감추는데, 대체로 6세기 초반부에는 구체화되는 것을 고려한 것이다.

지방사회의 전통적 토착묘제 속에 중앙 묘제가 유입되어 존재하는 것을 중앙인의 지방이주 또는 지방관적 관료제의 마련 등에서 비롯된 것인지, 아니면 지방인이 중앙문화를 모방한 데서 비롯된 것인지의 판단은 어렵다. 다만 종전까지 강인하게 독자성을 유지한 채 운영되던 지방의 토착적 고분문화가 점차 중앙의 고분문화로 변질되는 것은 주목할 필요가 있다. 이는 지방사회는 더 이상 독자성을 유지하지 못하고 중앙과 지방간의 문화가 동질화되어 일원적 문화단계로 진입하는 것을 대변한다고 볼 수 있을 것이다.

요컨대 백제의 웅진도읍시기 묘제는 한성도읍 후기의 그것이 그대로 이어지고, 묘제를 통해서 본 사회상도 한성 도읍 후기 환경의 연장선상에서 이해할 수 있다. 그러나 웅진도읍 후반기에 이르면 지방사회에 온존하던 토착묘제가 자취를 감추는 것으로 미루어 사회환경에 커다란 변화가 있었음을 감지할 수 있다. 그러한 변화가 갑작스럽게 이루어진 것인지 아니면 점진적인 것인지의 판단은 어렵다. 다만 이 시기에 백제가 지방통제를 위하여 담로제를 강화하는 점도 주목할 수 있다. 담로의 강화가 중앙에 사는 왕족자제를 지방에 분거시켰다는 점을 특기하고 있는데, 이러한 기록은 이전의 담로제에 어떤 변화가 나타났음을 예측케 하는 것이고, 그러한 정치적 변화가 묘제의 변화를 가져온 배경이 아닌가 추정해 볼 수도 있을 것이다.

사비도읍기의 무덤환경과 백제

1. 사비노읍기의 백제와 무덤환경

백제의 사비천도는 서기 538년의 일이고 천도를 단행한 왕은 26대 성왕으로 사비천도는 그의 재위 16년에 이루어진 사건이다. 물론 천도와 관련된 내용이 『삼국사기』 등의 문헌에 편린으로 남아 있지만 국호를 남부여로 달리 부르듯이 커다란 사건임이 분명하다. 백제가 사비로 천도한 것은 한성에서 웅진으로 천도한 환경과는 또 다른 배경에서 이룩되었으리라 판단하는 데 문제가 없다. 즉 백제의 사비 천도는 국력신장을 바탕으로 이룩되었다고 추정하는데 주저할 필요가 없다.

백제의 사비 천도는 웅진시대에 축적된 국력, 특히 혼란스런 정국을 수습하고 강화된 왕권을 바탕으로 국가통제력이 완비되었기에 가능한 일이었다고 볼 수 있다. 기실 백제의 웅진 천도는 고구려의 남침에 따른 부득이한 조처였고, 따라서 국가의 정체는 한성 도읍기의 환경이 그대로 이어졌다고 보아야 한다. 여기에 고구려의 침략이란 국가적 위기는 국력의 상당한 저하를 가져왔고, 그러한 환경에서 웅진으로 천도하였다는 것은 백제로서는 최대의 국가적 위기였다. 더욱이 웅진으로의 천도가 왕실에 의한 자발적 행위가 아니라 그보다는 고구려의 남침으로 위기에 처한 국왕과 도성을 구하기 위하여 지방에서 한성으로 집결하였던 지방세력에 의한 것이기에 백제 왕실의 권위 실추는 적지 않았을 것이다. 웅진 천도 후에 새롭게 등장한 신흥 귀족세력의 전횡이나 구 귀족들의 반발을 효과적으로 무마하지 못하는 것이 이를 단적으로 증명하는 셈이다.

웅진도읍기의 백제는 국난 극복의 시기로 보아야 할 것이다. 문주왕과 삼근왕의 재위가 단명에 그친 것은 이러한 국난 극복시기에 희생된 것으로 보아야 할 것이고, 동성왕의 동분서주한 활동도 그러한 입장에서 이해할 수 있다. 물론 동성왕이 백가에게 피살된 것도 왕실의 권위가 완전히 회복되지 못한 데 있었으며, 이것은 결국 아직 귀족들의 전횡에 왕실이 효과적으로 대응하지 못하였음을 증명하는 것일게다. 이러한 백제왕실의 혼란은 무령왕대를 거치면서 어느 정도 극복되고 나아가 왕권의 회복은 물론 국력의 신장까지 이루어졌다고 볼 수 있다.

웅진도읍기 무령왕의 위업을 물려받은 성왕은 이제 귀족세력을 억누르고 국왕을 중심으로 권력기반을 강화하면서 강력한 통치질서를 확립한 것으로 볼 수 있는데, 그 증거가 사비 천도라고 판단된다. 즉 백제는 탄탄한 국력을 바탕으로 사비시대를 맞이하게 되었고, 한발 나아가 대외적 발전을 도모하였던 것으로 볼 수 있다. 물론 이러한 발전은 선봉에 성왕과 같은 군주가 존재하였기에 가능하였을 것이다.

성왕에 의한 사비천도는 그의 재위 18년인 538년에 단행되는데, 사비천도 후 백제는 그 이전부터 동맹관계에 있던 신라와 관계를 돈독히 하면서 고구려의 견제에 나서는 한편 일본과의 활발한 교류 그리고 대중국 교섭에도 적극적으로 나선다. 이러한 백제의 국제무대로의 재도약은 웅진도읍기에 효과적으로 국난을 극복한 데서 온 자신감의 표현일 것이다. 웅진도읍 말기의 사실인지, 혹은 사비천도 초기의 사실인지 단언하기는 어렵지만 백제는 왕을 정점에 두고 전국을 통할하는 강력한 통치권이 마련된 것으로 보인다. 전국을 5부5방제로 편제한 것이라든가, 중앙의 통치조직을 22부사제로 편성한 것, 성왕기에 불교가 갑작스럽게 국가사상의 전면에 등장하는 것 등이 그 증좌들이다.

사비로 천도한 성왕은 대내외적으로 유리하게 전개된 환경을 이용하여 이전에 잃었던 한강유역의 회복에 나선다. 554년 동맹관계에 있던 신라와 함께 고구려가 차지하고 있던 한강 이북지역으로의 진출이 그것이다. 당시 고구려는 동북아의 강력한 패자로 군림하고 있었다. 그러나 분열된 중국이 수나라로 통일되고 나아가 북쪽의 돌궐족의 남하에 따른 서북지역의 정세가 불안정으로 말미암아 남쪽에 대해서는 상대적으로 소홀할 수밖에 없었다. 백제와 신라는 이를 이용하여 연합 작전을 전개, 한강 하류역의 10개주를 점령하고 이를 각각 분할하였지만 신라 진흥왕의 역습으로 백제는 어이없이 구토였던 한강유역을 신라에 내주고 만다. 이에 격분한 성왕은 그의 아들을 선봉에 세워 신라로의 진격을 준비하지만, 아들을 위로코자 전선에 나아가다 신라 매복군에 걸려 어이없는 죽음을 당한다. 당황한 백제군의 패전은 필연적이었고, 이후 성왕을 이어 왕위를 계승한 위덕왕기의 백제는 패전의 오랜 충격에서 벗어나지 못하고 있다.

사비 도읍기 다시금 국가적 도약이 이루어지는 것은 무왕대이다. 무왕은 출생이 불분명하지만 위덕왕을 이어 즉위한 법왕·혜왕이 단명에 그치고 그가 왕위에 오르는 것으로 미루어 순탄한 왕위 등극은 아닌 듯하다. 그러나 무왕은 왕위에 오른 후에 강력한 왕권을 행사하는데 각종 토목사업이나 불교사원의 건립 그리고 신라 쪽으로의 끊임없는 군사행동을 단행하는 것으로 알 수 있다.

백제는 사비 천도 후 무왕대에 이르러 정치·사회의 안정을 가져오면서 백제적 문화를 꽃피우는가 하면 대내적으로 축적된 역량을 대외로 돌려 신라를 압박하는 등 재도약을 이룩한다. 무왕의 이러한 업적은 그대로 아들 의자왕에게 이어지는데, 해동증자로 불린 의자왕은 등극 초기 왕권을 공고히 하면서 신라 쪽으로 적극적 진출을 모색하여 40여 성을 장악하는 등의 전성기를 구가하기도 한다.

그러나 의자왕은 긴박하게 돌아가는 국제정세, 즉 중국 대륙에서 당나라가 등장하여 동아시아 국제질서를 재편코자 하는 의도를 파악하지 못한 채 지속적으로 신라를 압박, 결국 나당 동맹 체제를 초래하고 이로서 국가멸망의 비운을 맞게 된다.

사비 도읍기 백제의 묘제환경은 아마도 웅진도읍 후반기부터 형성된 분위기가 매듭되는 단계로 이해된다. 즉 웅진 도읍기 후반에 전국적으로 이루어진 횡혈식 석실분으로 묘제 통일이 완성되고 따라서 사비 도읍기는 횡혈식 석실분이란 단일 묘제가 사용된 시기로 볼 수 있다. 다만 부분적으로 도읍지역에는 여전히 옹관묘가 배장적 형태로 존재하고, 새롭게 화장묘가 등장하는가 하면 지방사회에서는 와관묘라는 다소 이질적인 묘제가 발견되기도 한다.

도읍지역의 경우 백제의 유일한 묘제로 자리한 횡혈식 석실분은 사비 도읍기에도 단계적 형식변화를 거쳐 백제적 형식인 평천정으로 정착된다. 백제 횡혈식 석실분은 웅진 도읍기에 중국 전축분의 영향으로 궁륭식이 터널식 혹은 아치식으로 변화되는데, 아치식은 웅진에 도읍하던 시기에만 사용되는 반면 터널식은 사비에 도읍하던 시기까지 이어진다.

능산리 고분군에서 성왕릉으로 추정되는 중하총이 전형적 터널식 구조를 갖추고 있는 것과, 염창리 고분군이라든가 혹은 능안골 고분군 등에 터널식 석실분이 남아 있는 것으로 미루어 보아 사비도읍 초기에는 이 유형의 묘제가 사용된 것으로 판단된다. 그리고 터널식 석실분은 고임식 석실분으로 변천한다. 고임식 석실분은 천정이 원형이 아닌 평천정의 구조로서 고분 축조기술의 발전으로 탄생된 것이다. 다시 말하면 백제적 묘제로 정착된 것으로 볼 수 있다. 사비도읍기 대부분의 기간에 이 묘제가 사용되었으나 후반기에 이르러 같은 평천정이면서 고임석이 없는 수평식이 나타나 이들이 함께 사용되었다.

그런데 웅진에 이어 사비 도읍기까지 백제묘제의 정점에 있던 횡혈식 석실분은 사비 도읍 말기에 이르면 묘제적 변화가 크게 나타난다. 이는 횡혈식 석실분에서 횡구식 석실분이 나타나는 것이다. 기왕의 횡혈식 석실분은 입구가 마련되어 단장보다는 다장적 성격의 묘제라는 점이 가장 큰 특징이었다. 그런데 사비 도읍 말기에 이르면 백제사회에서 무덤 내의 시신 안치가 다시금 단장으로 변화되면서 횡혈식 석실분으로 조성된 무덤에도 한 사람만을 매장하는 단장으로 변화가 나타난다. 이의 영향으로 횡혈식 석실분에서 횡구식 석실분이 파생되는데, 이것은 사비 도읍 말기에는 매우 유행한 묘제로 사용되기도 한다.

한편 사비 도읍기 백제 묘제로서 주목할 수 있는 또 다른 묘제는 화장묘이다. 현재까지 백제의 화장묘는 사비지역에서만 발견되는데, 화장이란 장제가 불교와 밀접한 관련이 있고 사비 도읍기 백제 불교가 크게 번성하였음을 고려하면 화장묘가 이에서 비롯되었다고 볼 수 있을 것이다.

백제가 사비에 도읍하던 시기의 도읍지 이외 지역의 묘제는 앞서 본 대로 횡혈식 석실분으로 통일된 환경으로 운영되었다. 즉 그동안 지방 사회에서 다양하게 전개되었던 다종다양한 묘제들은 전부 사라지고 횡혈식 석실분으로 일원화된다는 것이다. 금강유역을 중심으로 넓게 사용되던 토광묘나 수혈식 석곽묘와 이의 변형인 횡구식 석곽묘는 자취를 감춘다. 옹관묘의 경우도 부분적으로 나타나지만 그 숫자가 현저히 줄어들 뿐만 아니라 배장적 존재로 남아 있을 뿐이다.

여기에 횡혈식 석실분의 경우 종전에는 지방으로 산발적으로 확산되던 상황에서 벗어나 토착묘제를 대신하여 주류적 위치를 차지할 만큼 포괄적으로 확산된다. 이는 사비시대 백제적 묘제로 정착된 평천정 유형의 횡혈식 석실분이 백제 전역에서 만들어지는 것으로 알 수 있다. 그 결과 기왕의 지방 토착묘제는 모두 자취를 감추었고, 그 자리를 횡혈식 석실분이 차지하는 것이다. 이는 백제묘제가 사비 도읍기에 이르러 다원적 환경에서 벗어나 횡혈식 석실분으로 일원화된 것으로 볼 수 있다.

2. 사비도읍기의 백제무덤과 출토유물

사실, 사비시대의 백제무덤과 출토유물을 검토함에 있어 도읍지와 도읍지 이외 지역의 구분은 무의미하다. 왜냐하면 이 시기의 백제 묘제는 중앙과 지방이 모두 횡혈식 석실분이란 단일 묘제를 사용하였고, 묘제 내용에서도 큰 차이가 없기 때문이다. 다만 횡혈식 석실분의 발전과정에서 나타나는 형식 차이만 발견되는 것이 전부이다. 이 외에 이전부터 배장적 형태로 존재하던 옹관묘라든가 혹은 새롭게 등장한 와관묘·횡구식 석실분 그리고 화장묘와 같은 묘제가 횡혈식 석실분과 더불어 사용되고 있다. 이 경우에도 화장묘는 도읍지 일부에서만 발견된다. 따라서 여기에서 도읍지역과 도읍지 이외 지역의 자료를 구분하여 살피는 것은 다양한 자료를 소개하기 위한 편의적 수단일 뿐이다.

1) 도읍지역

(1) 횡혈식 석실분

사비도읍기에는 웅진 도읍기에 나타난 터널형의 횡혈식 석실분이 그대로 존속하는 가운데 사비지역에서 평천정 유형의 고임식과 수평식이 등장하여 이 시기의 횡혈식 석실분은 터널식·고임식·수평식이 있었다.

우선 터널식의 대표적 자료는 능산리 중하총을 들 수 있다. 능산리 중하총은 백제 왕릉지역 내에 있는 것으로는 규모가 가장 큰 것이다. 이곳 왕릉지역에는 6기의 고분이 있는데, 이 중하총이 정 중앙에 위치하며, 성왕릉으로 추정되는 고분이다. 그러나 이 고분도 도굴된 것을 조사한 것이어서 조사 당시에 이미 봉분에 상당한 훼손의 흔적이 있었고, 이곳에서 관재 조각을 비롯하여 관못 등의 유물이 흩어져 있었던 것으로 전한다.

능산리 중하총의 고분 외형인 봉분에 대한 언급은 없지만 주변의 다른 고분에서 확인된 봉분의 존재나 관련시설의 내용으로 미루어 장대한 형상의 봉분이 있었다고 추정된다. 묘실은 잘 다듬은 장대석재를 결구하여 만들었으며 평면이 장방형인 터널형으로 길이 321㎝, 너비 198㎝ 그리고 바닥에서 천정까지 높이가 215㎝의 규모이다. 매장부는 전형적인 횡혈식으로, 묘실의 전면 중앙에 입구와 연도를 개설하였다. 입구는 현문식으로 문틀시설을 갖추었으며, 연도는 장연도이나 입구부분

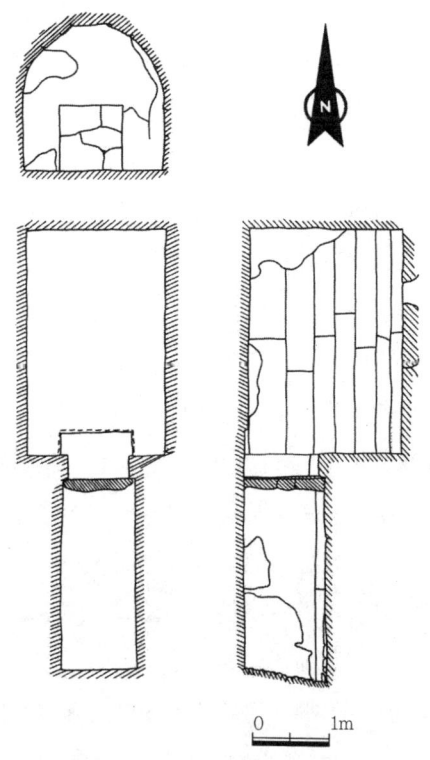

능산리 중하총

이 잘룩하게 좁혀져 있는데 너비는 약 1m정도이다. 입구는 판석을 문
비석으로 사용하여 막은 상태이다.

　능산리 중하총 묘실 벽면은 잘 다듬은 장대석을 길이로 쌓아올려 좌
우의 양벽면을 구성하였다. 특히 긴 벽면은 중간부분에서 위로 올라가

면서 안으로 기울여 양쪽의 벽체가 천장에서 맞닿아 묘실의 전체가 터널형의 구조를 이루도록 하였다. 벽면에 두텁게 회를 바른 것이 남아 있다. 바닥에는 방형의 다듬은 돌을 깔았다.

한편 이 고분의 조사시에 연도의 입구에서 벽돌형태로 만든 돌을 보강토와 섞어서 다지면서 연도를 거듭 폐쇄하였는데, 이들 폐쇄석에서 묵서가 발견되기도 하였다.

다음으로 고임식은 능산리 동상총을 들 수 있다. 1917년에 조사된 이 고분은 관련 기록이 단지 사진 1매만 남아 있을 뿐 자세한 기록이 없다. 오히려 별도의 기록에서 확인되는 내용에 따르면 직경 21m의 봉분이 원형 그대로 남아있고, 기석시설이 마련된 것으로 보아 묘실은 고임식 구조를 지닌 횡혈식 석실분임을 알 수 있다. 묘실은 길이 325㎝에 너비는 200㎝ 정도이고, 높이는 211㎝이다. 남쪽에 설치된 입구 및 연도는 너비 125㎝이고, 묘실의 입구쪽은 121㎝인 것으로 미루어 단을 두어 연도가 설치된 것임을 알게 한다.

한편 묘실을 구축한 석재는 동서의 장벽은 2매, 북벽은 1매의 화강판석이며, 입구에 문틀시설이 마련되어 있다. 바닥에는 2개의 관대가 대판석으로 설치되었다.

능산리 고분군의 중상총도 고임식이다. 이것도 조사당시 봉토의 일부가 훼손되어 도굴된 것임을 알 수 있었다. 봉토는 흘러내려 원형을 확인하기가 어렵다. 묘실은 장방형으로 전면에 짧은 연도를 둔 횡혈식 구조이다. 동서의 너비 145㎝이고 길이는 325㎝이다. 연도는 약간 서쪽

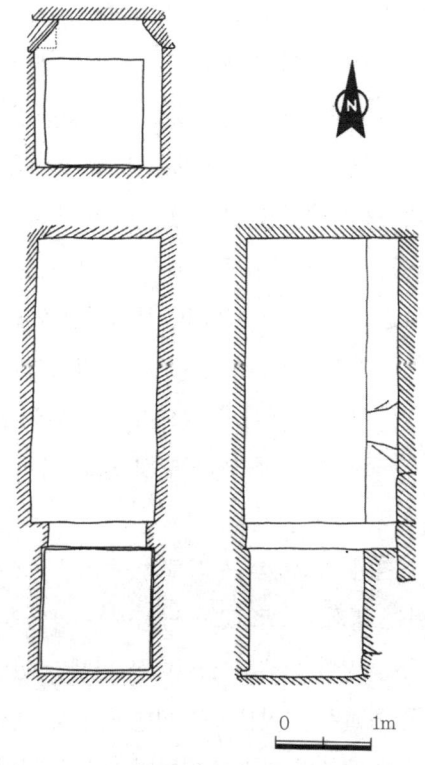

능산리 서상총

으로 치우쳐 설치되었으며 중상총과 마찬가지로 입구부분은 좁게, 연도의 너비는 넓게 만들었다. 연도는 너비 125㎝이고, 길이는 100㎝에 지나지 않아 단연도임을 알 수 있다. 입구는 두꺼운 문비석을 사용하여 폐쇄하였다.

능산리 중상총은 모두 대형의 화강판석 1매로 벽체를 조성하였으며, 120㎝ 정도이다. 수직의 벽체 위에 하나의 대형장대석을 올려 이를 안으로 기울인 다음 대형석 1매를 천정석으로 사용한 것이다. 이로써 천정은 고임식으로 분류할 수 있다. 석재는 모두 표면을 곱게 연마하였다. 바닥도 마찬가지로 1매석을 깔고 있는데 바닥 위에는 너비 70㎝, 길이 240㎝에 높이 15㎝의 석제 관대를 두고 있다. 관대 위에는 목관의 조각이 횡으로 걸친 채 남아 있었고, 두껍지만 약간 휘어진 것으로 보고되어 있다. 그러나 목관에는 옷칠이 되어 있었으며 목관 내부에는 두개골 파편과 같은 인골이 남아 있었으며, 이 외에 두개골 부근에서 관식구로 보이는 금동투조의 금구와 8엽의 크고 작은 장식편 등이 발견되었다.

그리고 수평식 횡혈식 석실분의 사례로는 능산리 고분군 내의 동하총을 들 수 있다. 이는 벽화분으로 조사 당시에는 벽화의 형태가 비교적 선명하였으나 지금은 많이 퇴색되어 희미한 형체만 있다. 곱게 다듬은 화강석으로 축조한 횡혈식 석실분으로 횡단면이 사각인 수평식 천정구조로 되어 있다. 후에 계측된 결과에 의하면 묘실은 길이 250㎝에 너비가 112㎝이고 높이는 122㎝ 규모로 확인되었다. 남쪽 전면에 연도를 중앙식으로 설치하였으며 묘실은 네 벽면을 물갈이한 화강석 1매로 결구하였고, 천정석도 물갈이한 화강석 1매를 사용하였다.

능산리 동하총의 벽화는 네 벽면에 사신도를 그리고 천정에는 연화와 비운문을 그렸지만 형상이 구체적으로 남아 있는 것은 천정의 연화문

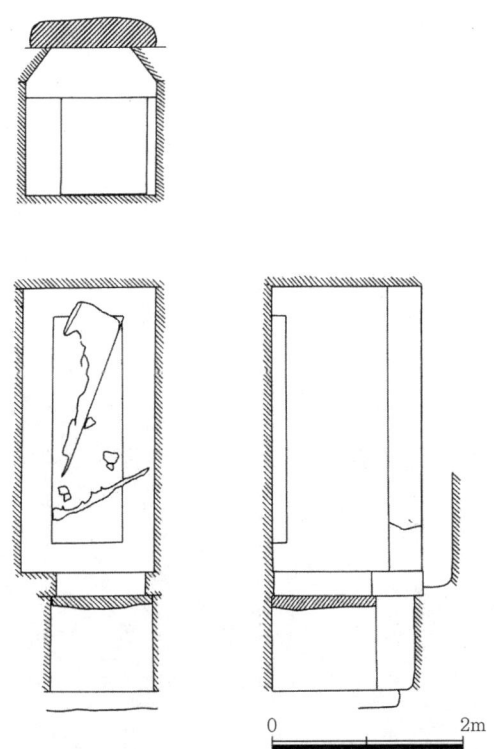

능산리 중상총

뿐이다. 연화문은 8엽 중 7엽이 남아 있는 바, 주변에 구름이 배치되어 비운문과 결합된 것으로 판단이 풍만하게 퍼지고, 연꽃은 돌기점이 표현되어 있으면서 자방이 아닌 연판의 판근 부분에 연자를 배치한 특징이 있다. 벽면 사신도는 동쪽의 벽에 붉은 색으로 그린 백호의 형태만

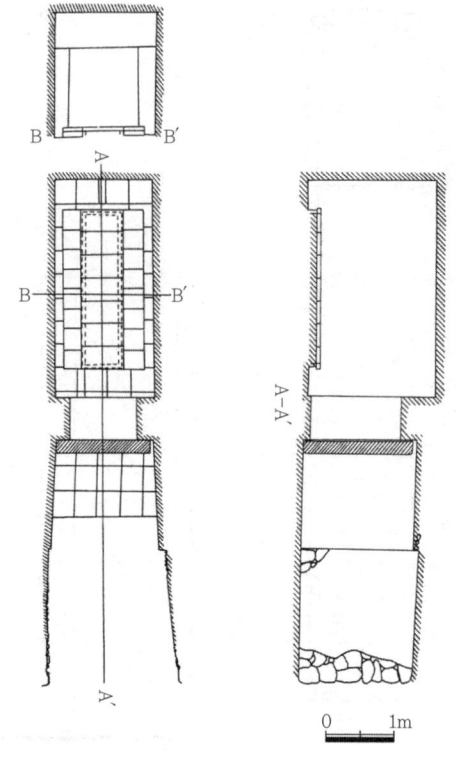

능산리 동하총

희미하게 확인될 뿐, 나머지는 색감만 있다. 벽화는 송산리 6호분 벽화
가 프레스코 기법으로 만들어진데 반해 화강석면을 곱게 다듬어 직접
그렸다는 차이가 있다.

사비도읍기 횡혈식 석실분의 부장품은 매우 영세하다. 이유는 이 시

기에 이르면 무덤 내에 물건을 넣지 않는 풍습이 있었던 것과 관련 있다. 다만 일부의 무덤에는 피장자가 평소 사용하던 장착물인 귀걸이라든가 관식 등이 있지만 많은 것은 아니다. 나아가 상당수의 무덤이 이미 도굴되었고, 그 때문에 왕릉군으로 인정되는 능산리 고분군에 있으면서도 이렇다 할 유물이 없는 형편이다.

(2) 옹관묘

사비도읍기 옹관묘는 많지 않다. 남아있는 일부의 시례도 횡혈식 석실분군 속에 포함된 것, 다시 말해서 배장적 형태의 것만 있는데 이마저 풍부한 것은 아니다. 그 대표적인 자료로서 부여 염창리 고분군 내의 옹관묘를 들 수 있다.

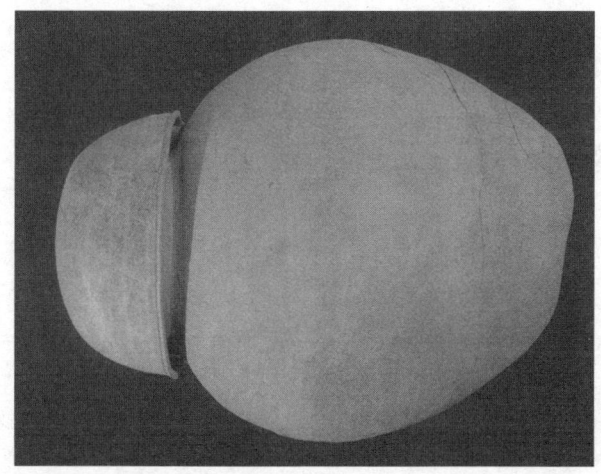

염창리 옹관묘

염창리 옹관묘는 횡혈식 석실분과 횡구식 석실분이 상당히 밀집 분포된 지역에 있는데, 옹관묘에서 320㎝의 거리에 횡혈식 석실분이 있어 상호관련을 추정할 수 있다는 것이다. 구조는 지표하 30㎝에 길이 150㎝, 너비 110㎝, 깊이 120㎝의 규모로 무덤 구덩이를 조성한 후 옹(甕)을 안치하였다. 대형 항아리 하나를 뉘어놓고 별도의 토기를 뚜껑으로 사용하는 방식으로 조성하였다. 대형 항아리는 둥그런 몸체·곧게 세워진 긴 목·밖으로 유연하게 펼쳐 나팔 형태로 만든 구연 그리고 둥근 바닥을 가진 전형적 백제토기이다. 뚜껑은 바구니형 광구호의 일종인데 평저에 가까운 원저와 돌대 1조가 있는 직립의 구연을 갖고 있다. 옹관 안에서 금동제 귀걸이 한 쌍과 2개의 구슬 그리고 치아 20여 개가 남아 있었다.

(3) 횡구식 석실분

도읍지역 즉, 지금의 부여지역에 남아있는 횡구식 석실분은 적지 않다. 대표적으로 염창리 고분군을 들 수 있으며, 능안골 고분군에도 횡구식 석실분이 있다. 이 외에 합정리 고분군이라든가 정암리 고분군 등의 유적에도 횡구식 석실분이 있다. 구조형식에서 큰 차이가 없기에 여기에서는 염창리 고분군의 횡구식 석실분을 사례로 들어 설명하겠다.

염창리 고분군은 부여에서 동쪽으로 약 4㎞의 거리에 있는 유적으로 약 300여기의 석실분이 조사되었고, 대부분이 횡구식 석실분으로 판단된 것들이다. 이 중에서 2기가 나란히 자리하고 있는 96호분과 97호분

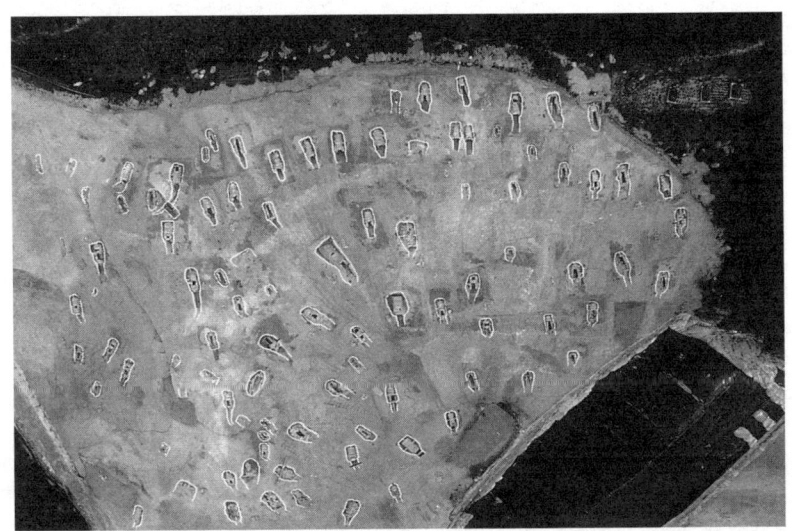

염창리 고분군

을 살펴본다.

먼저 염창리 96호분의 묘광은 석비레(푸석돌이 많이 섞인 흙)층 위에 적갈색의 퇴적토가 기반토를 이루는데 이를 굴광하여 조성한 것으로 평면은 말각 장방형이다. 길이 318㎝에 너비 157㎝의 규모이고 북단에서 계측한 깊이는 100㎝이다. 남쪽에 묘도의 형상이 마련되어 있는데 길이 144㎝에 너비 135㎝의 규모이다. 묘실은 남벽 전체를 입구로 사용한 횡구식이다. 평면은 세장방형(細長方型)으로 남북간 길이 237㎝에 동서간 너비 85㎝의 규모이며 높이는 93㎝이다.

염창리 96호분의 장축 방향은 등고선 방향과 직교하며 북에서 동쪽으

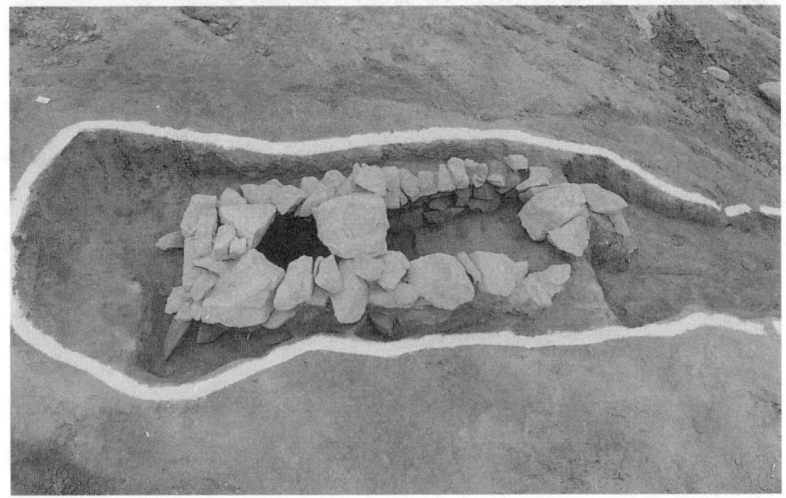

염창리 96 · 97호분

로 77° 정도 치우쳐 있다. 할석을 이용하여 구축한 묘실은 북벽의 경우 2매의 석재로 구성되었는데 높이 63㎝ 정도의 석재를 하단에 놓고 위에는 역시 장방형의 석재를 1매 올리면서 벽석 자체가 약간 안으로 기울게 구축하였다. 이 북벽은 상부가 하부보다 약 16㎝ 정도 돌출되어 있다. 동·서의 장벽은 대형의 석재 4~5매를 하단에 세우고 그 위에 방형 내지 방형에 가까운 길쭉한 석재를 길이로 2~3단 정도를 축석하였다. 다만 상단의 일부가 유실된 상태이다. 천장석은 4매가 남아 있으며, 원상을 유지하고 있는 것은 북단의 것 1매 뿐이다.

이 96호분은 묘실 남쪽벽을 튼 상태로 입구를 마련했다가 괴석형 할석으로 나중에 폐쇄했다. 석재의 면이 고른 쪽을 안으로 하되 옆(좌우)으로 눕혀서 1열 4단 정도 쌓았다. 바닥은 지름 10~20㎝의 판석형 할석을 전체면에 정교하게 깔았다. 바닥 전체에 걸쳐 관못과 관고리가 넓게 흩어져 있는 상태였다.

염창리 97호분도 석비레 암반층 위에 암갈색의 사질토가 퇴적된 지반토를 파고 묘광을 조성하였다. 평면은 부정형이지만 장방형에 가깝다. 규모는 길이 392㎝에 너비 140㎝이고 깊이는 97㎝이다. 한편 묘광의 남쪽에는 묘광의 너비를 좁혀 묘도를 만들었는데 110㎝ 정도의 너비이다. 묘실은 남벽 전체를 입구로 사용한 횡구식이다. 평면은 세장방형이며, 규모는 길이 219㎝에 너비 75㎝이고 북벽에서 확인된 높이는 65㎝이다. 묘실의 장축은 경사 방향과 일치하며 장축 방향은 동쪽으로 70° 정도 치우쳐 있다. 거의 다듬지 않은 괴석을 사용하여 묘실을 구축했으며 단벽인 북벽은 하단에 큰 석재를 2매 놓고 그 위에 작은 석재를 2~3단을 올려 구축하였다. 장벽도 하부에 면어 넓고 큰 석재를 동벽에 8매, 서벽에 9매를 두고, 다시 그 위에 약 10~20㎝ 너비의 작은 할석재를 4~5단 정도 석축하여 구성하였다. 이로써 이루어진 묘실은 전체적으로 조잡한 축조상을 보인다.

염창리 97호분 묘실의 남벽은 축석하지 않은 상태 그대로 전면을 입구로 사용하였는데 입구에는 폐쇄한 석재 일부가 남아 있다. 바닥은 생토 면을 그대로 이용하였으며 요철이 있다. 묘실 내에서 수습된 유물은 관못 조각 뿐이다.

(4) 화장묘

화장묘는 백제 말기에 불교와 관련하여 발생된 묘제로 보고 있다. 때문에 화장묘의 사례는 마지막 도읍지인 사비지역에서 집중적으로 확인되고 있다. 비록 장법은 화장이지만 화장 후의 유골을 장골 용기에 담아 흙 속에 묻었기 때문에 그 형적이 분명하게 남아 있다. 따라서 이 황장묘도 묘제만으로 보면 오히려 토장의 일종으로 보아야 한다. 그러나 장법에서 화장이 전제되고 그 후에 남은 유체를 매장한 것이기에 토장이 전제된 묘제와는 차이가 있다. 화장묘의 사례로는 부여의 당정리·상금리·쌍북리 등지가 있고, 이외에 화성 삼리와 서천 등지에도 화장묘가 있다.

중정리 화장묘는 4기로 이루어져 있는 유적이다. 그러나 1호분과 2호

분은 어느 정도 원상을 유지하고
있었으나 3·4호분은 파괴되었
다. 1호분의 경우 당산의 정상부
에 위치한 것으로, 부식토 35cm
의 아래에 암반 구덩이를 파고
장골 용기를 안치하였다. 장골
용기는 완(碗) 두 개를 겹쳐 놓은
모양이며, 아래쪽의 것이 약간
크다. 2호분은 동서간의 너비가

중정리 하장묘

43cm에 남북간의 길이는 50cm, 그리고 24cm의 깊이로 원형 구덩이를
파고 그 안에 장골용기를 배치한 것이다. 장골용기는 중앙에 큰 용기를
두고 주변에 작은 용기를 돌려 배치하였는데, 위쪽은 유실되었는지 덮
개돌은 남아 있지 않다.

상금리 화장묘는 매봉이란 산의 정상에 위치한 것으로 노쇠한 암반층
을 원형으로 파고 그 안에 골호를 안치하였다. 구덩이 안의 벽면에 세
개의 판상석재를 세우고 여기에 항아리들을 직립시켜 안치한 다음, 다
시 바깥 항아리를 안쪽의 항아리 외곽에 넣었다.

쌍북리 화장묘는 지표 가까이에 무덤구덩이를 만들고 그 안에 골호를
안치한 것이다. 무덤구덩이는 석비레층을 직경 45~50cm, 깊이 40~50
cm로 동그랗게 팠으며 골호는 1점이 안치되어 있었다. 따라서 수습된
유물은 토기 항아리 1점과 그 안에서 나온 동점 2점이 있는데, 개원통

보이다. 이 개원통보는 부여 신리에서 발견된 것과 같은 모양, 같은 형식인데 이로 보면 이 화장묘는 7세기 전반 무렵에 조성된 것으로 볼 수 있다.

화장묘는 묘제의 특성상 유물의 부장이 어려우므로 출토유물이 거의 없다. 따라서 부장품보다는 매장부를 구성하는데 사용된 장골 용기가 주목되고 있다. 그러므로 여기에서도 상금리와 쌍북리의 장골용기를 살펴보기로 한다.

상금리 화장묘에서 발견된 장골용기는 토기 항아리 2점이다. 이들 토기는 안과 바깥으로 구분될 수 있으며, 바깥의 항아리는 뚜껑을 갖춘 것이다. 바깥항아리의 경우 구연이 짧고 직립되어 있으며 바닥은 넓고 평평하다. 태토는 비교적 고운 편이고 회색의 경질이다. 항아리의 목 부분에 4조의 돌출 선을 두르고 있으며 다시 어깨부분에 같은 형태의 돌출선 4조가 있다. 그리고 몸체와 하단부에 다시 2조의 음각선이 돌려 있다. 이 외에 표면의 문양은 전혀 없다. 안에 있던 항아리도 역시 뚜껑을 갖추고 있었는데, 넓은 주둥이에 사발 형태의 몸통이며 밑에는 낮은 굽이 달려 있다. 구연은 약간 밖으로 제껴져 있고, 목 부분과 몸체의 중간에 음각선이 돌려져 있다. 몸체에는 두 겹으로 겹쳐진 연꽃 모양의 세선 문양이 새겨져 있다. 이 항아리들은 전체적으로 경주의 충효리 고분군에서 발견된 화장용기와 흡사한 것으로 평가된다.

쌍북리 화장묘의 장골용기는 몸통이 둥글다. 넓은 입에 짧은 목을 가졌으며 직립으로 있고 바닥은 납작한 광구평저형이다. 몸체의 어깨부

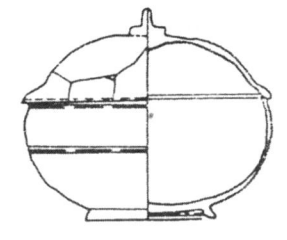

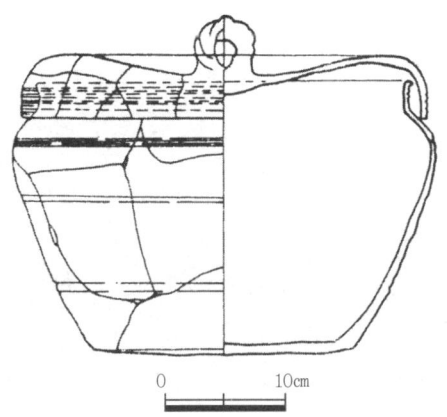

0   10cm

상금리 화장묘

분이 편평하고 갑자기 옆으로 넓게 퍼지다가 축소된 모양이다. 태토는
아주 고운 편이며 회색의 경질이고, 어깨부분과 복부 등에 2조씩의 음
각선이 세 부분에 돌려쳐져 있으나 그 외에 다른 문양은 없다. 뚜껑은
항아리에 맞추어서 만들었으며 질과 색갈은 몸통과 동일하고 두껑의

상단은 볼록렌즈의 둥근면을 닮았으며 그 한가운데에 이른바 가야식에서 많이 보이는 단추형의 낮은 꼭지가 붙어 있다. 전체가 무문으로 처리되었으며 높이 20.2cm, 골호 높이 17cm, 입지름 12cm, 최대지름 23.5cm 크기이다.

2) 도읍지 이외 지역

(1) 횡혈식 석실분

사비도읍기 도읍지 이외 지역에 남아 있는 횡혈식 석실분은 매우 많다. 부여에서 가까운 논산 육곡리고분군을 비롯하여 익산의 입접리·웅포리 고분군에 사비도읍기 횡혈식 석실분이 남아 있다. 그리고 전주 평화동 고분군, 옥구 장상리 고분군, 고부 은선리 고분군, 남원 척문리·월산리 고분군, 장성 학성리 고분군, 나주 복암리 고분군 등의 예에서 보듯이 백제 전역에서 확인된다. 여기에서는 대표적 사례로 논산 육곡리 고분과 나주 대안리 및 복암리 고분을 보기로 한다.

논산 육곡리고분군은 사비시대의 백제 무덤 13기가 조사된 유적이다. 이 중에서 6호분의 무덤 구조는 단면 4각형의 장방형 석실 고분으로 남벽에 입구 및 연도를 설치하였다. 남북 장축은 정북에서 약 10° 가량 동쪽으로 치우쳐 있으며, 묘실의 규모는 너비 105cm에 길이 205cm, 높이 90cm의 크기이다. 북벽에 1매의 판석을 세운 후 동서에 2매의 판석을 북벽에 기대어 묘실을 축조했는데, 동서벽이 장벽이며, 단벽인 남벽

육곡리 6호분과 출토유물

은 입구 시설로 이루어져 있다. 입구는 높이 65cm에 폭 75cm의 크기이다. 연도는 너비 95cm, 높이 85cm, 길이 60cm였다.

　육곡리 6호분의 바닥은 4매의 판석으로 덮었으나, 연도의 바닥은 생토면을 그대로 이용하였다. 다만 입구에서 밖으로 가면서 점점 높아지게 만들었다. 묘실 바닥에서는 2개체분의 인골과 2점의 토기가 출토되었다. 인골은 묘실의 좌우에 각각 1개체분씩 안치되어 있었는데, 인골과 관정의 출토 위치로 볼 때 서쪽의 것은 약 170㎝, 동쪽의 것은 약 155㎝의 크기였다. 토기는 유개사이호(有蓋四耳壺)와 병형 토기였으며 동쪽 인골의 두개골 부근에서 금동제 귀걸이 한 쌍이 출토되었다.

육곡리 7호분의 경우는 지하로 토광을 파고 그 안에 판석으로 단면 6각의 묘실을 꾸몄는데, 장축은 남북에서 13° 동쪽으로 치우쳐 있으며, 규모는 길이 240㎝에 너비 165㎝, 높이 170㎝의 크기다. 묘실은 북벽에 6각형의 판석 1매를 세우고 여기에 동서의 장벽을 기대어 세웠는데, 125㎝ 높이의 판석을 세운 후 그 위에 다시 45㎝ 높이의 장대석을 북벽의 절각 부분에 기대어 세워 안으로 기울게 함으로써 단면이 6각형이 되도록 하였다. 연도는 동서에 각각 1매의 판석을 세워 너비 100㎝에 높이 95㎝가 되도록 하였으며 길이는 75㎝를 유지하고 있다.

육곡리 7호분의 묘실 바닥에는 판석을 깔았으나, 연도의 바닥은 생토면을 그대로 이용하였다. 묘실 내에서는 3개체분의 인골과 은제화형관식 1점·토기 1점·관고리와 관정 그리고 성격 미상의 철기가 출토되었다. 이중 인골은 모두가 성인의 것으로 추정되는데, 묘 축조 당시 인골만 모아 안치한 2차장의 모습을 보여주고 있어 주목된다.

나주 대안리 고분도 사비시대의 것으로 볼 수 있는 횡혈식 석실분이다. 나주 대안리는 분구 옹관묘가 많이 남아 있지만, 대안리고분은 7세기에 조성된 횡혈식 석실분으로서 대안리 4호분으로 분류되어 있다.

이 대안리 4호분은 파괴되어 봉분의 형상은 정확하지 않지만 대체로 직경 14m 정도의 원형봉분으로 추정되며 묘광은 완전히 지하에 조성

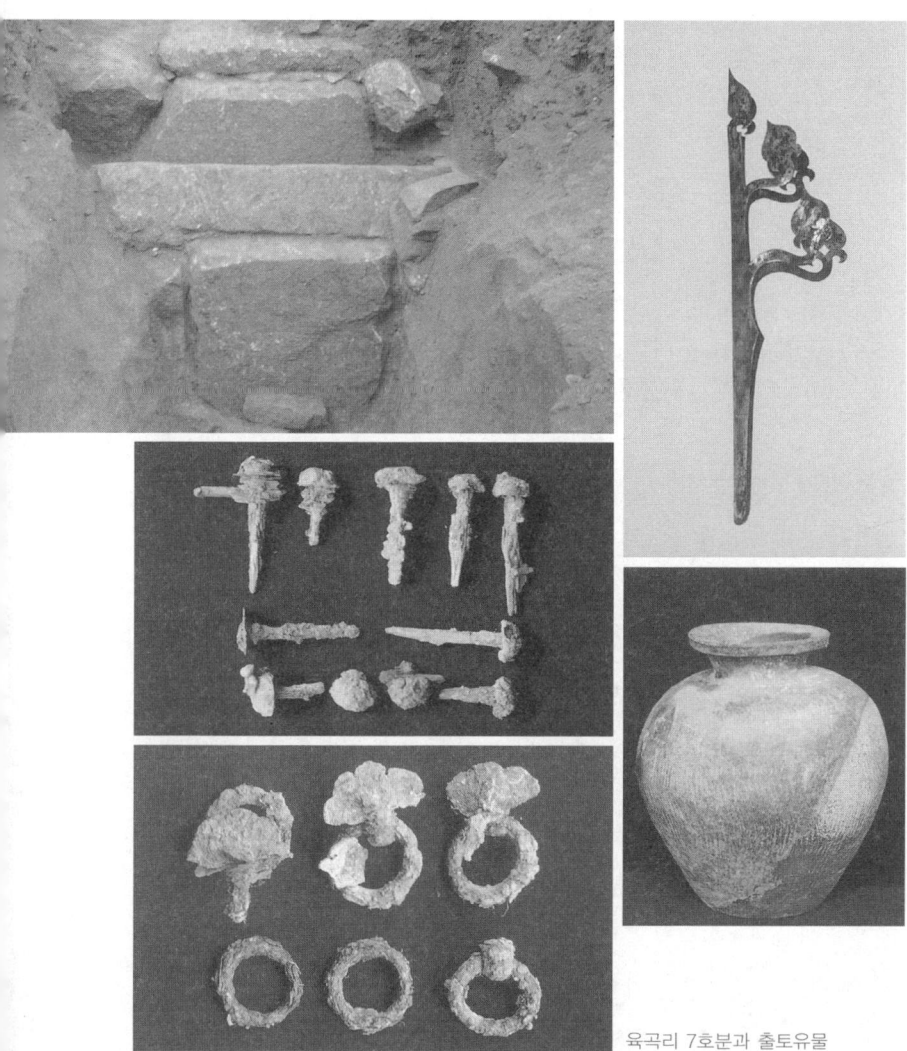

육곡리 7호분과 출토유물

나주 복암리 3호분 7호 석실

하고 화강석을 정제하여 묘실을 조성하였다. 묘실은 수평식으로 만들어져 있는데 길이 218㎝에 너비 109㎝ 그리고 높이는 103㎝이다. 묘실의 전면 중앙에 입구 및 연도가 설치되었는데, 길이 138㎝에 너비 103㎝, 높이 89㎝의 규모이다. 묘실의 북벽에는 1매의 판석을 세웠으며, 동서의 긴 벽면은 각각 3매의 판석으로 세우면서 천장은 1매의 대판석을 덮어 마무리하였다. 특히 묘실의 입구는 장방형의 판석재를 문기둥석으로 세우고 아래에 문지방석을 두었다. 여기서 이어지는 연도는 묘실 벽면과 마찬가지로 판석재를 세워 구축하였다. 묘실 내부에서 목이 긴 토기병 1점과 심발형 토기 1점 그리고 은제의 소형 칼 1점, 금실 및 관정과 관고리·인골편 등이 수습되었다.

나주 복암리 3호분은 대형 분구묘로서 이 주변에는 4세기 후반대의 옹관묘와 더불어 5세기대의 횡혈식 석실분 및 6세기·7세기에 조성된

나주 복암리 3호분 7호 석실 출토유물

것으로 판단되는 횡혈식 석실분 등 모두 41기의 무덤이 있다. 7호 석실분과 16호 석실분을 보자.

복암리 3호분의 7호 석실분은 분구의 남사면 서쪽 중앙에 위치하는 데, 분구를 지하로 파고 조성했다. 묘도를 지나 연도를 거쳐 묘실에 이르도록 조성하였으며 긴 연도를 갖고 있는 것이 특징이다. 묘실은 판석재로 구축하였으며 길이 250cm에 너비 130cm 그리고 높이는 120cm의 규모이다. 다듬은 화강석을 사용하였으며 천정은 수평식이다. 연도는 길이가 370cm이고, 너비는 110cm에 높이 80cm로서 입구는 문틀식으로 조성하였다. 그리고 이 연도에서 바깥으로 약 270cm 길이의 묘도가 이어지며 묘도의 바닥에는 묘실부터 전개되는 배수구가 설치되어 있다.

복암리 3호내 7호 석실분은 사비 도읍기 횡혈식 석실분으로는 드물게 유물을 많이 갖고 있었다. 유물의 잔존 상태로 미루어 2명의 피장자가 있었던 것으로 판단된다. 이 중에 서쪽에 피장된 자의 유물은 관모와

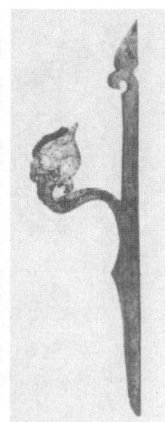

나주 복암리 3호분 16호 석실과 출토유물

금판관모장식 그리고 석제 두침·금동제 귀걸이 한쌍·금은 장귀면문 삼환두대도 및 청동제 과대교구·단금구·운모편·금동제 칼집끝 장식구가 있다. 그리고 동쪽은 관모 및 금판장식·석제 두침·규도대도·금은장·도자·철편이 있다. 2명의 피장자 모두 대도를 지니고 있는 것으로 미루어 성별이 전부 남자로 추정학 있다.

한편 나주 복암리 3호분의 16호 석실분도 묘실과 연도·묘도로 구성되어 있다. 17호분과 쌍분을 이루고 있으며, 분구의 서변 북쪽에 위치하면서 하나의 묘광내에 2기가 조성돼 있다.

이 16호 석실분의 묘실은 모두 판석으로 축조하였으나 연도의 벽면은 괴석재를 뉘어서 구축하였다. 묘실은 길이 210cm, 너비 125cm 그리고 높이가 100cm의 규모이다. 북쪽의 단벽은 1매석을 사용하였지만 동서의 장벽은 각각 2매와 3매의 대판석을 세워 구축하였다. 바닥 전면에 판석재를 깔았으며, 남쪽의 입구는 벽면 중앙에 문틀식으로 조성하였다. 연도는 길이 230cm에 너비 95~100cm로 입구에 이어지는데, 약 3분의 2만이 천장석으로 덮여 있다. 묘실 내에는 3구의 시신이 남아 있었으며, 철제의 작은 칼 1점 외에 은제 관식 1점이 묘실 입구의 바깥쪽에서 출토된 것이 전부이다.

(2) 횡구식 석실분

사비도읍기 횡구식 석실분은 대체로 횡혈식 석실분과 더불어 존재하는 것이 일반적이다. 다만 이 횡구식 석실분은 대체로 도읍지와 가까운 지역에 밀집 분포하는 현상을 보이는데 그 대표적 사례로서 공주 탄천면 송학리고분군을 들 수 있다.

송학리고분군은 백제 후기의 도읍지인 웅진과 사비의 중간지대에 위치한다. 일찍이 백제 석실분 2기가 알려진 이후 1987년에 다시 8기의 백제고분이 확인된 유적이다. 8기의 고분은 횡혈식 석실분 2기와 판단이 어려운 것 1기 외에 나머지는 모두 횡구식이다. 이 지역의 횡혈식 석실분은 고임식 구조를 지니고 있으며, 횡혈식 석실분으로서는 후기의 것들이다. 횡구식은 4호·5호·6호·7호·9호로 축조재료나 규모에 약간의 차이가 있을 뿐, 구조양상이 대동소이하다.

송학리 4호분의 경우 지하 토광에 어느 정도 정제된 화강암 대판석을 사용하여 길이 215cm, 너비 92cm, 높이 88cm의 묘실을 조성하였으며,

송학리 4호분

묘실 긴 벽의 상단에 고임석을 둔 고임식이다. 별도의 입구나 연도를
마련하지 않고, 남쪽을 완전 개구한 형태로 두면서 큰 대형 석재 2매를
세워 막았다. 바닥은 생토면을 그대로 이용하였다. 반면에 5호분은 화
강석재를 사용하여 고임식 구조로 조성했다든가, 한쪽 벽면을 그대로
입구로 사용한 것은 비슷하지만 입구를 폐쇄한 방식에 차이가 있다. 즉

대형 판석을 입구에 세워 기댄 방식으로 막은 것이 아니라 여러 개의 석재를 밖에서 안으로 들여쌓아 막았다. 이러한 방식은 7호분과 9호분도 동일한데 특히 9호분은 묘실의 바닥에 잡석을 조밀하게 깔았다.

(3) 와관묘

시신을 안치하는 시설인 관을 기와로 만든 것이 와관묘이다. 이 와관묘는 단지 축조재료에 커다란 특징이 있는 묘제이다. 석축묘는 석재로 매장시설을 조성한 것이며, 토광묘는 목재를 사용하여 시신의 인치시설을 마련하는 묘제인 반면, 와관묘는 기와를 사용한 것이다. 그러나 이 백제 묘제는 지금까지 확인된 사례가 많지 않다. 따라서 이것이 백제 묘제로서의 보편성을 지닌 것인가에는 의문이 있다. 현재까지 알려진 사례로는 서산 여미리 고분군의 와관묘가 유일하다. 여미리 고분군은 백제시대의 횡혈식 석실분과 횡구식 석곽묘가 주류를 이룬다. 이 외에 일부 토광묘와 와관묘가 있다.

여미리 고분군 내의 와관묘는 모두 5기이다. 이 가운데 2호로 구분된 와관묘는 기와 및 토기가 함께 사용되었다. 5기의 와관묘는 모두 구릉 남쪽 완경사면에 위치한다.

1호 와관묘는 무덤 구덩이를 길이 129cm에 너비 100cm의 크기로 파고, 그 안에 여러 매의 암키와를 이용하여 관을 만들었다. 와관은 길이 90cm에 너비 50cm의 평면 장방형인데, 바닥에 기와편을 깔고 덮개로 암키와를 덮은 형식이다.

여미리 와관묘

  2호 와관묘는 길이 77cm에 너비 50cm의 무덤 구덩이를 파고 그 안에
한쪽은 암키와를 사용하고 다른 한쪽은 항아리를 사용하여 매장부를
조성한 것이다. 전체 관의 규모는 길이 67cm에 너비 36cm이다. 토기는
그 바닥이 벽을 향하도록 안치하였고, 동체가 매장부의 중간까지 이르
면서부터는 회청색의 암키와와 접합시켜 벽체를 구성하였다. 바닥에는
적갈색의 암키와 조각을 깔았고, 토기가 있는 쪽도 마찬가지로 기와 조
각을 깔았다. 덮개는 기와를 사용하였던 것으로 추정되나 모두 유실된
상태이다.
  여미리 3호 와관묘는 무덤 구덩이의 규모가 길이 131cm에 너비 88cm
이고, 바닥은 5cm 정도의 모래질 흙이 한겹 깔려 있다. 와관은 여러 매
의 암키와를 조합하여 만든 것으로 길이 102cm에 너비 43cm의 규모로

평면이 장방형이다. 네 벽면을 모두 기와를 세워 조성하였고, 바닥은 암키와 3매를 깔았으며, 바닥과 벽면 사이의 공간도 기와 조각으로 막았다. 이 외에 4호와 5호 와관묘도 조성방식과 형태에서 1~3호와 큰 차이가 없다.

3. 무덤으로 본 사비도읍기의 백제사회

1) 사비도읍기 백제무덤의 묘제와 전개현황

사비도읍기의 백제묘제는 웅진도읍기 환경의 연장선상에서 이해할 수 있다. 즉 웅진도읍기 도읍지역의 중심묘제로 자리한 횡혈식 석실분이 지속적으로 사용되면서 단지 형식 변화만 일어난다. 반면에 웅진도읍기에 도읍지 이외 지역에서 간헐적으로 보이던 토착묘제, 즉 토광묘라든가 수혈식 석곽묘 혹은 횡구식 석곽묘 그리고 분구 옹관묘 등은 전부 사라지고 오직 횡혈식 석실분만 존재한다. 따라서 큰 범주에서 보면 이 시기의 묘제 환경은 횡혈식 석실분의 테두리에서 이해할 수 있을 것이다.

그러나 사비도읍기에도 주된 묘제는 횡혈식 석실분이었지만 후반에 이르면서 장제에 변화가 온다. 즉 다장적 환경에서 조영되던 횡혈식 석실분이 단장으로 변화하면서 묘제도 횡혈식이 변화하여 발생된 횡구식 석실분도 사용된다. 여기에 불교란 특수한 환경에 기인하는 것이지만 화장묘라는 새로운 묘제가 도읍지역에 나타나는가 하면, 도읍지 이외 지역에서는 이전에 발견되지 않았던 와관묘도 남기고 있다. 우선 백제 묘제의 이해를 돕기 위하여 횡혈식 석실분의 형식 중에 사비도읍기에 나타난 고임식과 수평식의 특징을 살펴 보고 새롭게 등장한 횡구식 석실분과 화장묘, 와관묘의 묘제내용을 살펴보기로 한다.

앞에서 백제 횡혈식 석실분은 적어도 합장 이상의 다장적 특징을 갖춘 것이다. 웅진도읍기 궁륭식이 사용되다가 전축분 묘제의 영향으로 묘실 평면이 장방형으로 변화하며, 천장도 터널식으로 조성하는 등의 변화가 나타나는 것을 보았다. 이처럼 변화된 묘제는 사비도읍기까지 그대로 이어진다.

그런데 사비도읍기의 초반경에 횡혈식 석실분은 다시 형식변화가 일어나는데, 그 원인은 고분 축조기술의 발전과 축조에 사용된 석재에 변화가 있는 것으로 판단된다. 즉 이전의 횡혈식 석실분 축조에서 천정을 원형으로 표현하기 위하여 대판석과 같은 대형석재보다는 벽돌과 같은 작은 할석재를 사용하였다. 그러다가 사비도읍기에는 고분 축조술의 발전에 따라 재료도 규모가 커지고 석재도 크게 다듬은 것을 사용하면서 천장의 가구도 원형보다는 평천장으로 조성하는 것이다. 물론 이러한 변화의 배경에는 백제인들의 무덤 축조기술, 나아가 석재를 다루는 기술이 향상된 것과 관련 있을 것이다. 결국에는 횡혈식 석실분의 정점에 있는 전형적 백제양식을 창출하게 된다. 물론 이 형식은 고임식과 수평식으로 분류된다.

횡혈식 석실분으로서 고임식은 평천정으로 분류되며, 이전의 원형천정과는 많은 차이를 드러낸다. 묘실 평면은 대부분 장방형이지만 길이가 너비에 비해 대체로 2배 이상의 크기를 보인다. 입구도 이전에는 개구식(開口式)이 일반적이었으나 고임식에 이르면 문틀식이 많다. 연도는 이전의 것들이 편재연도인데 반해 중앙식으로 설치되는 것이 일반적이고 길이도 이전보다 훨씬 짧은 단연도가 지배적이다. 그리고 재료도 할석보다는 오히려 다듬은 판석 및 괴석형 판석을 사용하는 등의 차이가 있다. 이 고임식은 백제 전역에서 발견되는데 특히 부여지역 고분과 논산 육곡리 고분 그리고 영산강 유역 상당수의 고분이 대부분 이형식에 속한다. 즉 백제고분 중에서 가장 많은 숫자를 보이고 있는 양식이다.

한편 수평식 석실분도 묘실 평면이 가늘고 긴 장방형의 구조로 이루어진 것이 일반적이다. 묘실 전면(前面)에 설치한 입구는 대체로 문틀시설로 이루어져 있고, 연도는 중앙식의 매우 짧은 단연도이다.

다음으로 사비도읍기에 새로이 나타난 횡구식 석실분은 구조적으로 보면 횡혈식 석실분의 일반적 현황과 큰 차이가 없다. 표지시설이랄 수 있는 봉분 등은 여전히 확인하기 어렵지만, 남향의 경사면을 선호하면서 구릉의 선상부 혹은 산지의 정상부를 피하는 것도 여전하다. 횡혈식 석실분처럼 일정한 간격을 두고 군집 형태로 조영되는데 다만 이전의 횡혈식 석실분보다 군집 정도가 더 조밀한 것이 특징이다.

횡구식 석실분은 매장부를 구축하기 위하여 조성한 묘광도 이전의 횡혈식 석실분과 다름없다. 경사방향에 정확하게 맞추어 장축을 두고 조성되는 것이 통일적으로 확인되며, 이는 등고선 방향에 맞추어 장축을 두는 것이 대부분인 석곽묘 계통과는 큰 차이로 볼 수 있다. 묘광은 매장부를 완전히 아우를 수 있도록 깊게 조성하지만 입구를 개설하므로 경사면을 L자로 구축하면서 경사의 안쪽에 묘실 그리고 아래쪽으로 입구를 연결하는 형식이다. 다만 입구의 바깥쪽으로 긴 묘도를 만드는 것이 일반적이며, 이 묘도는 대체로 경사의 말단부분까지 이어지고 있다.

횡구식 석실분은 구조적으로 횡구식 석곽묘와 유사한 점이 많다. 그러나 묘실은 석곽묘 계통보다 규모가 큰 편이나 횡혈식 석실분보다는 작다. 평면구조는 횡구식 석곽묘가 가늘고 긴 장방형인데 반해 횡구식 석실분은 세장(細長)된 정도가 덜하다. 물론 석곽묘 계통이 할석재 혹은 괴석재를 많이 사용하지만, 이들 횡구식 석실분은 오히려 판석재를 많이 사용하고, 묘실의 높이도 비교적 높은 편이다. 묘실의 구조는 비록 한쪽 벽면 전체를 터서 입구로 사용하는 횡구식이지만, 횡혈식의 구조속성이 그대로 남아 있다. 천장의 가구방식에서 평천정을 기본으로 하면서 고임식의 흔적, 즉 좌우의 장벽 상단에 고임석을 안으로 절각한 형태로 축석하고 덮개를 덮어 고임천장 구조로 만든 것이 많다.

횡구식 석실분의 구조특성 중에서 가장 두드러진 특징은 입구의 시설 상태이다. 앞서 살펴본 것처럼 횡구식 석곽묘는 입구가 묘실의 단벽 한쪽을 축석하지 않은 채 그대로 입구로 사용하였다는 점에 있으며, 그 형상은 입구를 의도적으로 개설하기보다는 오히려 자연적스레 남겼다가 폐쇄한 것이 대부분이다. 반면 석실분 계통의 횡구식 묘제는 입구가 의도적으로 만들어진 모양이다. 즉 한쪽 벽면 전체를 입구로 사용하지만 입구의 좌우라든가 문미석 형태를 두어 본래부터 입구를 의도하면서 전체를 구축한 형상이다. 특히 일부 사례지만 입구의 좌우에 벽체를 두어 입구 자체가 횡혈의 형상을 지닌 것도 있다.

또 다른 특징은 입구의 폐쇄방법이다. 횡구식 석곽묘는 입구 자체를 밖에서 막으면서 마치 벽체를 축석하듯이 진행하기에 축석 상태의 조악으로 횡구식인가 수혈식인가의 구분이 가능할 정도이다. 반면에 석실분 세동의 횡구식 묘세는 입구의 폐쇄가 나름의 특징적 형성을 갖추고 있다.

입구의 폐쇄 방법은 두 가지로 구분할 수 있겠다. 판석재를 세워서 마치 문비석을 둔 것처럼 입구를 폐쇄하는 방법과, 묘도에서 입구까지 돌을 쌓아 폐쇄하는 것이 그것이다. 전자의 경우 대체로 2~3매의 판석재를 세워 입구를 막고 그 바깥에 작은 괴석을 판석재에 기대어 쌓은 것이 많다. 입구를 이와 같이 폐쇄하는 방법은 횡혈식 석실분 특히 발전된 형식인 고임식이나 수평식에서 유행하였다.

반면에 후자는 묘실의 입구부분은 일렬로 쌓으면서 그 후면에 보강석 형태로 괴석을 덧대어 막고 있다. 이러한 입구 폐쇄방법은 초기 횡혈식 석실분의 입구 폐쇄방법으로 널리 사용되던 것이기도 하다. 물론 적석식의 폐쇄방법이 초기 횡혈식 석실분의 입구 폐쇄 방법과 관련된 것으로 보기는 어렵고 단지 형태상 유사성이 있다는 것이다.

다음으로 화장묘는 풍화암반에 둥근 구덩이를 파고, 그 구덩이 안에 다시 작은 구덩이를 낸 다음에 여기에 장골용기를 안치한 것이 일반적이다. 여기에서 장골용기는 화장 후에 남는 뼈가루를 추려서 담는 용기인데 우리나라에서는 불교가 전래된 후에 화장이 이루어지고 이 뼈단지가 나타난 것으로 알려졌다.

백제의 화장묘는 중정리에서 처음 발견된 후 사지(寺址)와 고분 근처에서 장골용기만이 발견된 바 있다. 따라서 지금까지 확인된 화장묘의 유형을 보면 위치상으로 볼 때 사지나 고분 부근에 있는 것과 산 정상부에 있는 것이 있다. 이들을 구조적으로 보면 단호식 · 단완식 · 중완식 · 심호다완식 · 도옹식 · 외호 내호식 등으로 구분된다. 그런데 백제의 화장묘 중에 외호 안에 다시 내호를 안치한 점은 통일신라시대의 골호의 조성방식과 흡사한 것이다. 예컨대 외호와 내호를 갖춘 것, 특히 상금리의 것은 형태와 문양에 있어서 특히 경주지방의 골호와 유사한 점이 많다. 다만 토기의 질에 있어서는 백제토기의 질감을 그대로 나타내고 있다. 이처럼 백제의 화장묘와 신라의 화장묘가 비슷한 것은 이들의 상관관계를 결코 소홀히 할 수 없음을 보여주는 것이다.

마지막으로 와관묘는 시신을 안치하는 매장시설을 기와로 만든 매우 특이한 묘제이다. 그러나 자료가 여미리 고분군에서 조사된 것이 전부이기에 백제에서 사용된 묘제로서 보편성이 있는가의 문제는 아직 확언하기 어렵다. 오히려 이 묘제는 특정지역에 존재하는 특이 묘제로 볼 수밖에 없다. 축조재료가 기와라는 점 외의 묘제적 특징은 수혈식 석곽묘 혹은 옹관묘와 큰 차이가 없다는 점이다. 지반을 파서 무덤구덩이를 조성하고 그 안에 기와로 관을 결구하는 것에서 그러하다. 시신을 안치하는 관도 규모가 매우 작은데, 이것이 장법 즉 세골 혹은 이차장에 의한 것인지, 아니면 유아장과 관련된 것인지의 확인은 어렵다.

와관묘가 조사된 여미리 유적에는 와관묘 외에 수혈식 석곽묘·횡구식 석곽묘 그리고 횡혈식 석실분과 같은 1차의 신전장이 진행되는 묘제가 함께 존재한다. 따라서 이들과 어떤 관련이 있을 것으로 추정되지만 이들 석곽묘 혹은 석실분과는 일정한 거리를 두고 있어 서로간의 상관관계를 구하기 어렵다. 그러나 적어도 석곽묘나 석실분이 사용되던 시기에 함께 사용된 것이 아닌가 추정된다. 이는 기와가 대체로 6세기 어간의 백제시대 것으로 보이기 때문이다. 아울러 출토유물이 전혀 없기에 유물의 부장환경은 알 수가 없다.

우리나라에서 확인된 와관묘 자료는 매우 적은데, 이 외에 대동강 유역에서 그 흔적이 확인되어 있다. 낙랑과 관련된 것으로 보지만, 정확한 판단은 어려운 것이다. 이 대동강 유역의 와관묘는 대체로 3세기 혹은 4세기대의 묘제로 형태나 구조에서 여미리의 와관묘와 큰 차이는 없는 것으로 확인된다.

이상으로 사비도읍기 무덤들의 묘제적 특징을 살펴보았다. 더불어 사비도읍기 백제묘제의 전개상에서 가장 주목할 수 있는 것은 횡구식 석실분과 화장묘의 등장임을 알 수 있었다. 그런데 문제는 그 배경이다.

먼저 횡구식 석실분은 묘제의 개괄적 현황상으로 볼 때 횡혈식 석실분과 유사함이 많다. 다만 입구의 차이, 다시 말하면 입구에 문틀식 시설이 이루어졌는가 아니면 전체를 열어서 그대로 입구로 사용했는가의 차이만 있을 뿐이다. 물론 이러한 차이는 단순하게 형상적인 것만이 아니다. 보다 큰 기능, 다시 말해서 장제의 차이를 나타내는 것이기에 그 의미를 과소평가할 수는 없다.

지금까지 확인된 횡구식 석실분의 자료는 대체로 백제의 도읍지역인 웅진이나 사비지역에 집중되어 있고, 이 지역은 백제묘제로서 횡혈식 석실분이 보편적으로 사용되던 지역이기도 하다. 더불어 횡구식 석실분은 자료에서 알 수 있듯이 대부분 횡혈식 석실분과 섞여 있다. 앞서 본 보통골 고분군이나 송학리 고분군 그리고 염창리 고분군은 물론이고 그 외의 횡구식 석실분 대부분이 그러하며, 그것도 후기 혹은 말기 형식의 횡혈식 석실분과 함께 있는 것이 공통적인 특성이다. 결국 이러한 현황은 횡구식 석실분이 횡혈식 석실분에서 발생한 것으로 볼 수밖에 없다는 결론에 이를 수 있는데, 문제는 그 배경이다.

이를 위해서는 먼저 횡혈식 석실분과 횡구식 석실분에서 구조적으로 가장 크게 대비되는 입구를 주목할 필요가 있다. 매장부 중에서 입구의 존재는 출입 혹은 묘실의 반복적인 사용과 관련된 것일 수밖에 없다. 앞서 살펴 본 것처럼 수혈식 석곽묘에서 횡구식 석곽묘로의 변화도 이 입구의 활용에서 기인된 것이다. 따라서 묘실의 반복 사용 혹은 출입이 전제된 묘제는 입구의 설치가 필수적이기에 입구를 개설하지 않는 이전의 토광묘나 옹관묘 그리고 수혈식 석곽묘가 변천 혹은 소멸되는 것도 어쩌면 매우 자연스럽게 여겨진다. 이처럼 석실분의 입구가 지닌 출입이란 기능적 중요성에도 불구하고 횡구식 석실분의 입구는 횡혈식 석실분과는 달리 한쪽 벽면 전체를 그대로 입구로 사용하는데, 석실분의 입구로서는 형식화되어 가거나 혹은 약화된 감이 없지 않다.

백제사회에서 매장부에 입구가 설치된 횡혈식 묘제의 사용은 웅진에 도읍하던 시기부터 보편화되기 시작하여, 이후 사비천도를 즈음하여 백제 전지역으로 확산된다. 물론 이처럼 널리 확산된 중심묘제는 횡혈식 석실분이었다. 이 묘제의 특징은 이전의 단장의 직접장적 장제가 추가장에 의한 다장제적 형태로 운영되는데 있다. 즉 횡혈식 석실분은 입구를 마련한 이유는 입구를 통해 시신을 안치하는 것 외에 이 입구를 가폐쇄해 두었다가 나중에 다시 추가장을 하기 위한 것으로, 묘실 내에 다수의 시신을 안치하려는 것이 기본적 전제였다. 이러한 장제는 기왕의 직접장에 의한 단장의 관습으로 보면 변혁적인 것으로 볼 수 있겠는데, 백제사회에 횡혈식 석실분의 사용이 보편화되는 것으로 보면 이러한 변혁이 전사회에 걸쳐 진행된 것으로 볼 수 있다.

그런데 백제사회의 장제는 백제 말기에 이르러 다시금 다장에서 단장으로의 변화가 있었던 것으로 판단된다. 이러한 변화의 흔적은 왕릉으로 구분되는 능산리 고분군에서 확인된다. 즉 능산리 고분군의 경우 사비천도 초기에 조성된 것으로 판단되는 중하총은 합장이란 다장 즉, 추가장이 실현된 것임을 정확하게 알려준다. 반면에 동하총이나 중상총의 묘실 내에는 1인용의 관대가 남겨져 있고, 거기에 남아있는 관재도 1인 즉 단장만을 추정할 수 있는 내용밖에 없다. 이로 보면 백제는 사비

도읍기 후반기에는 장제가 다장제에서 단장제 즉 하나의 무덤에 하나의 시신만을 안치하는 변화가 일어난 것으로 보는 것이 어렵지 않다.

횡혈식 석실분에서 횡구식 석실분이 생겨난 것도 이처럼 다장에서 단장으로 변화한 것과 관련이 있을 것으로 볼 수 있지 않은가 여겨진다. 백제 묘제를 살펴보면 장제 내용을 확인할 수 있는 것이 많지 않다. 분묘 조성과정에서 수많은 의례가 행하여졌을 것이고, 다양한 행위가 이루어졌을테지만 그것을 구체적으로 지적할 수 있는 것은 거의 없다. 다만 묘실내에 남겨진 유물을 통해 일부만을 알 수 있을 뿐이다.

분묘 조사과정에서 묘실 내에 남겨진 관정(官釘)이나 유골 그리고 잔존 유물의 위치 등을 통해서 시신이 어떤 형태로, 몇 구의 시신이 안치되었는가, 그것이 추가장인가, 아니면 동시에 이루어졌는가 정도는 파악이 가능하다. 그와 관련하여 주목되는 것은 염창리 고분군이다.

염창리 고분군에서는 다수의 횡구식 석실분이 조사되었다. 개중에는 인골이 수습되었을 뿐만 아니라 인골이 남아 있지 않았다 하더라도 관못 정도는 남아 있는 것이 일반적인데 통일적으로 단인장 즉 1인만이 매장하였음이 확인된다. 더불어 염창리 고분군 중에는 입구를 설치하고 폐쇄한 형태로 있으면서 천장석이 이 입구의 폐쇄석 위에 올려진, 즉 천장석이 폐쇄석을 누르고 있어 입구가 형식적으로 설치되었음을 보여준다.

다장에서 단장으로의 변화는 묘 안으로의 출입이나 묘의 반복사용을 전제로 한 입구의 기능이 더이상 필요가 없었음을 의미한다. 그럼에도 입구를 설치한 것은 이전의 횡혈식 석실분에서 입구를 설치하던 전통이 남아있던 것으로 볼 수 있으며 이것은 시신의 안치가 횡납으로 이루어지는 것이 하나의 전통 혹은 관습으로 정착된 것과도 관련 있을 것이다. 물론 횡구식 석실분의 사용이 횡혈식 석실분을 완전히 배제하는 상황까지 진행되었다고 보기는 어렵겠지만 현존의 자료에 의하면 백제말기에는 비교적 널리 유행하였음을 추론하기 어렵지 않다.

결국 횡구식 석실분의 등장은 다장제적 묘제가 단장으로 변화된 것과 밀접한 관련이 있기에 이의 발생은 백제사회에 다시금 단장제적 묘제가 운영되는 7세기 이후에 비롯되었다고 볼 수 있다. 다만 이 묘제가 백제 전사회에 보편적인 묘제로 확산되었는가는 의문이 있다. 그러나 삼국시대 이후 신라나 고려시대의 석축묘가 대체로 이 횡구식 석실분의 형상을 갖추고 있다. 이는 삼국시대 후반에 유행한 횡혈식 석실분 묘제가 삼국 말기에 단장제의 재등장으로 말미암아 횡구식 석실분이란 묘제를 파생시켰고, 그것이 이후 사회에 보편적 묘제로 자리잡아갔다고 볼 수 있겠다.

한편 화장묘의 조영 시기는 대체로 백제의 말기로 본다. 특히 상금리에서 발견된 개원통보로 미루어 7세기 전반이란 연대를 추정하는데 이는 백제의 멸망 이전을 염두에 둔 것임을 부인하기 어렵다. 즉 화장묘에 사용된 토기가 백제토기를 기본으로 하고 있다는 점에서, 나아가 개원통보의 통용시기를 고려하면 그러한 편년에 큰 무리는 없는 것으로 보인다. 더불어 그 연원의 검토는 어렵지만 백제사회의 불교현황을 고려, 이와 밀접한 관련이 있을 것으로 백제의 화장묘는 승려의 것이 아닌가 추정하기도 한다. 그런데 묘제적 측면에서서 보면 백제 화장묘는 오히려 신라적 요소로 짐작할 수 있는 것이 많다. 이 점에 대해서는 앞으로 보다 깊은 검토를 필요로 한다.

현재로서는 백제의 화장묘에 대해서 그 발생문제라든가 혹은 계통을 살필 수 있는 자료는 전혀 없다. 단지 백제 말기로 그 시기를 추정할 수 있는 자료로 백제적 요소를 간직한 토기를 사용한 사례가 있을 뿐이다. 하지만 문제는 무덤구덩이를 파고 골호를 안치한 화장묘제가 백제에서 발생한 묘제가 아니라는 점이다. 백제 멸망 후 신라의 것으로 볼 수 있는 사례가 공주 정지산 유적에서 적지 않게 발견되었기 때문이다. 이는 화장묘제가 백제 멸망 후 신라와 밀접한 관련이 있음을 반증하는 것으로 볼 수도 있음을 암시한다.

화장묘는 후대의 태실과 근사한 점이 많다. 유적이 있는 지형이 산의 정상부이며 그 정상부의 편평한 곳을 이용한 점, 토기를 내외로 넣은 점 등은 곧 후대에 성행하는 태실의 조영과 유사하다. 화장묘가 전적으로 불교적인 것이고, 태실 또한 태장경이라는 불교의 위경에 근거하는 것임을 고려하면 양자 사이에 어떤 관련이 있을지도 모른다.

이 외에 중정리 당산에서 화장묘가 발견된 지점이 기우제 장소로 활용된다거나 상금리 화장묘 발견지역인 매봉 역시 같은 전통적 민속놀이가 행해지는 곳이다. 이는 태실이 갖는 공통 요소와 함께 화장묘가 갖는 사상적 배경은 단순한 불교적인 장법 외에 더 복잡한 근거가 있을 것으로 추정된다.

다만 화장묘도 넓게 보아 고분의 한 유형이다. 그러나 그 원류가 중국의 남부와 인도에 있는 불교관계 장법이란 점에서 보다 전통성이 있는 토광묘나 석실분과는 달리 당시 사회의 성격을 두드러지게 반영한다고 볼 수 있다. 다만 아직은 자료 부족으로 화장묘의 명확한 성격과 다른 유형의 고분과의 관계를 밝힐 수 없는 실정이다.

요컨대 사비시대 백제묘제의 전개는 웅진시대와 같은 환경이 지속되면서 횡혈식 석실분으로의 동일이 완벽하게 이루어지고, 이 횡혈식 석실분은 나름의 속성변화를 가져오면서 백제 말기에는 장제의 변화에 따라 횡구식으로 변천되었음을 알 수 있다. 물론 화장묘나 와관묘와 같은 이질적 묘제도 존재하지만 이들은 특수한 존재로 취급될 수밖에 없다.

2) 무덤으로 본 사비도읍기의 백제사회

백제가 웅진에서 사비로 도읍을 옮긴 이후의 기간은 일찍이 마련된 6좌평 16관등의 체계가 완벽하게 시행되는가 하면, 중앙관서로 22부사제가 운영되고, 도읍지는 5부제, 지방은 5방제로 편제하여 정연한 행정체제가 마련된 시기이다. 다시 말하면 정치적으로 완벽한 중앙집권적 고대국가체제가 운영되었던 시기이다. 이러한 국가체제는 무덤에서도 그대로 드러난다.

사비도읍기의 백제묘제의 전개양상에서 나타나는 가장 큰 특징은 이전의 다양한 묘제는 사라지고 단지 횡혈식 석실분만이 유일한 묘제로 남는다는 것이다. 횡혈식 석실분은 백제가 한성에 도읍하던 후기에 도입된 것이며, 당시 백제사회의 묘제환경은 도읍지는 물론 지방사회에서도 지역에 따라 다양한 묘제가 사용되었다. 이처럼 묘제환경에서 나타나는 다양성은 백제사회의 다원성을 의미하는 것이고, 이는 국가의 통제력이 완벽하지 못한 것과 상통하는 것이다.

그런데 다양한 묘제환경이 횡혈식 석실분으로 통일되어 일원화된다는 것은 백제사회의 발전이 전 사회를 일원화시키는 단계까지 이르렀음을 단적으로 보여주는 것이다. 즉 적어도 사비 도읍기에 이르면 백제사회는 횡혈식 석실분으로 묘제가 통일되는 것처럼 다원적이었던 백제사회가 일원적으로 통일되었음을 알게 한다.

따라서 사비도읍기에 백제의 묘제가 횡혈식 석실분으로 통일되는 과정은 백제가 완벽한 고대국가체제 즉, 중앙을 정점으로 전사회가 일원화되는 과정을 보여준다.

앞서 보았듯이 횡혈식 석실분의 등장과 뒤이어 그 묘제의 지방으로의 파급은 한성 도읍 후기에 비롯되지만, 사비도읍기에는 간헐적·산발적으로 이루어진다. 웅진 도읍 시기에도 그 이전보다는 좀더 확대보급되지만 여전히 제한된 범위에 머무를 뿐이다. 물론 횡혈식 석실분의 지방확대는 초기형 즉 원형천정인 궁륭식의 사용단계에서 이미 시작되고 있다. 그 예로 화성 마하리·원주 법천리·청주 신봉동이나 주성리 그리고 익산 입점리 횡혈식 석실분을 들 수 있다.

신봉동 석실분은 묘실 평면이 방형이고 연도가 우편재에 할석으로 축조되었으며 규모가 큰 것이다. 이 석실분은 평면·연도·잔존석재 등으로 미루어 궁륭식으로 볼 수 있는데 단지 1기만 토광묘군 속에 잔존한다. 여기에 함께 있는 토광묘는 석실분보다 빠른 시기의 것이며, 이로 보면 횡혈식 석실분은 토광묘 사용 말기에 들어왔음을 알 수 있다.

입점리 1호분은 유물의 화려함 외에 구조가 가락동 3호분이나 공주 송산리 석실분과 상통하는 지하식의 묘실·할석 축조·방형의 묘실 평면·우편재의 장연도·약간 미숙해 보이는 궁륭식의 진형직 친장구조를 지니고 있다. 또한 바닥의 부석·배수로의 설치기법도 전형적 궁륭식과 동일하다. 그리고 이는 횡구식 혹은 수혈식 석곽묘와 함께 있다. 이 지역은 수혈식 석곽묘가 전통적으로 사용되던 곳으로, 횡혈식 석실분은 그러한 전통적 토착 묘제 속에 초기형이 등장하였음을 보여준다. 그러나 이들은 지방의 토착묘제 속에 산발적으로 남겨져 있어 그 영향력이 그리 크지 않았던 것으로 볼 수 있다.

이상의 예로 보면 횡혈식 석실분은 궁륭식 석실분의 사용 시기에 확산되었다는 것을 알 수 있을 뿐만 아니라 확산도 간헐적이고 선택적으로 이루어졌음을 알 수 있다. 나아가 지방의 토착묘제에 끼친 영향도 그리 크다고 보기는 어려울 것이다. 결국 횡혈식 석실분은 그것이 도입되면서 도읍지 일원의 중앙 지배세력의 묘제로 정착되지만 적석총처럼 여전히 도읍지 및 일부 지역의 한정된 범위에만 사용되었을 뿐이다. 즉 이 묘제는 초기에 주로 중앙 지배세력의 묘제로만 이용되면서 간헐적으로 지방사회로 파급되지만, 지방 세력은 여전히 이전의 토착묘제를 사용하여 중앙과 지방의 묘제가 이원적으로 조성되는 환경을에서 벗어나지 못하는 것이다.

다만 횡혈식 석실분이 토착묘제 속으로 확산되었다는 사실은 비록 간헐적·산발적으로 진행되었을지라도 백제 중앙 지배층의 묘제가 점차 지방으로 확산된 것을 보여주는 사례들이다. 나아가 전통적으로 토착묘제를 사용하는 재지세력과 중앙세력과의 관계에 어떤 변화가 나타난 것을 의미한다고 볼 수 있어, 이를 바탕으로 정치·사회적 관계의 변화도 추정할 수 있다. 다만 이 시기 중앙묘제가 간헐적·독자적으로 파급된 것은 아직 토착 지방세력의 묘제전통을 인정하는 범위 내에서였다. 그런데 이러한 묘제환경의 변화가 사회세력간의 어떤 관계에서 이루어진 것인가를 구체적으로 확인하기는 어렵다.

그런데 웅진에 도읍하던 말기부터 사비 도읍 초기에 이르면 중앙묘제 그 자체가 집중적으로 확산된다. 이는 횡혈식 석실분 중에서 보다 발전된 후기의 것들이 지방사회에 집단으로 존재하고 더불어 숫자도 상당히 증가되는 것에서 알 수 있다. 백제의 횡혈식 석실분의 존재양상을 보면 한성에서 웅진 그리고 사비로 도읍천도와 병행하여 석실분도 형식변화가 있었음을 알 수 있다. 한성지역에는 시원형과 초기형 그리고 웅진지역에는 초기형과 중간단계의 변화과정 그리고 사비지역에는 정형인 평천정 유형, 즉 백제 횡혈식 석실분으로서는 완성형이라고 볼 수 있는 것들이 집중적으로 남아 있다. 나아가 지방사회에도 사비 도읍기에 유행한 평천정 유형들이 전국적으로 만들어지고 있다. 이러한 중앙 묘제의 증가는 상대적으로 지방의 고유 토착묘제를 점차 감소시키고 결국에는 소멸시키는 환경을 가져오는 것은 물론이다.

이러한 변화과정을 적나라하게 보여주는 것이 나주 복암리 3호분이다. 그리고 서천 칠지리 고분군·홍성 성호리 고분군·보령 보령리 고분군 등이나 나아가 금강 이남의 전주 평화동 고분군·남원의 고분군 등도 집중적 확산결과로 남겨진 것들이다. 그리고 이들의 묘제형식은 일러야 터널식의 모방형인 조임식이고, 대부분은 평천정인 고임식식으로 후기에 집중적으로 확산되었음을 보여준다. 이러한 내용은 횡혈식 석실분이 지방사회로 본격적인 확산이 터널식의 사용 시기에 지방사회로 확산되기 시작하며 적어도 평천정 형식이 사용될 즈음에는 본격화되었을 뿐만 아니라 완성되었다는 사실과 함께 그와 같은 변화가 일어난 것은 대체로 6세기 초·중반경의 일이라는 것도 알 수 있다.

지방사회의 전통적 토착묘제 속에 중앙 묘제가 유입되어 존재하는 것을 중앙인의 지방 이주 또는 지방관적 관료제의 마련 등에서 비롯된 것인지, 아니면 지방인이 중앙문화를 모방한 데서 비롯된 것인지 판단하기는 어렵다. 다만 종전까지 강인하게 독자성을 유지한 채 사용되던 지방의 토착적 고분문화가 점차 중앙의 고분문화로 변질되는 것은 주목할 필요가 있다. 이는 지방사회는 더이상 독자성을 유지하지 못하고 중앙과 지방간의 문화가 동질화되어 일원적 문화단계로 진입하는 것을 대변한다고 볼 수 있을 것이다.

결국 백제사회에서 묘제는 적어도 웅진도읍기에 이르면 중앙의 지배층을 중심으로 사용되던 횡혈식 석실분이 점차 전국적으로 확대되었고, 이것이 사비 도읍기에 이르면 이전의 다양하던 묘제를 일원화시켜 백제 전역에 유일한 묘제를 정착시키는 것을 알 수 있다. 나아가 백제 묘제가 횡혈식 석실분으로 일원화된 것은 적어도 고분문화의 범주에서만은 중앙과 지방간 이원성이 완전히 해소된 것을 의미한다.

이러한 고분문화의 통일은 사회상에서 이원성의 해소, 즉 백제 횡혈식 석실분을 주묘제로 하는 중앙세력이 지방 세력을 완전하게 흡수·동화하여 명실상부하게 일원적 사회체제를 형성한 것으로 확대 해석할 수 있지 않은가 여겨진다. 이는 중앙의 지배세력이 지방에까지 그 통제력을 확대한 것과 밀접한 관련이 있을 것인데 이는 분묘 내의 부장품의 내용변화에서도 그와 같은 대강의 추이를 살필 수 있다.

웅진도읍기 및 사비도읍기에 중심묘제로 사용된 횡혈식 석실분의 부장 유물을 보면, 대체로 초기에는 화려하고 양적으로도 풍부하게 매납되어 후장적 분위기가 강하였음을 알 수 있다. 반면에 시간이 경과하면서 횡혈식 석실분의 형식 자체가 원형천정에서 평천정으로 변화된 이후에 매납된 물품은 내용이 빈약하고 출토되는 경우도 희박하다. 수습되는 유물이라야 병형토기나 개배 등 토기 일부에 불과하여, 이 즈음에는 소수의 유물만이 표식적으로 부장되었음을 알 수 있다. 그러면서 이러한 부장유물의 영세성은 시기나 지역에 관계 없이 통일적으로 나타난다는 특징도 있다.

무덤 내의 매장품 즉, 부장품이 매우 적은 것을 박장령과 같은 사회 풍속의 변화로 설명될 수 있지만, 오히려 통치력이 고분 조영과 유물 부장에까지 미친 결과가 아닌가 여겨진다. 예컨대 상대적으로 성장된 정치력을 바탕으로 사회 전반에 대한 통제가 이루어졌고, 그것이 고분 조영 환경에까지 미친 것으로 볼 수 있다는 것이다. 물론 백제는 이러한 정치력의 성장을 발판으로 지방을 일원적으로 장악할 수 있게 되었고, 이로써 지방사회 고유의 전통적 토착묘제가 사라지고 중앙묘제인 횡혈식 석실분으로 일원화된 것으로 추정된다.

한편 사비도읍기 백제의 사회·정치 발전 양상은 고분출토 관식을 통해서도 확인된다. 백제는 관제의 규정과 더불어 의관제도 규정하고 있는데 지금까지 알려진 백제의 관식은 의관제의 산물로 보아야 한다. 나아가 의관제의 실행은 고대국가의 중앙집권적 왕권형성과 표리관계에 있으므로 이들 관식을 통해 의관제의 실행 시기나 그 내용을 살펴볼 수 있다.

백제의 관제의 규정은 왕과 육품이상의 관인은 금제·은제 초화형 관식을 착용하는 것으로 규정한다. 그리고 백제고분에서 출토된 관식들은 대부분 이러한 규정과 일치한다. 다만 금동관은 재료의 외형적 특성으로 보아 금제이지만 출토위치로 미루어 규정과는 상치된다. 즉 백제 왕만이 착용할 수 있는 금제의 관식이 도읍지가 아닌 지방사회에서 출토된 것도 있다는 것이다.

지금까지 관식이 출토한 무덤을 보면 금동관이 출토된 고분은 가장

이른 시기에 속하며, 이 외에 은제관식이 출토된 무덤은 이보다 늦은 6세기 초반 이후의 것들이다. 따라서 관제규정이나 금동관식의 예외성 및 고분의 축조시기를 고려할 때 백제 의관제의 실제 실행은 6세기 초반 이후에 비롯되었다고 볼 수 있다. 그 결과 금동관의 착용은 은제관식 착용보다 시기적으로 앞선 시기, 즉 의관제가 실제로 실행되기 이전에 활용된 것이며, 이를 통해 그 착용자는 유력한 재지세력 혹은 지방에 분거하던 중앙귀족으로서 지방사회에서 어느 정도 독자성을 유지한 존재로 추정할 수 있다.

은제관식은 도읍지만이 아니라 지방사회에서도 적지 않게 출토되어 있으며, 이들 유적은 대부분 6세기 초반 이후로 편년되는 무덤들이다. 따라서 이의 소유자는 백제의 중앙 통치 질서에 편제된 자로 볼 수 있고, 출토유적이 도읍지와 거리를 둔 지방사회에 자리하고 있는 점을 고려하면, 이들은 지방관적 존재로 볼 수 있을 것이다. 이로 보면 백제에서 중앙집권적 통치구조의 제도적 질서에 편제된 관인이 지방에 존재하는 것은 6세기 초·중반이었으며, 그 이전은 금동관 착용자와 같은 유력자에 의해 지방이 통제되었다고 볼 수 있지 않은가 여겨진다. 결국 의관제의 범주에 있는 관제의 실행을 고대적 중앙집권의 확립을 나타내는 요소로 본다면 고분출토 관식은 횡혈식 석실분의 보편화와 함께 백제 중앙집권의 진정한 확립이 6세기 초반에는 완비되었다는 또 다른 근거가 될 수 있을 것이다.

요컨대 사비도읍기의 백제 무덤은 횡혈식 석실분이란 단일묘제로 통일된 환경이 지속된다. 이전의 다양한 묘제가 중앙의 지배세력이 주묘제로 사용하던 묘제로 단일화되었다는 것은 백제의 정치·사회가 단일화되었음을 단적으로 보여주는 것이다. 이는 강화된 왕권력을 토대로 전국을 통일적으로 지배할 수 있는 체제의 완비를 의미하는 것이다. 나아가 그러한 통제력은 무덤 내의 부장품에까지 반영되었을 뿐만 아니라, 은제화형관식과 같은 정형적 신분 상징물의 존재는 이전의 다원적 지배체제에서 벗어나 국왕을 정점으로 하여 전국을 획일적으로 지배하는 체제가 사비시대에는 이미 완비되었음을 알려주는 것이다.

※ 본 글을 작성하는 데 있어, 기왕에 발표된 제현(諸賢)의 옥고 및 보고서를 참고·인용하였음에도 집필원칙상 주(註)나 참고문헌을 생략한 점 널리 혜량하여 주기 바란다.